Christian Semler

Kein Kommunismus ist auch keine Lösung

Herausgeben von
Stefan Reinecke und Mathias Bröckers

1. Auflage, April 2013
ISBN 978-3-937683-43-0
© taz Verlags- und Vertriebs GmbH, 10969 Berlin
Umschlaggestaltung: Stefanie Weber, Info-Text Berlin
Autorenfoto: taz
Typographie/Satz: Bernd Cornely, taz Berlin
Druck und Bindung: Scandinaviabook, Aarhus

Inhalt

Linke Vergangenheiten   11

Die Bundesrepublik   57

Ostmitteleuropa – 1988 bis 2008   95

Kunst, Macht, Intrige   124

Von Tätern und Opfern 149

Stalins Schatten 166

Universalismus 182

Über Christian Semler 187

Vorwort: Die Leidenschaft der Sache

Am 22. Juli 1971 kaufte sich Christian Semler im Pergamonmuseum in Ostberlin das Buch „Griechisch-Römische Kunst in den staatlichen Museen zu Berlin". Um 14:43 „sah er sich die Ausstellungsstücke sehr intensiv an und verglich sie mit Bild und Text in seinem gekauften Buch." Dieses Wissen verdanken wir dem Ministerium für Staatssicherheit der DDR, für deren kuriosen Sammel- und Kontrollwahn diese Observation ein anschauliches Beispiel ist. Dass die Stasi der Falschmeldung aufsaß, das Objekt ihrer Beobachtung habe 14 Millionen DM geerbt, davon einen Teil der maoistischen KPD/AO vermacht und den Rest „auf einem Nummernkonto in der Schweiz" gebunkert, wirft ein trübes Licht auf die investigativen Fähigkeiten dieser Behörde.

1984 plante die Stasi eine „wirksame Aufklärung, Bearbeitung und Kontrolle des Semler, um rechtzeitig beabsichtigte Aktivitäten und feindlich-negative Handlungen zu erkennen und vorbeugend zu verhindern". Nach Auflösung der maoistischen KPD/AO engagierte Christian Semler sich für die osteuropäischen Bürgerbewegungen. Die Stasi vermutete zu Recht, dass dieses Engagement den realsozialistischen Regimes nicht gut tat.

Christian Semler war während der Studentenrevolte in den Sechzigerjahren nicht nur Beobachter, sondern treibende Kraft der Bewegung. Nach dem Verglühen der Revolte und der Selbstauflösung der Kaderorganisation 1980 galt seine Leidenschaft der Frage, was mit den in Asche gefallenen Projekten zu tun ist. Fündig wurde er zuerst, wie viele Ex-Maoisten, in Polen. In den Achtzigerjahren unterstützte er handfest Bürgerbewegungen jenseits der Elbe und betätigte sich gleichzeitig journalistisch als hellsichtiger Analytiker der wankenden ostmitteleuropäischen Regime. 1988 verfasste er für den „Freibeuter" einen Panoramaschwenk über Ostmitteleuropa, in dem es kühl hieß, die Frage laute nicht mehr, ob, sondern wann der Realsozialismus implodieren würde. György Dalos erinnert sich in diesem Buch folgendermaßen an ihn: „Es waren die ehemaligen Achtundsechziger, die Spinner und Phantasten von Berlin und Frankfurt, die sich durchaus eine Welt ohne Mauer und Eisernen Vorhang vorstellen konnten. Sie kamen, setzten sich in die armseligen Dissidentenküchen, als wären sie zu Hause, plauderten mit, schmuggelten über die streng bewachten Blockgrenzen unsere Manuskripte und bestätigten damit die Rechtmäßigkeit der osteuropäischen Hoffnungen."

Christian Semler war 1989 bis 2013 Redakteur und Autor der *taz* und hat 1.845 Texte für diese Zeitung geschrieben. Es sind vor allem tagesaktuelle Kommentare, Schlaglichter, Gebrauchstexte. Einige liegen in diesem Buch vor, ergänzt durch Texte aus den Zeitschriften *Le Monde diplomatique, Kursbuch, Freibeuter* und je einem Text aus der Zeitung *Rote Fahne*, dem Zentralorgan der KPD/AO und der *Gazeta Wyborcza*.

In dieser Auswahl fehlt naturgemäß vieles, Einwürfe zu mannigfachen politischen Schlüsselfragen, Krieg und Frieden, Bürgerrechte und Rechtspolitik, Agenda 2010, Asyl- und Flüchtlingspolitik der EU. Wir haben vor allem Texte ausgewählt, die sich heute ohne Erläuterung des zeithistorischen Kontextes von selbst erschließen und gleichzeitig Grundsätzliches beleuchten. Den Fokus haben wir daher auf die zentralen Themen gerichtet: Neben „1968" und „1989" sind dies die Bundesrepublik, das Erbe des Nationalsozialismus und des Stalinismus. Und die Kunst. Mit kundiger Passion werden Shakespeares Königsdramen und Malerei von Courbet bis Malewitsch beschrieben. In den Blick rücken dabei neben dem Artifiziellen die Verknüpfungen von Macht und Kunst.

Wie ein roter Faden zieht sich die Beschäftigung mit der Geschichte der Linken, deren Glanz und Elend, durch diese Texte, und dies in einem umfassenden Sinn. Dass sich gerade Linke den entfesselten Terror des Stalinismus, das Scheitern des diktatorischen Sozialismus und eigene Irrtümer präzise vor Augen führen mussten, gilt hier als Gebot intellektueller Redlichkeit. Dass sich manche Ex-Maoisten indes „reichlich spät in die Pose des Chefanklägers" warfen, erschien Christian Semler als „unangenehme Begleiterscheinung des linken Antitotalitarismus". Für ihn zählte die Hochschätzung von Gleichheit und sozialer Gerechtigkeit zum Erbteil der Linken, das man nicht, wie es andere Ex-Linke auf ihrem Weg nach oben in Parteien und Redaktionen taten, als entbehrliches Gepäck betrachten sollte.

„Kein Kommunismus ist auch keine Lösung" – der Titel ist kein Zitat von Christian Semler. Wir haben ihn gewählt, nicht um damit zu suggerieren, dass hier künstlich ein politischer Leichnam, der Kommunismus, wieder beatmet werden soll. Dieser Titel ist ein Sprachspiel, das, ironisch gebrochen und in doppelter Negation, einen Kern des politischen Denkens von Christian Semler spiegelt: Auch der nach 1990 als alternativlos erklärte globalisierte Kapitalismus wird nicht das letzte Wort sein. Die Geschichte ist offen.

„Woher sollen Linke die Gewissheit über den universellen Charakter der Menschenrechte nehmen, wenn ihnen der Rekurs auf das göttliche

Recht oder das Naturrecht aus guten Gründen abgeschnitten ist?", heißt es in einem selbstkritischen Text über die Linke und ihr Verhältnis zur Religion. Selbstkritisch, weil, anstatt naheliegende antireligiöse Affekte zu bedienen, das innige Verhältnis der Linken zur Gläubigkeit hinterfragt wird.

Die Fertigkeit, die in diesen Texten sichtbar wird, ist weniger die der trefflichen Formulierung, der verblüffenden Pointe oder der Inszenierung einer wetterfesten Moral oder Weltanschauung. Es ist die Fertigkeit, Argumente hin und her zu wenden, der gelernte Jurist blitzt auf. Es sind von Neugierde angetriebene Suchbewegungen, die nicht auf die Etablierung von Selbstverständlichkeiten zielen, sondern auf deren Verflüssigung.

Am Ende des Bands haben wir zwei Erinnerungen aufgenommen. Der Architekt Peter Neitzke kannte Christian Semler schon seit Schulzeiten und war später sein Genosse in der KPD/AO. Der Publizist György Dalos erinnert sich, aus Budapester Perspektive, an seine Annäherung an die Helden der Berliner Studentenrevolte.

Wir danken ihnen für ihre Beiträge. Vor allem danken wir Ruth Henning, Christian Semlers Lebensgefährtin, für Rat und tatkräftige Unterstützung. Ohne sie wäre es unmöglich gewesen, dieses Buch so schnell herzustellen.

Stefan Reinecke, Mathias Bröckers, April 2013

Meine kleine Kapitulation

Als Anfang Mai im niederbayrischen Straubing, dem Ort unserer „Evakuierung", das Kriegsende heraufzog, war ich 6½ Jahre alt und glücklich. Das hatte zwei Gründe. Erstens war der Schulunterricht eingestellt und nichts sprach dafür, dass er so bald wieder aufgenommen würde (entgegen einer alliierten Anordnung und zu meinem übergroßen Kummer öffnete die Schule schon wieder im Juni). Und zweitens: Ich war zu meinem 6. Geburtstag unbeschenkt geblieben und auf mein Gezeter hin hatte meine Mama geantwortet, ich solle mich etwas gedulden, bald kämen die Amis und dann wäre es vorbei mit der geschenkelosen Zeit.

Foto: privat

Jetzt nahten die Amis, versprengte Wehrmachtsangehörige entledigten sich massenhaft der Gewehre wie der Uniformen. Die ländliche Bevölkerung samt Produkten bezog am Straßenrand Stellung, um mit den Siegern in Handelsbeziehungen einzutreten – eine vergebliche Hoffnung. Angst vor Vergiftung, Ekel vor Naturprodukten und eindeutige Befehle hinderten die Besatzer, Butter & Eier auch nur zu beschlagnahmen. Um ihre Friedfertigkeit zu betonen, hissten die Stadtbewohner weiße Laken, aber nur provisorisch, damit sie bei plötzlich auftauchenden Durchhalte-Trupps rasch wieder eingezogen werden konnten.

Ich war viel zu jung, um Pimpf zu sein, wäre ich älter gewesen, ich hätte mich bestimmt gedrückt. Einerseits liebte ich zwar Aufzüge und Trommeln. Andererseits verstand ich einfach nicht, wie man sich als Pimpf freiwillig in Reih und Glied aufstellen und in strammer Haltung längere Zeit verharren konnte. Und wie man, ohne mit der Wimper zu zucken, Ohrfeigen vom Scharführer einsteckte, ein Vorgang, den zu beobachten ich mehrfach Gelegenheit hatte.

Meine Mama klärte mich auf: Das ist bei denen so. Sie war zwar jähzornig und die Hand rutschte ihr ab und zu aus, aber bei Strafaktionen ließ sie es auf einen Wettlauf ankommen oder war rasch versöhnt, wenn irgendein Umstand sie erheiterte.

Kaum hatte ich gehört, dass die Amis keinen Kilometer mehr entfernt wären, griff ich mir ein herumliegendes Papierfähnchen (mit Hakenkreuzemblem) und beschloss, ihnen entgegenzueilen. Zuerst sah ich die amerikanischen Räumfahrzeuge in Aktion. Sie griffen unter Straßenbarrikaden wie

Kuchenheber unter die Sonntagstorte und schoben das Hindernis umstandslos beiseite. Dann folgte der Vortrupp auf beiden Seiten der Straße, schwer
bewaffnet und unbegreiflicherweise mit grauer Schmiere im Gesicht. Ich
wurde als Empfangskomitee unsanft in den Straßengraben gestoßen und
musste eine ganze Weile warten, bis ich, hinter dem Vortrupp trottend und
immer noch das Fähnchen schwingend, wieder unser Haus erreichte. Mein
Verschwinden hatte für Aufregung gesorgt. Kein Wunder, dass ich, ehe an
Flucht zu denken war, zwei saftige mütterliche Maulschellen einfing.

Trotz dieses unerfreulichen Auftakts der Befreiung besserte sich die Lage
unserer Kleinfamilie binnen weniger Tage. Meine Mama, die zuerst wegen
Missachtung der Ausgangssperre über Nacht eingesperrt worden war, avancierte umgehend zum Dolmetscher. Und als sich herumgesprochen hatte,
dass sie nicht nur Englisch sprechen, sondern – als Schauspielerin – sogar
singen konnte, ging es unaufhaltsam aufwärts. Erst wurde in Straubing Theater improvisiert, später im Jahr zog meine Mutter nach München, wo, wiederum unter Beihilfe der Besatzungsmacht, 1946 die „Schaubude" öffnete.

Nicht nur sah ich mich schon im Juni 45 im Besitz eines olivgrünen
Overalls, den ich trug, bis er mir vom Leibe fiel. Meine Schwester und
ich durften auch – zum gelben Neid meiner Altersgenossen – in dem Jeep
mitfahren, den ein amerikanischer Kulturoffizier meiner Mama organisiert
hatte. Kein Wunder, dass ich die Amis als Befreier schätzte. Außerdem traten
sie lässig auf, hörten ständig Musik und gerierten sich betont kinderfreund-
lich – alles Eigenschaften, die ich an meiner Mama liebte und für die ich erst
viel, viel später das richtige Wort erfuhr: Sie waren antiautoritär.

Auch meine Umerziehung machte rasche Fortschritte. Den Song „Der
Mensch lebt durch den Kopf" hatte mir meine Mama schon im Vorschulalter
beigebracht, so dass ich weiterem linken Liedgut gegenüber aufgeschlossen
blieb. Und rasch begriff ich, dass unter den Alliierten die Amis und unter
den Deutschen die Künstler die Guten waren.

Das hat sich später etwas differenziert. Was aber blieb, war die Liebe
zu Hershey-Schokolade und Ahornsirup, zu Tom Sawyer und Huckleberry
Finn, zu „Honest Abe" und zu „Citizen Tom Paine" , zu den GIs und zu ihrem Sender, dem AFN. So war es noch, als wir, linksradikale Studenten,
zwanzig Jahre später im „International" an der Berliner Potsdamer Straße
angesichts des Vietnamkrieges die amerikanischen Soldaten zur Desertion
aufforderten.

taz vom 8. Mai 2001

Linke Vergangenheiten

Die lange Nacht vom 11.4.1968

**Ein Rückblick ohne Zorn auf die Kampagne
zur Enteignung Axel Cäsar Springers**

Vom dritten Stock des Neubaus der taz aus, wo die Korrektoren ihren
niemals endenden, stummen Kampf mit der Schreibweise neuer Staats-
wesen und schurkischer Emporkömmlinge aus fernen Ländern aus-
fechten, hat man einen ausgesprochen schönen Ausblick auf das Sprin-
ger-Hochhaus. Doch ach, am Abend, wenn allerorts (neuerdings auch
am taz-Haus) die Neonreklamen aufleuchten, bleibt es dunkel am First
des Springerhauses. Seit Monaten mühen sich die Handwerker, aber das
stolze „Axel Springer Verlag" will einfach nicht strahlen – so als ob die
Hochburg der Lüge und der Manipulation zeitlich und räumlich auf ehemals realsozialistisches Gelände verschoben worden wäre.

Kein Zweifel: Nicht nur die Linke, sondern auch ihr ehemaliger
Lieblingsfeind sind nicht mehr das, was sie mal waren. Die Auflage des
taz-Moskitos stagniert, die Auflage des *Bild*-Elefanten weist steil nach
unten – zugegebenermaßen ein billiger Triumph. Aber auch inhaltlich
ist kein Verlass mehr auf Springer! Malen die Zeitungen des Konzerns
nicht das Bild des weltoffenen, mutig gegen Fremdenhass und Rassismus
auftretenden Berliners? Und strafen sie damit nicht die feingesponnenen
Analysen der 68er-Studenten Lügen, nach denen das Schüren der Angst
vor dem Fremden (letztlich vor dem Fremden in uns selbst) zu den un-
verzichtbaren Ingredienzen der Springer-Giftküche gehörte?

Aber auch die taz würde den Apo-Aktivisten der späten 60er Jahre
allenfalls zu einigen wegwerfenden Bemerkungen über unzuverlässige
Bündnispartner veranlassen. Sie hat, den Inhalten und mehr noch der
journalistischen Methode nach, längst den Anspruch auf *Gegenöffentlichkeit* hinter sich gelassen, längst – und dies zu Recht – darauf verzichtet,
unmittelbares Sprachrohr der „Betroffenen" zu sein. Nicht die Befreiung des fetischisierten Bewusstseins der Massen, sondern, unendlich

bescheidener, die Stärkung demokratischer Widerstandskerne in der Gesellschaft gegenüber den Zumutungen der Machtelite ist das Motiv, das die tazler täglich zu ihrer unterbezahlten Arbeit an die Computer treibt. „Die Diktatur der Manipulateure muss gebrochen werden. Es kommt darauf an, eine aufklärende Gegenöffentlichkeit zu schaffen." Dieser schöne Satz stand unter einer Aktie, die, allerdings ohne Genehmigung der Aufsichtsbehörden und ohne jede Aussicht auf Dividende, im Herbst 1967 auf den Markt geworfen wurde. Der gleiche Satz schloss eine Resolution ab, die die 22. Delegiertenkonferenz des SDS im September 1967 billigte. Damit war der Startschuss zur Kampagne „Enteignet Springer" gegeben.

Seltsame Bundesgenossen trafen sich zu diesem so lobenswerten Unterfangen: die Eigentümer des *Spiegel* und des *Stern*, die eine Chance witterten, ihren Marktanteil zu erhöhen, kritische Schreiber, die schon lange ihr Herz an eine linke Tageszeitung gehängt hatten und jetzt von der ersteren Gruppe Finanzhilfe erwarteten, DKPler (damals noch nicht legalisiert), die hofften, ihrer Idee von der „antimonopolistischen Demokratie" ein Lebenslicht einblasen zu können, aufrechte Liberale, denen der Sinn nach Entflechtung und Dekartellisierung stand, die antiautoritäre Linke, für die der Angriff auf die Springerpresse gleichbedeutend mit dem Versuch war, das Netz der Manipulation zu zerreißen, das die Menschen von der Erkenntnis ihrer wahren Bedürfnisse abhielt, und schließlich, aber nicht letztens alle, die einfach mal aus dem Gefängnis der Frustration ausbrechen wollten. Entsprechend vielfältig waren die Aktionsformen.

Die Linken, getreu dem Prinzip Aufklärung und Aktion, versammelten einige ihrer klügsten Köpfe im Springer-Arbeitskreis der „Kritischen Universität". Dort wurde erarbeitet, dass die Springerpresse den Interessen der abhängigen Massen zum entfremdeten Ausdruck verhelfe, während sie gleichzeitig die kollektive Wahrnehmung dieser Interessen bekämpfe. „Das Problem des *Bild*-Lesers ist nicht seine Dummheit, sondern seine Ohnmacht." Die gelungene Blockade des Konzerns „mit den Leibern" (wie Dutschke es gut theologisch formulierte) sollte zum Fanal für die Lohnabhängigen einschließlich der im Springer-Konzern Beschäftigten werden, ihre Interessen endlich in die eigenen Hände zu nehmen.

Die Antiautoritären schwärmten im Morgengrauen aus, die frisch gedruckten *Anti-Bild*-Zeitungen in der Hand, um sich an den Werkstüren das gängige „Geht doch nach dem Osten" abzuholen. Es war die Hochzeit der Straßentheater mit ihren Axel-Cäsar-Pappmaché-Köpfen, des

„Enteignet-Springer"-Nippes, der fliegenden Video-Vorführer. Und es war die hohe Zeit der geheimen Zusammenkünfte, wo stets neue Sabotage-Projekte ersonnen und wieder verworfen wurden. Deren überzeugendstes war der Plan, unter Beihilfe der sonst verachteten Genossen „von drüben" den Abflusskanal für Springers Fäkalien zuzumauern und so für einen ebenso symbolischen wie realen Rückstau zu sorgen. „Tut mir leid Genossen", beschied uns der über die Karten des Kanalisationssystems gebeugte, sichtlich engagierte Spezialist, „ist nicht zu verwirklichen."

Derweil trieben die „realistischen" Kräfte im Republikanischen Klub und im neu gegründeten Institut für Gegenöffentlichkeit die Vorbereitungen für das Tribunal gegen den Springer-Konzern und das vorgeschaltete Hearing voran. Allein: Die meisten der berühmten Linksliberalen, auf deren Mitwirkung man gezählt hatte, sagten ab. So Jürgen Habermas, der in der Konzeption des Tribunals eine unzulässige Anleihe bei der dritten Gewalt, mithin einen Anschlag auf jene rechtsstaatlichen Prinzipien witterte, die doch gerade den Linken teuer sein müssten. Auch die Geldgeber sprangen ab. Ihre Subsidien reichten gerade hin, den studentischen Aktivisten Lust auf die große, weite Welt des Kapitals zu machen, nimmermehr waren sie zureichend, eine kontinuierliche „gegenöffentliche" Arbeit zu finanzieren. Das Hearing, dessen Eröffnung am 9. Februar Tausende Tatendurstiger versammelte, ließ alle Beteiligten ratlos zurück. Geschlagen gingen wir nach Haus und missachteten selbst die Aufforderung Ulrike Meinhofs, sich, in bitterer Kälte, wenigstens zu einem nicht genehmigten Demonstrationszug zu formieren. So stand es um die Springer-Kampagne am Vorabend des Attentats auf Rudi Dutschke.

Keine Stunde ist an jenem Gründonnerstag nach dem Mordanschlag verstrichen, da füllen sich die Räume des SDS-Zentrums am Kurfürstendamm mit entsetzten, verwirrten, tieftraurigen Menschen, darunter vielen, denen sonst ein Besuch im Hauptquartier der Apo nicht im Traum eingefallen wäre. Manche Würdenträger, wie der Wissenschaftssenator Evers, stehen hilflos herum, um irgendeine Hand zu schütteln, Beileid zu bezeugen. Während ich auf einem Fensterbrett sitze und die erste Presseerklärung kritzle, treffen die Mitglieder des SDS-Beirats ein, des Gremiums, das seit Juni 1967 die Basisgruppen und Initiativen des Verbandes koordiniert, dazu die Leute des Republikanischen Klubs und altgediente Veteranen der „Keulen-Riege" wie Horst Mahler. Ganz im Gegensatz zur üblichen Praxis, wo zur Verzweiflung der abhörenden Verfassungsschützer die Debatte über Aktionsformen sich Stunde um

Stunde hinzog, fällt diesmal die Entscheidung binnen weniger Minuten: Die Blockade des Springer-Hochhauses ist die einzig mögliche Antwort auf den Mordanschlag. Denn die Massenblätter des Konzerns hatten seit 1966 nicht nur allgemein die linken Studenten als ganz und gar außerhalb der Gesellschaft stehende Ungeheuer portraitiert, sie hatten sich speziell Rudi Dutschke in einer Art und Weise vorgenommen, für die es keinen anderen Ausdruck gab als: Mordhetze. Auf einem kurzerhand umfunktionierten Teach-in an der Technischen Universität werden vor Tausenden von Anhängern der Apo die Verantwortlichen festgenagelt: „Ich erinnere daran, dass auch Neubauer und Schütz (der damalige „Regierende" und sein Innensenator) die Verantwortung für einen Mörder tragen, der sich an Rudi herangemacht hat, um ihn niederzuschießen. Und ich spreche ganz deutlich aus: der wirklich Schuldige heißt Springer, die Mörder heißen Neubauer und Schütz" (Bernd Rabehl). Die Stimmen der SDS-Aktivisten, die den Antrag zur Blockade begründen, die Gruppen einteilen, die technischen Vorbereitungen treffen, klingen hart, sehr entschlossen, fast emotionslos. Die Chancen, dass Rudi Dutschke durchkommt, stehen 50:50.

Nur wenn die Konzentration nachlässt, wenn irgendein Journalist Mikrofon und Kamera für eine Stellungnahme hinhält, kommt die Antwort tränenerstickt. Ein Abgeordneter des Zentralrats der FDJ bietet uns Hilfe an. „Lass gut sein, wir schaffen es alleine." Um 21 Uhr 15 setzt sich der Demonstrationszug in Richtung Kochstraße in Bewegung.

Vom Szenario dieser Nacht sind nur Fetzen im Gedächtnis, schnelle Schnittfolgen, wie in den Stummfilmen Sergej Eisensteins. Eine sanfte junge Studentin, sonst nur zu Füßen Klaus Heinrichs zu finden, dem angebeteten Philosophen, ruft mir im Vorbeirennen zu: „Du hast recht, es geht nur mit Gewalt!" Vor dem Hochhaus ein Steinhagel gegen die Polizeiketten. Gemeinsam mit Götz Schmidt, auch er ein versierter Kenner der Hermeneutik, versuche ich mit einigen Mitstreitern einen Bauwagen durch die Polizeiketten zu schieben, um die gläserne Fassade beim Haupteingang zu rammen. Vergeblich, die Deichsel verhakt sich. Was wir beide nicht wissen: Im Wagen schläft ein „Unbefugter", der einen Herzanfall erleidet, was später in der Anklageschrift wegen schweren Landfriedensbruchs als Beweis besonderer Brutalität vermerkt werden wird.

Peter Urbach, genannt S-Bahn-Peter, von dem zu diesem Zeitpunkt niemand so genau weiß, ob er nun Spitzel des Berliner Verfassungsschutzes ist oder nicht (er war einer), verteilt Molotowcocktails. Vielen Dank,

Verfassungsschutz, ein paar Auslieferungswagen brennen! In der Ausgabe der *Peking-Rundschau*, die nach Ostern erscheint, wird es poetisch heißen, die Studenten hätten Feuerräder vor sich hergeschoben und der Polizei ein heldenhaftes Gefecht geliefert.

Schließlich wurden die Ordnungskräfte „der Lage Herr". Die Blockaden, auch die der nachfolgenden Tage in Westdeutschland, waren ohne Erfolg, kein Mensch aus den Springer-Belegschaften solidarisierte sich. Und doch – die Stimmung, die Haltungen, die Urteile – alles war verändert. Auf der Ku'damm-Demonstration am Karfreitag schleppte ein Mensch ein riesiges Holzkreuz mit sich herum und hielt es beschwörend dem Strahl der Wasserwerfer entgegen. Wenige Tage vorher wäre der Erfinder einer derart gigantischen Geschmacklosigkeit mit sanftem Nachdruck aus dem Blickfeld der Kameras entfernt worden – jetzt war alles möglich. Was die linken Studis so sehnlich gewünscht hatten, war auf den Plan getreten: eine Massenbewegung. Nur leider keine proletarische. Beflügelt von der eigenen Courage und von den Bildern des Pariser Mai, schwärmten in jenem Sommer 1968 die Aktivisten der Apo in die Gesellschaft aus. „Metastasenartig", wie es besorgte Würdenträger formulierten, wucherte der Geist der Revolte, der Verweigerung, der Selbstorganisation.

Aus der Kritischen Universität entwickelten sich die „Roten Zellen", aus den Stadtteilinitiativen die Bewegung der betrieblichen Basisgruppen. Revolutionäre Schüler und Lehrlingszentren wurden geboren, und die Frauenbewegung – schroff in der Kritik der männlichen „Autoritäten", aber überraschend loyal gegenüber der sozialistischen Zielsetzung der Linken – trat ihren Siegeszug an. Die Springer-Kampagne wurde ohne viel Aufhebens begraben. Denn jetzt ging es „ums Ganze".

Warum es dann doch nur um Fragmente ging, ist ein anderes, trauriges, hier nicht zu verhandelndes Kapitel. Fest steht auf alle Fälle, dass die Journalisten, die zu Ende der 70er Jahre die *taz* gründeten, auf eigenen Voraussetzungen aufbauten und eigene Erfahrungen verarbeiteten – darunter die des Scheiterns der 68er.

Zwischen 1969 und 1979 lag nicht nur die Geschichte von Aufstieg und Fall der „Avantgarde"-Parteien. Zwischen beiden Daten liegt die Umwertung aller Werte, die die Anti-AKW- und die Ökologiebewegung bedeutet. Die *taz* ist kein Kind der 68er-Bewegung, weder ein legitimes noch ein Bastard. Was verwandtschaftliche Beziehungen nicht ausschließt.

taz vom 10. April 1993

Dem Andenken Rudi Dutschkes

Zum Tode eines Freundes und Genossen

Was viele Linke, auch mich, in den sechziger Jahren in den Bann Rudis zog, war seine feste Überzeugung von der Veränderbarkeit der Menschen wie der scheinbar so fest gegründeten Verhältnisse. Einer Veränderung, die hier und jetzt vor sich gehen konnte. Wohl hatte der Fortschritt der nationalen Befreiungsbewegungen, die Krise von 66/67, der Widerstand der Studenten gegen eine reaktionär-technokratische Hochschulreform neue Hoffnung entstehen lassen auf das Wachstum einer radikalen, sozialistischen Bewegung in der BRD und in den kapitalistischen Metropolen. Aber das Bewusstsein, selbsttätiges Subjekt in einem weltweiten, revolutionären Prozess sein zu können, der Glaube, dass das, was man *jetzt* tat oder unterließ, von gesellschaftlicher Bedeutung sein könnte, war wesentlich durch Rudis Praxis bestimmt. Er praktizierte eine Einheit der theoretischen Einsicht und der kämpferischen Aktion, die eine Herausforderung war für Menschen, denen der Sieg des Faschismus und später der Adenauer-Reaktion wie ein Alp auf der Brust lag. Hatte nicht Adorno als Motto und Erkenntnisziel seiner „Minima Moralia" den Satz gewählt: „Wo alles schlecht ist, ist es gut, das Schlimmste zu kennen"? Und war angesichts dieses Schlimmsten überhaupt eine Vermittlung zwischen Theorie und Praxis denkbar?

Rudis Antwort war das Marx-Wort, wonach, die materiellen Bedingungen ihrer Existenz vorausgesetzt, es die Menschen selbst sind, die Geschichte machen. Wie kein anderer der Generation von 68 dachte er in der Kategorie des „objektiv Möglichen", war er überzeugt von der Sprengkraft der Gedanken Blochs von der „konkreten Utopie" der menschlichen Emanzipation, die durch keine Niederlage ausgelöscht werden könne. Rudi appellierte – und hierin lag auch ein Teil seiner Wirkung – an den ganzen Menschen. Er selbst wollte Beispiel sein für die Richtigkeit der Marx'schen Feuerbachthese, „das Zusammenfallen des Änderns der Umstände und der menschlichen Tätigkeit oder Selbstveränderung kann nur als revolutionäre Praxis gefasst oder rationell verstanden werden". Revolutionäre Praxis sollte den Widerspruch zwischen politischer Tätigkeit und vereinzelndem, individuellen Leben aufheben. Der Kampf für die Emanzipation der Menschen sollte und musste gleichzeitig ein Kampf für die Emanzipation derer sein, die für die menschliche Befreiung arbeiteten.

Aus welchen Quellen speiste sich diese Selbstgewissheit? Aus einem moralischen Rigorismus, der freilich eine materialistische Grundlage hatte in der Erkenntnis, dass die neu aufreißenden Widersprüche in der Welt dem revolutionären Handeln einen neuen Wirkungsraum eröffnen würden. Dieser moralische Rigorismus führte zu der Forderung nach dem bedingungslosen Einsatz der westlichen Intellektuellen für die Sache der nationalen Befreiungsbewegungen. Ganz dem Denken des algerischen Revolutionärs Fanon folgend, sah er in der revolutionären Gewalt der unterdrückten Kolonialvölker auch einen Prozess der moralischen Wiedergeburt, an dem auch durch ihre praktische Identifikation die Revolutionäre in den Metropolen teilhaben könnten. Deshalb auch die Feier Che Guevaras als moralischer Person, der bewusst sein Leben in die Bresche wirft. Dieser Rigorismus speiste sich auch aus einer Lebenserfahrung, die Rudi mit einer Reihe anderer Genossen des SDS gemein hatte: die Auseinandersetzung mit dem Scheitern des „realen Sozialismus" in der DDR, der in jedem Einzelnen so viele Hoffnungen geweckt hatte, wie er später zerstörte.

Schon früh hat sich Rudi an das Studium der Schriften gemacht, die das Fortwirken des asiatischen Despotismus und der „allgemeinen Staatssklaverei", das asiatische Erbe Russlands, für das Scheitern der russischen Revolution wie letztlich das Scheitern der Kommunistischen Internationale unter Führung der russischen Kommunisten verantwortlich machten. Diese Thesen – die er einem staunenden Publikum schon zu Ende der sechziger Jahre vortrug – verband Rudi mit der Forderung, einen „westlichen Marxismus" zu entwickeln, in dessen Zentrum die radikale Kritik und das radikale Brechen mit allen Formen kapitalistischer Unterdrückung steht. In der gleichen Gedankenlinie bewegte sich seine damalige Interpretation der chinesischen Kulturrevolution, die er als Verwirklichung des radikalen Emanzipationsanspruchs der Pariser Kommune verstand (wie er übrigens immer der Auffassung war, es hätte einen russischen Weg zum Sozialismus über die alten bäuerlichen Dorfgemeinschaften, der „Mir" geben können. Er verstand dies im Sinne einer „konkreten Utopie", für die es allerdings in der russischen Gesellschaft des 19. Jahrhunderts m. E. keine materialistischen Grundlagen mehr gab.) Dieses Einbringen der Erfahrung des realen Sozialismus in der Sowjetunion und Osteuropa – unter welchen anfechtbaren Theorien auch immer – hatte für die fortschrittliche Bewegung der sechziger Jahre die Folge, sich als Verbündete der osteuropäischen, sozialistischen Opposition zu sehen und sich auch durch den sofort erhobenen Vorwurf des Antikommunismus nicht abschrecken zu lassen. Real war es allerdings so, dass Rudis Enthusiasmus für die Befreiungsbewegungen der dritten Welt und seine Thesen zur menschlichen Emanzipation auf wenig Resonanz etwa der Prager Studenten trafen. Es existierte noch kein gemeinsamer theoretisch-praktischer Bezugsrahmen, sodass die westlichen Linken den Sozialisten in Osteuropa Verherrlichung des Kapitalismus, die östlichen Linken hingegen den Revolutionären im Westen Sektierertum und Geringschätzung der demokratischen Rechte vorwarfen.

Rudi sah alle Erniedrigten und Beleidigten als Potential einer revolutionären Umgestaltung an, aber er verneinte die Dialektik, nach der die Arbeiterklasse der Motor, die entscheidende Kraft der sozialistischen Revolution ist. Nach seiner Vorstellung des „autoritären Staates" waren gerade die Kernschichten der Arbeiterklasse fest ans System gekettet. Im Ausbildungs-, Kultur- und Wissenschaftsbereich, wo die Risse im kapitalistischen Legitimationsgebäude besonders tief und sichtbar waren, wo die Widersprüche am klarsten ins Bewusstsein traten, sollte die antiautoritäre Revolte ihren Motor haben. Durch demonstratives, exemplarisches Handeln sollte der Schleier der Manipulation zerrissen, sollten die Massen zur selbsttätigen Wahrnehmung ihrer Interessen aufgerufen werden.

So faszinierend eine Theorie, die vor allem auf die Rückgewinnung von Selbstbewusstsein abzielte, auf die Schichten der Intelligenz wirken musste und auch wirkte, so zwiespältig war ihr Verhältnis und ihre Wirkung auf die arbeitenden Massen. Dabei sei zunächst vorausgeschickt, dass Rudi ein freundschaftliches und ungekünstelt-demokratisches Verhältnis zu Arbeitern und Werktätigen entwickelte. Seine moralische Integrität und seine Selbstsicherheit wirkten auf viele junge Arbeiter ebenso anziehend wie seine Aufforderung zu Aktionen. Er hatte aber wenig Beziehung zur konkreten Arbeiterbewegung, zu Fragen des nächsten großen strategischen Schritts, zu Fragen der revolutionären Organisierung. Ich entsinne mich noch der Versammlung einiger Tausend Linker nach Abschluss der großen Koalition, als lautstark (und unrealisierbar) der Schlachtruf „USPD" erscholl und Rudi gegenüber den SPD-Integrationsmanövern eines Harry Ristock nichts an strategischer und organisatorischer Orientierung vorzubringen hatte – außer der Selbständigkeit gleichgesinnter Kollektive. Man wird Rudi auch kein Unrecht tun, wenn man feststellt, dass seine Auffassungen über die Arbeiterklasse immer stärker durch die Integrationsthesen Marcuses bestimmt waren als durch ein wirkliches Sich-Einlassen auf die Lebensbedingungen der Arbeiterklasse. Wenn er

auch Recht hatte gegenüber den Plattheiten der DKP, die alles und jedes
aus der materiellen Verunsicherung der Studenten ableiteten und sich ein
Bündnis zwischen Arbeitern und Intellektuellenschichten nur auf dem
jeweils kleinsten gemeinsamen Vielfachen vorstellen konnten – Rudi
hatte eben selbst keine Vorstellungen über Strategie und Programmatik
eines Zusammenschlusses der werktätigen Massen wie des Zusammen-
gehens der Arbeiter, der Werktätigen der Intelligenz. Aber der bloße
Aufruf, sich den Institutionen zu verweigern (oder den langen Marsch
durch sie anzutreten), der bloße Aufruf zur Selbstverwirklichung in der
Aktion musste zu einer Anbetung der spontanen Bewegung führen, dazu,
dass die Bewegung zu Allem erhoben, das Ziel aber als Selbsttätigkeit
bestimmt wurde. Schon in der Planung der Springer-Kampagne standen
den handfesten revisionistischen Entflechtungsplänen nur Vorstellungen
einer radikal-demokratischen Gegenöffentlichkeit gegenüber, denen es
an Klarheit und Perspektive mangelte. So konnte die positive Untersu-
chungs- und Organisationsarbeit (an der viele spätere Genossen unserer
Partei teilhatten) keine Früchte tragen.

Der Zusammenschluss vieler revolutionärer Studenten und auch
Werktätigen in Projekt- und Aktionsgruppen, der so viel schöpferische
Energie freisetzte und bisher ungekannte solidarische Formen des Zusammenlebens und Arbeitens hervorbrachte, war dennoch von Anfang an
zum Scheitern verurteilt. An Stelle des SDS, der sich nach Frühjahr 1968
in die verschiedensten gesellschaftlichen Bewegungen auflöste, trat keine
neue Form, die den Zusammenhang der strategischen Diskussion, der
marxistischen Durchdringung der Kämpfe gewahrt hätte. Den SDS hat
Rudi selbst mehr übersprungen, als dass er ihn stabilisiert hätte (wobei
klar ist, dass er als *Studenten*organisation und als Bündnis sich ausschlie-
ßender Weltanschauungen keinen Bestand hätte haben können). Mit
seinen Gedanken der „Selbstsetzung" der Avantgarde hat Rudi – gewiss
gegen seine Absicht – dazu beigetragen, dass von Basisdemokratie gere-
det, aber von unkontrollierten Führungsgruppen Politik gemacht wurde
– wo nicht sogar der Avantgardismus in bewaffneten Aktionen losgelöst
von den Massen (und in der Praxis gegen sie) gesehen wurde. Sicher
ist, dass Rudi dazu beigetragen hätte, dem ideologischen Klärungspro-
zess von 69/70 solidarischere Formen zu geben. Verhindern hätte er ihn
um einer scheinbaren Einheit der APO willen nicht können – spätestens
nicht nach dem Einmarsch der Russen in Prag.

Ich habe es deshalb stets bedauert, dass Rudi sich in die selbstkriti-
sche Aufarbeitung dieser Phase nicht eingeschaltet hat. Allerdings hat er

auch nie die ebenso beliebte wie unhaltbare Legende geteilt, wonach der
Auseinanderfall der APO das Werk einiger kurzsichtiger und törichter
Sektierer gewesen wäre.

Ein Zurück zu 67/68 wird es nicht geben. Wohl aber bietet die ge-
schichtliche Entwicklung, die neue internationale Situation, die durch
das Hochkommen des sowjetischen Sozialimperialismus und den Aufstieg der Dritten Welt zur revolutionären Hauptkraft gekennzeichnet ist,
allen revolutionären Kräften in unserem Land die Chance, eine rückhaltlos ehrliche Bilanz zu ziehen und den 69/70 versäumten intensiven Dialog „nachzuholen". Nicht die verklärende Trauer über eine Gemeinsam-
keit, die zerbrechen musste, sondern die Verständigung über das, was im
Interesse der sozialistischen Revolution in Deutschland zu tun nötig ist,
gemeinsam getan werden kann, steht auf der Tagesordnung. So hat Rudi
die Sache auch gesehen, ist dabei allerdings teilweise zu Konsequenzen
gelangt, die zumindest ich nicht teilen kann.

Als einer der ersten hat Rudi die Verkettung der Unterdrückungs-
systeme in beiden deutschen Staaten als Resultat der Hegemonie der
Supermächte gesehen, hat die Verständigung der revolutionären Kräfte
in Ost und West als Vorbedingung einer revolutionären Perspektive ausgesprochen. Er war nach seiner Genesung auch einer der Ersten, die die
gemeinsame Lebens- und Kulturgeschichte, die gemeinsamen Klassen-
kampferfahrungen des deutschen Volkes herausarbeiteten und die Forderung nach einem einigen demokratischen und sozialistischen Deutschland erhoben.

Obwohl wir nie seine theoretische Ableitung der sowjetischen Aggres-
sivität aus der halbasiatischen Vergangenheit Russlands nachvollziehen
konnten, stimmten wir doch in der realen Analyse weitgehend überein.
Rudi erkannte die Virulenz der nationalen Frage unter den Massen der
DDR und kritisierte auch Autoren wie Bahro, soweit sie die „reale Existenz" der Sowjetunion in der DDR ausklammerten. Er gelangte dahin,
scharf mit der Entspannungspolitik der SPD-Regierung abzurechnen:
„Ist die Entspannungspolitik unfähig, sich einer offenen Diskussion zu
stellen, sich mit einer Opposition in Osteuropa zurechtzufinden? Oder
ist das Herauskaufen zum Prinzip der Entspannung geworden?" Dass
Rudi an Veranstaltungen, Seminaren, Manifestationen gegen den sowjetischen Sozialimperialismus und für die Solidarität mit der Opposition
der DDR und Osteuropa, an deren Organisierung wir beteiligt waren,
teilnahm, zu einem Zeitpunkt, als solche Aktivitäten in weiten Teilen der
Linken noch geächtet waren, zeigt, dass es ihm um die Sache ging, um

die Arbeit an der Hauptfront der künftigen politischen Entwicklung, und nicht um kleinmütige Abgrenzungsängste. Dass er dabei für seine Ideen, auch für seinen scharf unterstrichenen Antileninismus in unseren Reihen Einfluss gewinnen wollte, ist legitim. An uns, auf seine Herausforderungen zu antworten.

Schon in den sechziger Jahren hatte Rudi sich nicht nur an das überwiegend studentische Potential der Demonstrationen und Aktionen gewandt. Er versuchte, breite Schichten anzusprechen, die bis dahin nur mit Schreckensnachrichten über die Studentenbewegung „versorgt" worden waren. Wie keiner sonst besaß er die Gabe, Rundfunk, Fernsehen oder Presse zu benutzen, durch seine Eindringlichkeit, durch die Zerstörung der manipulativen journalistischen Techniken, durch Appell an die Zuschauer und Hörer zu wirken. Er wollte nicht ein paar Zehntausende, er wollte die Mehrheit gewinnen. Für diese Zwecke erschien ihm in den sechziger Jahren eine parlamentarische Vertretung völlig ungeeignet, da sie an die Rituale der Selbstbestätigung des „autoritären Staates" gebunden gewesen wäre. Mit Veränderungen in seinem Konzept des „autoritären Staates", die den Widersprüchen zwischen und innerhalb der staatlichen Institutionen und Parteien mehr Raum gab, veränderte sich auch Rudis Haltung zum Parlamentarismus. In einem Text aus dem Jahr 1978 überlegte er, welche Sprengkraft eine sozialistische Fraktion im Bundestag für den Aufbau einer Alternative zur herrschenden Politik in beiden deutschen Staaten entfalten könne. Rudi hatte bereits an den Gesprächen zur Gründung einer sozialistischen Partei im Jahr 1976 teilgenommen. Gespräche, die scheitern mussten, weil sie ohne eine ernsthafte programmatische Diskussion und politische Bilanz unternommen worden waren. Meines Erachtens stand bei Rudis Entscheid, die „Grünen" in Bremen zu unterstützen, der Gedanke im Vordergrund, einen Resonanzboden zu finden und auf die Herausbildung einer sozialistischen Partei längerfristig hinzuwirken. Dabei darf nicht verkannt werden, dass in Rudis Denken die Gefährdung der menschlichen Gattung durch die Entwicklung des Kapitalismus stets eine große Rolle gespielt hat.

Rudi war aber in seinem letzten Lebensabschnitt geneigt, die Abwehr einer drohenden Menschheitskatastrophe nicht als Aufgabe des Klassenkampfs, sondern als diesem vorgeordnete „Menschheitsaufgabe" zu begreifen.

Mit Recht machte Rudi geltend, dass in einem Bündnis zur Verteidigung der menschlichen Lebenswelt auch konservative Kräfte teilnehmen können müssen, sofern sie demokratisch eingestellt wären und die Interessen des Volkes achteten. In seiner praktischen Politik aber unterstützte Rudi – dieser Vorwurf kann ihm nicht erspart werden – die reaktionären, antikommunistischen Elemente. Er, der sich stets für demokratische und solidarische Verkehrsformen eingesetzt hatte, drohte zum Mitläufer der kleinlichsten, bürokratischen Tricks der Rechtsgrünen zu werden. Er nutzte seine theoretische Vorbildung wie seine revolutionäre Erfahrung nicht, um die Borniertheiten eines Gruhl aufzudecken, sondern er erging sich in immer inhaltsleerer werdenden Attacken gegen die „Leninisten". Von Rosa zitierte er fast nur noch den Gedanken von der Freiheit des Andersdenkenden ohne Rosas Entschlossenheit, die Konterrevolution – einschließlich ihrer Meinungszentralen! – anzugreifen und niederzuhalten, ihre Theorie und Praxis vor und während der gescheiterten deutschen Revolution zu reflektieren. Schließlich: So wichtig es war und ist, sich für fortschrittliche Strömungen bei den Grünen einzusetzen, so wichtig es ist, dauerhafte Bündnisse der fortschrittlichen Kräfte zu schließen – der Selbstverständigungsprozess der Linken kann nur im Rahmen der Arbeiterbewegung stattfinden, wie zersplittert und ramponiert sie gegenwärtig auch sein mag.

Gerade über diese letzten Fragen wollten wir uns solidarisch mit Rudi auseinandersetzen. Wir sahen und sprachen ihn oft in den letzten Monaten vor seinem Tod, aber die Knappheit der Zeit, vielleicht auch eine gewisse Gereiztheit von unserer Seite, verhinderten eine tiefere und gründlichere Debatte.

Ich habe Rudi stets für einen Freund und Genossen gehalten, habe seinen Scharfsinn und seine Bildung bewundert, mehr noch seine Geduld und Freundlichkeit gegenüber allen Menschen. In den sechziger Jahren fuhr ich mehr als einmal aus der Haut, wenn er sich um Leute bemühte, die wir, bzw. ich als hoffnungslose Bourgeoisie betrachteten. Ich habe den Entwurf seines Briefs an Bachmann (der auf ihn geschossen hatte) gelesen und mir – während ich die noch durch die Schussverletzungen bedingten Holprigkeiten ausbesserte – gesagt, das hättest du nicht fertig gebracht, obwohl es das einzig Richtige war. Denn nicht Bachmann war der Mörder gewesen, sondern eine herrschende Klasse, deren Brutalität und Rachsucht niemals nachlassen wird. Sie gilt es zu stürzen, aber die Ausgebeuteten und Unterdrückten gilt es zu gewinnen, selbst wenn sie noch – wie der unglückliche Bachmann – ganz im Bann einer reaktionären Ideologie sind. Auch für diese Lektion bin ich Dir dankbar, Genosse Rudi!

Die Linke im Waschsalon

Hat die wendefrohe Linke der Geist der Angela Merkel erfasst? Nichts da von Muff und Spießigkeit der Adenauer-Ära? Die Geschichte ist unkomplizierter, sie ist eine vom unglücklichen Bewusstsein

Die Waschmaschinen laufen auf Hochtouren. Hinein mit dem rot verschmutzten Fetzen und heraus mit dem gänzlich fleckenfreien Sonntagshemd, dessen Rüschen jetzt nur noch der geistig-moralischen Stärkung bedürfen.

Die große Reinigung im linken Waschsalon umfasst alle Sachgebiete und historischen Perioden. Jetzt werden die Fünfzigerjahre gewaschen. Die hohe Zeit Adenauers, eine auftrumpfende Spießeridylle, eine Ära des aggressiven „Wir sind wieder wer"? In die Trommel mit solchen linken Selbstgewissheiten! Her mit der frischen Geschichtsversion: Die Fünfzigerjahre brachten die Versöhnung der Deutschen mit der Demokratie.

Ihr einstigen Schmutzkinder, seid beruhigt. Hauptsache, ihr distanziert euch heute von der Behauptung, erst die Revolte der Sechzigerjahre habe der Bundesrepublik, diesem von den Alliierten aus Nazilehm gekneteten Golem, demokratischen Odem eingehaucht. Erkennen wir diese Behauptung als das, was sie immer schon war: als eine unverschämte Anmaßung.

So könnte der Gegenangriff eines übrig gebliebenen Linken anheben, die „Abfuhr" (wie man früher im Milieu zu sagen pflegte), die angesichts der neuen Bußfertigkeit wirklich angebracht ist. Wer, wie der Autor dieser Zeilen, in den Fünfzigerjahren groß wurde und zu studieren anfing, wer Zeuge der hysterischen Jagd auf die wenigen übrig gebliebenen Kommunisten wurde, wer allgegenwärtigem Verdacht ausgesetzt war, weil er mal in die „Zone" reiste, wer im Staatsexamen einem Prüfungskollegium gegenübersaß, das sich mehrheitlich aus prominenten Nazijuristen zusammensetzte, wer Tag für Tag mit der Kontinuität des nazistischen Beamtenapparats konfrontiert wurde, der hat so seine fest gefügten Ansichten über die fragliche Periode.

Aber: Ist der Zeitzeuge nicht der geborene Feind des Historikers? Sitzt Ersterer nicht im Gefängnis seiner wohl konservierten Erinnerungen, während es Aufgabe des Letzteren ist, ein Bild abgestufter Farbnuancen zu entwerfen, auf dem genug Platz für alles ist, was damals gedacht und gefühlt wurde? Dem Soziologen Heinz Bude ist bei seiner

Generationsforschung aufgefallen, dass das, was den Linken als bleierne Zeit erscheint, die Fünfzigerjahre, von vielen, die weder Linke noch Exnazis waren, als Zeit des Aufbruchs angesehen wird. Haben beide Ansichten Recht, je nach Herkunft, Sozialisation und Milieu? Oder ist eine von ihnen irrig?

Solche naheliegenden Überlegungen werden allerdings überlagert vom Gebrauch der Geschichte zu politischen Zwecken. Denn wenn die Fünfzigerjahre eigentlich ein Zeitalter der Aufklärung waren, dann war das Motiv der Revolte der späten Sechziger- und frühen Siebzigerjahre bloßer Schein, Resultat einer selbstgerechten antifaschistisch-demokratischen Stilisierung. Dann käme es wirklich darauf an, ein für alle Mal den angemaßten Moralismus zurück- und die linken Intellektuellen in die Schranken zu weisen. Trifft hingegen zu, dass die Fünfzigerjahre wesentlich unter einem autoritären, vordemokratischen Unstern standen, dann war Rebellion gerechtfertigt und vor allem: Sie bleibt es, wenn die Verhältnisse wieder versteinern und ein neuer Demokratisierungsschub nötig wird.

Aber nicht alles geht in den säuberlichen Frontlinien der geschichtspolitischen Debatte auf. Wer sich eine Linke wünscht, deren historische Verarbeitungskapazität sich nicht auf das Wiederkäuen von Mythen beschränkt, ist zur kritischen Sicht auch auf die Geschichte des eigenen Lagers verdammt. Wer waren sie, die linken Fuffziger, an welchen Gebrechen litten sie? Hatte vielleicht nicht sogar Klaus Harpprecht Recht, als er anlässlich einer viel zu früh abgebrochenen Kontroverse in der *Zeit* 1996 feststellte, die Linken seien damals nie in der Bundesrepublik angekommen, hätten deren demokratisches Potenzial verkannt, hätten nichts von dem Drive verstanden, der die westdeutsche Gesellschaft an die Seite der westlichen Demokratien trieb, hätten sich eingemauert in einem sterilen, großen Nein!? Und hätten dieses Nein den nachfolgenden politischen Generationen vererbt?

Die Linken der Fünfzigerjahre in den Westzonen, das waren Überlebende der Konzentrationslager, Übriggebliebene der katastrophisch ausgegangenen innerlinken Schlachten der Weimarer Zeit, Rückkehrer aus der äußeren oder „inneren" Emigration. Und es waren Leute wie Theo Pirker, den Stalingrad zum Marxisten gemacht, oder wie Erich Kuby, der nie einen Schuss abgefeuert hatte. Und es waren junge Christen wie Walter Dircks. Sie alle einte eine große Hoffnung – und deren Scheitern.

Denn sie hatten das Jahr 1945, die bedingungslose Kapitulation Nazideutschlands als die historische Chance zum grundsätzlichen Aufbruch begriffen. Sie wähnten sich als Katalysatoren einer Bewegung, die zur Errichtung eines demokratisch-sozialistischen Deutschland fortschreiten würde.

Antikapitalisten gab es damals viele. Aber die benannte linke Haltung erwuchs aus einem moralischen Urteil über den Faschismus. Deshalb sahen diese Linken auch das sozialistische Projekt als moralische Umkehr, als selbstverantwortliche und selbstbewusste Tat. Wie genau dieser Sozialismus auszusehen hätte, blieb allerdings unklar, schemenhaft. Wichtig war allein die existenzielle Entscheidung für ihn.

Zwei Jahre lang schien die öffentliche Resonanz die Hoffnungen der Linken zu bestätigen. Zwar war den 1945 spontan entstandenen Antifa- und Betriebskomitees von den Alliierten rasch das Lebenslicht ausgeblasen worden, aber in einer Reihe industrieller Großbetriebe hielten sich noch Kerne der Selbstorganisation. In der Öffentlichkeit erzielten die Linken durchschlagende Erfolge. Es blühten neue Zeitschriften wie der *Ruf*. Die Menschen strömten in die Theater, ein Kabarett wie die von Erich Kästner als moralische Anstalt konzipierte „Schaubude" in München war allabendlich ausverkauft. Die Filme der Defa (etwa Wolfgang Staudtes „Die Mörder sind unter uns") erschütterten die Menschen ebenso wie die Bücher der einst verfemten Autoren, die man sich aus den Händen riss. Dann kam die Währungsreform – und alles, alles war vorbei.

Natürlich hatten sich die Linken getäuscht, als sie das Jahr 1945 als eine Art Nullpunkt ansahen, von dem aus alles möglich schien, und zwar unabhängig vom politischen Szenario, von der Aufteilung der Welt in feindliche Blöcke, die sich fast unmittelbar nach Kriegsende abzuzeichnen begann. Auch verwechselten sie die Irritation eines Augenblicks mit der Grundströmung innerhalb der (west-)deutschen Bevölkerung. Die griff hemmungslos zu, als der westdeutsche Teilstaat eine ökonomische Perspektive eröffnete. Dafür schluckte sie alles, die Teilung Deutschlands wie die Wiederbewaffnung.

Viele der Linken weigerten sich einzugestehen, dass die Karten nach der Kapitulation Nazideutschlands neu gemischt waren. Sie weigerten sich, den Weg Herbert Wehners zu gehen – die Anerkennung der geschaffenen Fakten in der Außen- und Sicherheitspolitik. Obwohl sie überzeugte Europäer waren, lehnten sie die Westintegration ab.

Aus all dem resultierte das unglückliche Bewusstsein, das große Teile der linken Intelligenz in den Fünfzigerjahren prägte. Unglücklich in dreifacher Hinsicht. In der Trauer um die verpasste Chance des Neuanfangs.

Im Ekel vor dem Konsumrausch, der den Jahren des Aufbaus folgte und der den Linken nur als Verdrängungsleistung gegenüber der ursprünglichen Aufgabe erschien.

Vor allem aber in der Angst vor einem Rückfall dieses prekären Gemeinwesens Bundesrepublik in eine neue Art von Faschismus, in Militarismus und Krieg. Diese Furcht trübte den Blick auf die Wirklichkeit. Denn der patriarchalische, autoritäre, durch das Gefühl der Bedrohung aus dem Osten zusammengeschweisste Weststaat folgte einer ganz anderen Entwicklungslogik als der expansionistische Nazistaat. Die Bundesrepublik unterlag der amerikanischen Hegemonie, sie folgte deshalb auch der amerikanischen Politik, die in Europa auf Abgrenzung der Interessensphären der Supermächte und – seit Beginn der Sechzigerjahre – auf kontrollierte Entspannung setzte.

Und diese Hegemonie hatte auch kulturelle Auswirkungen. Individualität trat mehr und mehr an die Stelle der faschistischen Volksgemeinschaft, wenn auch noch in Formen privaten Wohlergehens. Dass es in der Justiz, in der Bundeswehr, im Auswärtige Amt und in vielen anderen Behörden vor Nazibeamten nur so wimmelte, war ein Skandal. Aber er war kein Zeichen der Faschisierung, denn diese Beamten funktionierten reaktionär und zuverlässig zugleich gemäß den Imperativen des neuen Staates – und die folgten dem Kapitalismus, nicht aber seiner faschistischen Herrschaftsform. Deshalb war der Lieblingsbegriff der unglücklichen Linken, der der Restauration, irreführend gewesen.

Denn weder war eine Restauration des Nazismus angestrebt, noch konnte man sagen, dass bürgerliche Produktionsverhältnisse nach 1949 restauriert worden waren – sie hatten schließlich nie zu existieren aufgehört.

Imaginierte, aus dem moralischen Entscheid und aus Hoffnungsblau geborene Projekte plus ständige Angst vor dem Rückfall in die Barbarei: Das sind die zwei Hauptantriebe, die die unglückliche Linke der Fünfzigerjahre an uns weitervererbte. Ein schönes, aber auch ein gefährliches Erbe. In die Waschmaschine damit? Keinesfalls. Sondern in die Änderungsschneiderei, zur Secondhandverwertung!

taz vom 24. Februar 2001

Verspätete Racheengel

Wie anlässlich einiger Jugendfotos des Außenministers versucht wird, die damalige linksradikale Protestbewegung abzuschlachten. Eine kleine Rettung der Tatsachen

Als langjähriger Mitarbeiter der *taz* habe ich es gelernt, mich mit Berichten über einstige Straßenschlachten zurückzuhalten. Der Veteran, der mit „Heldentaten" prahlt – er gibt stets und zu Recht eine lächerliche Figur ab. Noch lächerlicher jedoch erscheint mir der Versuch, einen Streetfighter von damals und Würdenträger von heute mit dreißigjähriger Verspätung anzuklagen. Mit vor Empörung zitternder Stimme zu erklären, so jemand gehöre nicht an die Spitze des Außenministeriums. Oder ihm und seinen Genossen von damals heute kurzerhand ein selektives Gedächtnis, eine „heroische Verniedlichung" seinerzeitiger Taten zu unterstellen.

Es waren die ehemaligen Linksradikalen selbst, die in den 80er Jahren versucht haben, öffentlich über ihre einstigen revolutionären Ziele und über ihre Kampfformen nachzudenken. Es gibt zu diesem Thema Protokolle, Aufsätze, die zur Kenntnis zu nehmen der Historiker Götz Aly allerdings nicht für nötig fand (*Berliner Zeitung* vom 8. Januar 2001). Statt sich um eine genaue Analyse des Gewaltklimas der 60er Jahre zu bemühen – der Gewaltspirale, die sich bis zur RAF und bis zum Sicherheitsstaat der 70er Jahre hochdrehte –, finden wir bei Aly ein paar Anekdoten und Hintertreppengeschichten, selbstverständlich ohne Namensnennung der Akteure.

Wie Götz Aly übt sich auch Thomas Schmid, im linksradikalen Frankfurt von damals kein ganz Unbekannter, im Geschäft des 68er-Bashing (*FAZ* vom 5. Januar). Natürlich wahrt auch er vornehme Diskretion über seine einstige Rolle. Was an diesen beiden Stellungnahmen ehemaliger radikaler Linker aber wirklich deprimiert, ist die gänzliche Abwesenheit des historischen Blicks, die Preisgabe aller analytischen Kategorien, die auf die Erklärung gesellschaftlicher Verhältnisse in der alten Bundesrepublik zielen. Stattdessen der staatsanwaltschaftliche Gestus – und der Versuch, die ehemaligen Linksradikalen mit den Nazifaschisten zu identifizieren.

Thomas Schmids Anschuldigungen kulminieren in der These, die Revolte der 60er und der späten 70er Jahre habe ein demokratisches Gemeinwesen zerstören wollen. Gerade in diesen Jahren habe die Bundesrepublik ihre Reifeprüfung abgelegt, weil sie einem im Kern totalitären

Angriff mit rechtsstaatlichen Mitteln begegnet sei. Um einen Vergleich aus der Überschwemmungsrhetorik zu verwenden: Der linke Radikalismus war die Flut, die Bürger schlossen sich zusammen, der Damm hielt. Jenseits aller Verdachtspsychologie fragen wir einfach, ob Thomas Schmid Recht oder Unrecht hat. Er hat Unrecht.

Als Erstes gilt es, gegenüber dem Vorwurf einer prinzipiellen Demokratiefeindschaft darauf zu beharren, dass der Grundimpetus der außerparlamentarischen Opposition (APO) auf radikale, auf unmittelbare Demokratie zielte. An die Stelle des „bürgerlichen Parlamentarismus" samt der Gewaltenteilung sollte das Rätesystem treten. Utopisch? Ja, denn die gesellschaftliche Differenzierung der Moderne sollte durch eine Revolution rückgängig gemacht werden, mit der man die „großen Teilungen" (zwischen Arbeitern und Intellektuellen, zwischen Stadt und Land, zwischen den Geschlechtern) aufzuheben hoffte. Wenn es einen Satz Lenins gab, der allgemeine Zustimmung fand, dann den, dass auch die Köchin Regierungsgeschäfte wahrnehmen könne. Totalitär? Nein. Denn nirgendwo wurde eine wesensmäßige Identität „des Volkes" oder „der Arbeiterklasse" behauptet oder dem „historischen Subjekt" ein einheitlicher Wille unterstellt, der sich in den Staatsorganen ausdrücke. Erinnern wir uns, dass Hannah Arendt, *die* Kritikerin des Totalitarismus, Anhängerin des Rätegedankens war und blieb.

Dass der Parlamentarismus seinerzeit verworfen wurde, hat oft erörterte Ursachen: die „große Koalition" von CDU und SPD, die 1966 beschlossen wurde, und damit das Ende jeder effektiven parlamentarischen Kontrolle. Ferner das Projekt der Notstandsgesetze, mit denen schon „im Spannungsfall" wesentliche Grundrechte außer Kraft gesetzt werden sollten. Es kommt nicht darauf an, ob diese damaligen Befürchtungen, ob die mit ihnen verbundenen Theorien (etwa von der drohenden Faschisierung) sich später als richtig erwiesen. Es geht um einsehbare Beweggründe.

Kann man einwenden, der radikaldemokratische Impetus sei nur in der Frühphase der Studentenbewegung wirksam gewesen – nicht aber in ihrer Verfallsphase, die angeblich von Aktionismus und Sprachlosigkeit der Linksradikalen bestimmt gewesen ist? Selbst wenn das der Fall gewesen sein sollte, bliebe immer noch zu fragen, was die Gründe dafür waren. Aber diese Annahme trifft gar nicht zu. Noch die Solidaritätsdemonstration für den APO-Anwalt Horst Mahler, Ende 1968, die später als „Schlacht am Tegeler Weg" als Terroraktion einer selbst ernannten Avantgarde stilisiert wurde, folgte dem Prinzip demokratischer

Beschlussfassung und Kontrolle. Die Aktion wurde von einer tausend-
köpfigen Versammlung in der TU Berlin beschlossen, auf mehreren nachfolgenden Teach-ins wurde Bilanz gezogen. Keine Jubelfeiern, sondern
kontroverse Veranstaltungen – was nicht verwunderlich war angesichts
der vielen verletzten Polizisten. Die mit geradezu scholastischer Logik
geführte Debatte über „Gewalt gegen Sachen" gegenüber „Gewalt gegen
Personen" hat nie aufgehört und setzte sich in den sozialen Bewegungen
der 70er Jahre fort, bis sie mit der berühmten „Säule" der Gewaltfreiheit
im Vier-Säulen-Programm der Grünen ihren Abschluss fand.

Es musste einiges geschehen auf der Seite des Staats und seitens der
großenteils gleichgeschalteten veröffentlichten Meinung, um aus Kin-
dern des Bildungsbürgertums Anhänger gewaltsamer Aktionen zu machen. Anlässlich der Blockade der Berliner Springer-Druckerei nach
dem Attentat auf Rudi Dutschke rief mir eine Studentin, eine sanfte Phi-
lologin, atemlos zu: „Ich weiß jetzt, es geht nur mit Gewalt." Was als
ausgelassenes Spiel 1965 begonnen hatte, als Inszenierung, die lustvoll
die Polizei ins Leere laufen ließ, hatte sich zu einem Bürgerkriegsszena-
rio entwickelt. Aber zu einem solchen Szenario gehören zwei. Und es
wäre angebracht, hier Ursache und Wirkung nicht gänzlich außer Acht
zu lassen. Nie bin ich in dieser Zeit einer existenzialistischen Feier der
Gewalt begegnet, nie der Auffassung, Steinewerfen bereichere die Persönlichkeit. Wohl aber wurde die Gegenwehr als Befreiung aus der Ohnmacht gegenüber Gummiknüppeln und Tränengas empfunden. Das war
der Kern dessen, was ich 1968 mit der damals typischen hochtrabenden
Selbstüberschätzung als „neue Form der Militanz" bezeichnete.

Natürlich gab es in dieser Bewegung autoritäre Strukturen und „Autoritäten" wie Rudi Dutschke. Sie wurden nicht nur geliebt, sondern
auch ständig bekämpft – und verspottet. Vor allem gab es kein Gene-
ralkommando, das war eine Projektion der Presse. Dafür jede Menge
Aktions- und Basisgruppen, die selbst bestimmten, welcher Aktion sie
sich anschlossen. Wir nannten das Selbsttätigkeit. Und die K-Gruppen,
die zu Beginn der 70er Jahre entstanden, waren nicht die Fortsetzung einer autoritären Struktur. Sie versuchten vielmehr – mit autoritären, also
untauglichen Mitteln –, einen Ausweg zu finden aus der Zerfahrenheit
der außerparlamentarischen Bewegung, aus der Gefahr der Entpolitisierung. Schließlich galt es, den Campus zu verlassen, das Proletariat zu
organisieren.

Die Bewegung, zu der Joschka Fischer sich zählte, war nicht der
böse Geist, der schließlich gegen seine Intentionen Gutes bewirkt hat.

Sie hat eine noch halb autoritäre, durch und durch im Freund-Feind-
Denken und in obrigkeitsstaatlichen Verhaltensweisen erstarrte Gesellschaft umgepflügt. Sie hat Mut zum Widerstand gesät, Zivilcourage
hervorgebracht. Die sozialen Bewegungen der Jahrzehnte danach sind
– trotz gänzlich anderer weltanschaulicher Koordinaten – ohne sie nicht
denkbar. Wir wollten den Sozialismus und sind damit gescheitert. Wir
haben eingesteckt und anschließend ausgeteilt. Wir glaubten, alles wäre
möglich, und zwar gleichzeitig. Und jetzt. Aber dieser damalige Griff
nach dem Ganzen, der als weltweit imaginierte Kampf gegen Ausbeu-
tung und Unterdrückung, entsprang er nur größenwahnsinniger Selbst-
überhebung? Oder spiegelte er nicht doch reale Erfordernisse wider?
Viel interessanter als die Bewertung der Straßenschlachten von damals
scheint mir die Frage, ob sich etwas von dem humanen, befreienden,
universalistischen Impuls jener Jahre bei dem heutigen Außenminister
erhalten hat. Die verspäteten Racheengel aber bitte ich, das ideologische
Terrain zu bedenken, auf dem sie ihren Angriff vortragen: Je deutlicher
die Kehrseite der Globalisierung, desto härter der Kampf gegen die Spur
des Widerstands im Gedächtnis.

taz vom 11. Januar 2001

Wiedergänger

Was von Mao übrigblieb: Versuch über das Nachleben einiger K-Gruppen-Motive. Verschlungen und kurvenreich lief manches auf Öko hinaus

Der Schnee gnädigen Vergessens bedeckt heute die Landschaft, auf der sich in den 70er Jahren die maoistischen „K-Gruppen" an die Revolutionierung des Proletariats gemacht hatten. Die Protagonisten der damaligen Bewegung, auch der Autor der folgenden Bemerkungen, haben nie daran gedacht, die Geschichte dieses Großversuchs aufzuschreiben. Daran hinderte sie nicht nur der schlechte Ruf der K-Gruppen. Immerhin sollen es nach fast allgemeiner Auffassung sie gewesen sein, die mutwillig eine blühende, vielfältige Bewegung unter die Knute des dogmatischen Konformismus zwangen und die antiautoritären Impulse der Studentenbewegung nach Kräften abtöteten, so dass dem lichten Bild der 60er Jahre das verdüsterte der frühen 70er Jahre gegenübersteht.

Verstärkt wird die Unlust durch die Unmenge überlieferter Druckerzeugnisse: Typoskripte, Zellenprotokolle, Betriebszeitungen, Verlautbarungen aller Ebenen bis hin zu den diversen Zentralorganen. Denn so erfolglos die Organisationsarbeit blieb, so fruchtbar gestaltete sich die Produktion von Papieren. Schließlich und wichtigstens verstehen die Funktionäre von einst kaum mehr ihre damaligen Motive und Handlungen. Der Riss ist zu tief. Um es kurz zu machen: Dem ehemaligen Führungspersonal ist die Geschichte der K-Gruppen zu peinlich, den Bewegungssoziologen zu immobil, den Zeitgeschichtlern zu arm und den Psychologen zu durchsichtig.

Sollten die maoistischen Gruppen in den rund zehn Jahren ihrer Existenz keine „Spur ihrer Erdentage" hinterlassen haben? Bis in die 90er Jahre, als unter den ehemaligen Genossen das „Wie geht's?" längst an die Stelle des „Was tun?" getreten war, herrschte im links-alternativen Milieu die Zwangsvorstellung von geheimen Fraktionszusammenkünften und strategischen Absprachen. Fast überflüssig, darauf hinzuweisen, dass es solches Strippenziehen ehemaliger K-Gruppler gegeben hat. Das wichtigste „postmaoistische" Organ, die *Kommune*, eine Gründung der größten maoistischen Gruppe, des Kommunistischen Bunds Westdeutschlands (KBW) unter der Leitung Joscha Schmierers, verzichtete geradezu programmatisch auf jede kollektiv organisierende Funktion. Sie war und ist pluralistisches Diskussionsorgan mit grün-realpolitischer

Schlagseite. Und die es zu Amt und Würden brachten, zum Beispiel als ehemalige oder gegenwärtige Senatoren Freier Hansestädte, verdankten ihre Berufung bestimmt nicht der ehemaligen Mitgliedschaft in der Gruppe „Demokratie und Sozialismus" (einem Spaltprodukt des KBW), sondern ihrer langjährigen Plackerei als grüne Funktionäre.

Nur ein relativ geringer Prozentsatz der K-Gruppler schloss sich den Grün-Alternativen dauerhaft an, aber man kann vermuten, dass ihre große Mehrheit dieser Bewegung Sympathien entgegenbringt. Die meisten Aktivisten der K-Gruppen arbeiteten nach dem Niedergang beziehungsweise der Auflösung ihrer Organisationen hart daran, Zeit wettzumachen, im Berufsleben voranzukommen, Familien zu gründen. Wer als Intellektueller im Betrieb gearbeitet hatte, verließ ihn, von einigen wichtig gewordenen Ausnahmen abgesehen.

Was geschah mit den vielen Azubis und Jungarbeitern? Sie erlagen dem Sog der Intelligenzija, machten Schluss mit ihrer Lohnabhängigenexistenz. Auf der Schiene des zweiten Bildungsweges „verließen sie ihre Klasse". Dies ist der wichtigste Unterschied zwischen Westdeutschland und den romanischen Ländern, in denen es immer eine Gewerkschaft gab, die die Maoisten unterschlüpfen ließ und ihnen weitere Qualifizierung ermöglichte.

Es wäre nun ein leichtes, einer allgemeinen Verdachtspsychologie zu folgen und überall dort, wo im Milieu der Linksalternativen Glaubenskämpfe, Machtkämpfe oder Intrigen inszeniert werden, den fortdauernden Einfluss der K-Gruppen auszumachen. Aber im Allgemeinen funktionierte der bei den Grün-Alternativen diensttuende exkommunistische Funktionär loyal, selbstlos und zuverlässig. Das war schon Angelo Bolaffi, dem italienischen Politologen, aufgefallen, als er nach einem Besuch der Alternativen Liste West-Berlin zu Anfang der 80er Jahre verwundert konstatierte, es sei nur das politische Ethos der ehemaligen KPD-Kader, das den Laden zusammenhalte.

Trotz der Zerstreuung und Vereinzelung der meisten K-Gruppen-Aktivisten gibt es politische Motive, die in der Geschichte der linken Bewegung bis auf den heutigen Tag fortwirken. Man kann sie an den Arbeiten ehemaliger Maoisten ablesen, die heute als Wissenschaftler, Journalisten oder – immer noch – als politische Aktivisten tätig sind. Man kann ihnen bei den immer selteneren Gelegenheiten nachspüren, wo die ehemaligen Kampfgefährten sich versammeln, bei runden Geburtstagen, neuerdings auch schon bei Beerdigungen. Allerdings tut man gut daran, sich diese fortdauernde Wirkung maoistischer Motive nicht geradlinig vorzustellen. Sie ist mit früheren Positionen oft nur dialektisch, das heißt gerade durch den Bruch verbunden. Auch sollte man nicht vergessen, dass es unterhalb der bürokratisch-nachrichtendienstlichen Etikettierung „K-Gruppen" trotz eines gemeinsamen ideologischen Erbes beträchtliche Unterschiede gab, die eine je eigene Art des Nachlebens begründeten. Nicht von diesen spezifischen Formen soll jetzt die Rede sein, sondern von den gemeinsamen gedanklichen und emotionalen „Stimmungen", wie sie, gerade unter dem Signum der Niederlage, fortwirkten.

Als Erstes wäre der schroffe Antiutopismus der Ex-Maoisten zu nennen, ein direktes Produkt der Ent-Täuschung. Er ist nur verstehbar, wenn in Rechnung gestellt wird, dass die radikale maoistische Linke das China der Kulturrevolution als Garten der Utopie missverstand. So wurde aus der großen Verschickungsaktion der Studenten in die Provinz die Aufhebung des Unterschieds von Stadt und Land, aus der den Intellektuellen verordneten Arbeit die Aufhebung von Kopf- und Landarbeit, aus der Uniformierung der Geschlechter in der Arbeit wie im täglichen Leben die Aufhebung der patriarchalischen Geschlechtertrennung.

Das Schema der leninistischen Koordinaten – in der Zeit Etappen, im Raum Bündnisse – war den Maoisten fremd. Sie glaubten an die „Aktualität des Kommunismus", wie eine Kampfschrift der Gruppe Il Manifesto Ende der 60er Jahre betitelt war. Von der chinesischen Utopie wandte man sich ab, als die Kulturrevolution für beendet erklärt wurde und die Fakten der massiven politischen Unterdrückung ans Licht kamen. Im Antiutopismus trafen sich die Ex-Maoisten mit den osteuropäischen Demokraten. Er wurde zur gedanklichen Basis, auf der die „Realpolitik" ebenso wuchs wie die Bejahung der osteuropäischen Transformationsprozesse zu Markt, Privateigentum und Demokratie.

Der Schrecken vor dem, was Utopien anrichten, wenn sie in die Tat umgesetzt werden, war sicher heilsam. Aber er wurde und wird bezahlt mit der Weigerung, das ganz Andere der kapitalistischen Produktionsweise auch nur zu denken. Gerechtigkeit und Solidarität erscheinen nur noch als regulative Ideen. Gegen diesen Realitätsgewinn, der auf der genauen Benennung der Kosten jeder Reform besteht, wäre überhaupt nichts einzuwenden – wenn, ja wenn die ökonomische Wirklichkeit nicht nach Alternativen riefe.

Eine zweite Erbschaft der K-Gruppen ist ihr linker Antitotalitarismus. Für die Maoisten war es in der Regel kein Problem gewesen, den systemischen Charakter der Unterdrückung im Realsozialismus zu erkennen und anzuprangern, soweit der sowjetische Machtbereich gemeint war.

Als ihnen, zu Ende der 70er Jahre, die Strukturmerkmale *jedes* realsozialistischen Herrschaftssystems klar wurden, trat an die Stelle des
Gegensatzes Proletariat gegen Bourgeoisie, also der „Fortführung des
Klassenkampfes unter der Diktatur des Proletariats", der Kampf der Demokraten gegen das totalitäre System. Bestimmt war es ein Verdienst der
Ex-Maoisten, mit dem Unterschied zwischen legitimen (sozialistischen)
und illegitimen (bürgerlichen) Widerstandsaktionen gegen den Realsozialismus Schluss gemacht zu haben.

Dieser Linie folgte auch die Unterstützung der Solidarność in Polen
zu Beginn der 80er Jahre. Aber dieser linke Antitotalitarismus lief Gefahr, die sozialen Gegensätze zu verkennen, die sich unterhalb der Linie
Demokratie kontra Realsozialismus abzeichneten. „Links" und „rechts"
blieben eben doch taugliche Kategorien, wenngleich sie im Transforma-
tionsprozess der ehemals realsozialistischen Länder neu gedacht werden
mussten.

Zu einer ebenso ungerechtfertigten wie unangenehmen Begleiterscheinung des linken Antitotalitarismus wurde die Tendenz mancher
Ex-Maoisten, moralische Superioritätsgefühle zu verbreiten und sich,
reichlich spät, in die Pose des Chefanklägers zu werfen. Zu Recht bestanden viele der ehemaligen Maoisten darauf, über die Untaten der
SED-Potentaten und ihrer Zuträger kein Gras wachsen zu lassen. Sie
vergaßen aber manchmal, dass es nur der Ungunst, besser: der Gunst
der Zeitläufte zu danken gewesen war, wenn der Gesellschaft eine reale
Probe ihrer eigenen Konzepte erspart geblieben ist.

Eine interessante Metamorphose erfuhr drittens die maoistische
„Drei-Welten-Theorie", wonach die Welt von der Rivalität der zwei
Supermächte gekennzeichnet sei, zwischen denen die Dritte Welt ei-
nerseits, die Zweite (aus den westlichen und östlichen Industriestaa-
ten) andererseits lagen. Diese Theorie erleichterte es den Maoisten, die
Ungleichzeitigkeit der kapitalistischen Entwicklung zu verstehen und
die unterschiedlichen, oft gegensätzlichen Motive der Akteure auf der
„Befreiungsseite" in Rechnung zu stellen. „Staaten wollen Unabhängig-
keit, Nationen wollen Befreiung, die Völker wollen Revolution" (Tschou
En-lai).

„Nationen wollen Befreiung", die zeitgenössische Version des
Lenin'schen Selbstbestimmungsrechts, hat auch den Ex-Maoisten den
Blick auf die Legitimität nationaler Befreiungsbewegungen geöffnet, so
im Fall der zerfallenden Sowjetunion und Jugoslawiens. Im Gegensatz
zu vielen anderen Linken trauerten sie nicht den untergegangenen im-

perialen Zwangsgemeinschaften nach. Im bosnisch-herzegowinischen Konflikt befürworteten viele rechtzeitig eine militärische Intervention und die Errichtung eines UNO-Protektorats. Allerdings ließen sie es hier und da an kritischer Distanz auch zu den Opfern der Aggression, den Bosniaken, fehlen.

Der verschlungenen Fortsetzung der „Drei-Welten-Theorie" entspricht auch die positive Wertung, die viele der ehemaligen K-Gruppler der Europäischen Union als Zusammenschluss von Staaten der „Zweiten Welt" entgegenbringen. Zuweilen überrascht das Lob der Institutionen, der Verzicht auf Kritik am Übergewicht ökonomischer Lösungen und am demokratischen Defizit. Die Rädchen im Denkprozess, die die „Haupt-" mit den „Nebenwidersprüchen" verbinden, bewegen sich noch in altgewohnter Weise. Viertens und letztens sei ein Blick auf das Nachleben jener Parole gestattet, die wie keine andere die angehenden Ärzte, Rechtsanwälte, Architekten, Schauspieler und Regisseure dazu bewegte, sich den Maoisten begeistert anzuschließen: „Dem Volke dienen". Zwar waren die K-Gruppen schroff aufs Proletariat ausgerichtet, aber insgeheim wucherte in ihrem Gemüt der diffuse Volksbegriff weiter, der seit den Zeiten der russischen Narodniki Intellektuelle dazu mobilisiert hatte, „ihre Klasse zu verraten" und „unters Volk" zu gehen. Zwar waren sie von Lenin nachdrücklich über die Grenzen des „tradeunionistischen" Bewusstseins bei den Arbeitermassen belehrt worden, aber es schien ihnen leicht, diese Schranke niederzureißen – durch Lernprozesse in der kollektiven Aktion. Daher die ungeheuren Erwartungen, die sich in den 70er Jahren an den (kurzlebigen) Erfolg oppositioneller beziehungsweise revolutionärer Listen bei den Betriebsratswahlen in Nordrhein-Westfalen knüpfte.

Dieses „Volkstümlertum" erwies sich in der grünalternativen Bewegung als dreifach anschlussfähiges Motiv: Es erlaubte den Ex-Maoisten, ihre privatisierte berufliche Existenz an einem allgemeinen ethischen Maßstab zu messen. Es erleichterte – vor allem nach Tschernobyl – ein levée en masse gegen die atomare Bedrohung *unabhängig* von den divergierenden materiellen Interessen der möglichen Akteure, und es machte es drittens möglich, die maoistische Kritik an der „volksfeindlichen" Entwicklung von Technik und Wissenschaft in grüne Projekte einzufädeln. Oft genug schimmert noch in der Kritik der Apparatemedizin, im Entwurf einer fußgänger- und radfahrerfreundlichen Verkehrspolitik, in den Projekten alternativer Energiegewinnung das alte maoistische Motiv des „Kampfs gegen die reaktionäre Theorie der Produktivkräfte" durch.

Entgegen dem ersten Blick ist es nicht der Katastrophismus gewesen, die Gleichsetzung der ökologischen Krise mit der Systemkrise des Kapitalismus, der maoistisches und ökologisches Denken näherrückte. Wie wir sahen, war der Annäherungsprozess vieler Ex-Maoisten verschlungen und kurvenreich. Beide eint heute, dass sie es besser wissen als alle anderen. Aber das ist vielleicht eine deutsche Nationaleigenschaft.

taz vom 26. August 1998

In Liebe in den Freitod

André, der Sohn eines jüdischen Holzhändlers, und Dorine, die Engländerin in Paris, lebten in Autonomie – bis zum Schluss

André Gorz, der große Sozialphilosoph und Denker eines „Jenseits" des Kapitalismus, ist gemeinsam mit seiner todkranken Frau im Alter von 84 Jahren aus dem Leben geschieden. Sein Entschluss mutet wie die logische Konsequenz aus der wunderbaren Liebeserklärung an, die er im vorigen Jahr mit seinem „Brief an D." seiner jahrzehntelangen Gefährtin Dorine gemacht hat. Mit dieser letzten Geste behauptete das Ehepaar seinen Anspruch auf freie Selbstbestimmung, der Gorz, der Freund Jean-Paul Sartres, sein Leben lang folgte.

In seinem „Brief an D." der ursprünglich nur für die Lektüre weniger Freunde gedacht war, schreibt Gorz: „Doch nichts von alledem kann das unsichtbare Band beschreiben, durch das wir uns von Anfang an vereint fühlten. So verschieden wir sein mochten, immer spürte ich, dass uns etwas Fundamentales gemeinsam war, so etwas wie eine ursprüngliche Wunde – die Erfahrung der Unsicherheit (…) Für Dich wie für mich bedeutete sie, dass wir in der Welt keinen festen Platz hatten. Wir würden nur den Platz haben, den wir uns schufen. Wir mussten unsere Autonomie auf uns nehmen."

Gorz schreibt, er habe stets jede Identität verworfen und Identitäten angehäuft, die nicht die seinen waren. In seiner schon früh verfassten Autobiografie „Der Verräter" beschreibt er ein prägendes Erlebnis: „Meine Identität zu verlieren habe ich angefangen, als einer meiner lieben Mitschüler mir ein Plakat zeigte, auf dem ein Jude mit Locken, mit einer krummen Nase, triefenden Lippen und hakigen Fingern abgebildet war, und sagte: Das ist dein Vater. Von diesem Augenblick an wusste ich, dass ich kein normaler Mensch war, dass ich in den Augen der anderen nicht ebenbürtig und gleichwertig war."

Gorz konnte mit seiner Gefährtin jene gemeinsame, selbst gewählte, autonome Zone aufbauen, weil auch sie, die geborene Engländerin, nicht in einer präfabrizierten national-kulturellen Identität verwurzelt war. So wenig wie Gorz selbst. Der Sohn des jüdischen Wiener Holzhändlers Gerhard Hirsch, der zum Katholizismus konvertierte und den Familiennamen in Horst verwandelt hatte, überlebte im Schweizer Exil in verschiedenen Internaten.

Gerhard Horst begeisterte sich als Jugendlicher für die Schriften Jean-Paul Sartres, hörte nach Kriegsende einen Vortrag des Meisters und folgte ihm nach Paris. Er nannte sich nun André Gorz und wurde Franzose, denn das Französischsein war für ihn nicht mit einem ethnischen Code, sondern mit universellen Werten identisch. Er übersetzte Krimis, trat in die Redaktion von Sartres Zeitschrift *Les Temps Modernes* ein, um schließlich als leitender Redakteur der Zeitschrift *Le Nouvel Observateur* zu journalistischem Ruhm zu gelangen.

Schon früh, seit den Sechzigerjahren, kreiste sein Denken um die Marx'sche Konzeption der Arbeit und die Einsicht, dass mit der Entwicklung der kapitalistischen Produktivkräfte die gesellschaftlich notwendige Arbeitszeit ständig abnehme. Aus der Utopie der frei bestimmten schöpferischen Tätigkeit wurde mehr und mehr eine reale Möglichkeit. Allerdings begriff Gorz die gesellschaftliche Entwicklung nie als gesetzmäßig, wie er auch schroffe Distanz hielt zu den realsozialistischen Parteien. Gorz wollte kein Medienstar sein. Selbst 1968, als er die Revolte der Studenten unterstützte, war er für Großveranstaltungen nicht zu haben. Er brauchte die Gesellschaft kleiner, interessierter Auditorien, wobei er keine Berührungsängste zeigte – weder vor Sozialdemokraten noch vor Linksradikalen.

Sich selbst charakterisierte er als philosophischen Journalisten. 1990 sagte er der *taz*: „Das Fragen, das Staunen, die Zweifel, die Wut, die dir die Wirklichkeit verursacht, sind der wichtigste Anstoß und der Zugang zu ihrer Entschlüsselung." Und an anderer Stelle schreibt er: „Als Journalist ist man gezwungen, ununterbrochen zu lernen, die Fähigkeit zu entwickeln, die kompliziertesten Sachen in einfacher, allgemein zugänglicher Weise darzulegen. Ich weiß nicht, ob ich ein Philosoph geblieben bin. Wahrscheinlich nicht."

Gorz focht es nicht an, dass er von einem Teil der Linken wegen seines „Abschieds vom Proletariat" exkommuniziert, von einem anderen Teil als luxurierender Denker, der sich um das konkrete Schicksal der Arbeiter nicht kümmert, abgetan wurde. Da er kein Modeautor war, musste er einen Wechsel der Moden nicht fürchten. Er blieb, wenn auch sein Thema gleich einem toten Hund traktiert wurde, ein Sozialist auf freiem Fuß.

taz vom 26. September 2007

Der Weg ins Freie

Verrat und Identität der Linken

„Tak żyje niemiecka lewica", sagt Andrzej, Wissenschaftler und Mitarbeiter eines polnisch-deutschen Unternehmens in Berlin: „So lebt also die deutsche Linke." – „I takie mieszkanie ma" – „und solche Wohnungen hat sie." Er wippt zuerst auf unserem Bohlenfußboden, der, abgezogen und lackiert, ganz das links-akademische „Wohnbewusstsein" der siebziger Jahre spiegelt – bevor der Kult der Kälte hellgraues Linoleum zu diktieren begann. Anschließend wirft er einen angewiderten Blick auf die blauen und braunen Bände, die immer noch, wenngleich nicht in Griffhöhe, stumme Wacht auf dem Bücherbord halten – geduldete, ins Elend geratene, ehemals geschätzte, ja geliebte Verwandte. Andrzej ist Neoliberaler, Parteigänger Krzysztof Bieleckis. Wohlerzogen unterdrückt er weitere Sarkasmen und beschränkt sich darauf, nach den Fortschritten des Kapitalismus in den Sonderzonen Chinas zu fragen, die er besuchen wird. Dazu kann ich aus eigener Anschauung nichts beitragen. Meine Interessen waren etwas anderer Natur, als ich noch diese Weltgegend bereiste.

Während es Andrzej schwerfallen würde auszumachen, was an der polnischen Linken eigentlich links ist, hat er bezüglich der westlichen, speziell der deutschen Linken keine Erkennungsprobleme. Hauptsächlich, meint er, profitieren sie von dem, was sie kritisieren. Beispielsweise schwenken sie die Fahne des Multikulturalismus und der internationalen Solidarität. Sie denken aber nicht im Traum daran, ihre Kinder einer Kreuzberger Gesamtschule anzuvertrauen oder eine Familie bosnischer Kriegsflüchtlinge in ihre Fünf-Zimmer-Wohnung aufzunehmen. Nicht zufrieden mit der eigenen inländischen, parasitären Existenz, maßen sie sich auch noch an, den Osteuropäern gute Ratschläge zu geben. Ohne auch nur den Schatten einer Alternative anzudeuten, kritisieren sie den Übergang zu Markt und Privateigentum. Vor allem: Sie verübeln den ehemaligen Solidarność-Intellektuellen, das Bündnis mit den Arbeitern zerstört und damit einen alten Traum der westlichen Linken verraten zu haben. Aber was, so Andrzej, berechtigt Leute, die zu Zeiten des Realsozialismus fast durchwegs auf die Reformfähigkeit der Machtelite gesetzt hatten, dazu, nachträglich von den Chancen eines neuen, hegemonialen Blocks jenseits von Kapitalismus und Sozialismus zu schwadronieren? Hätte Andrzej Brecht gelesen, so würde er unzweifelhaft resümieren: Ihr Linken seid „misstrauisch, faul und zufrieden am End".

Soll sich der deutsche Teilnehmer einer dieser typischen Diskussionen, von Herkunft wie der gegenwärtigen Selbsteinschätzung nach ein Linker, *dieser* Zuschreibung entziehen? Soll er auf seine Verdienste bei der Unterstützung der osteuropäischen demokratischen Opposition in den achtziger Jahren verweisen? Soll er ganz darauf beharren, gefälligst als der genommen zu werden, der er (nicht erst seit gestern) ist: unabhängig, partei- wenngleich nicht illusionslos? Oder soll er sich ins Unvermeidliche fügen und die angetragene Rolle akzeptieren, um anschließend zu versuchen, das ganze Spiel zu unterlaufen?

Polnische Zuschreibungen funktionieren auch „von der anderen Seite". „Was ich dir immer schon mal sagen wollte, wozu ich aber nie Gelegenheit hatte: Du warst wirklich ein widerwärtiger Superstalinist. Wer du heute bist, weiß ich nicht." Die mir dies mitteilt, ist eine linke Altersgenossin. Zeitpunkt und Ambiente sind angemessen: ein vorweihnachtliches Seminar in der Friedrichshainer Hauskirche des Pfarrers und Bürgerrechtlers Rudi Pahnke zu Berlin (Ost). Wie kann ein Superstalinist für den „Sozialismus mit menschlichem Gesicht" eingetreten sein? Besteht nicht außerdem der Verdacht, dass er später seine Überzeugungen lediglich den veränderten Umständen angepasst, seine autoritären Deformationen aber in die Redaktion der *taz* hinübergerettet hat, um dort – auf bekannte Weise – den Überresten radikal-emanzipatorischen Denkens den Garaus zu machen? Ist dieses Chamäleon nicht kürzlich sogar dafür eingetreten, naheliegenden Bedenken zum Trotz Jelzin bei seinem Machtkampf mit dem Obersten Sowjet publizistisch zu unterstützen? Und hat er damit nicht die *taz* auf das Niveau des bürgerlichen Dutzend-Liberalismus herunterzubringen versucht?

Politische Zwangszuschreibungen erleichtern die Geländekenntnis. Das war schon in den sechziger Jahren so. Ein sanfter Student mit anarchischen Neigungen und einer gehörigen Portion Ekel vor der deutschen Vergangenheitsbewältigung musste nur oft genug gesagt bekommen: „so wie du redet nur ein Kommunist", um tatsächlich einer zu werden. Aber heute? Wie soll man in einer Welt ohne prästabilierte Feind-Feind-Fronten seinen Abgrenzungsbedürfnissen nachkommen? Soll der entrüstete Westberliner Stadtbürger dem linken Gegenüber noch sein „Geh doch in' Osten" an den Kopf werfen, während der schon längst auf dem Prenzlauer Berg Quartier bezogen hat? „Du Kommunistenschwein" ist heute kein Schimpfwort, sondern eine skurrile, dabei unverständliche Meinungsäußerung. Selbst Jungnazis scheuen vor dem Gebrauch dieser außer Kurs geratenen Injurie zurück.

Und die Linken, wie befriedigen sie den Drang nach Ab- und Aus-grenzung? Als Reagan seines Amtes waltete, war die Formel „der Freund dieses Feindes ist mein Feind" noch anwendbar, wenngleich mit Verren-kungen. Geht das noch mit Clinton, der die „neue Weltordnung" unter amerikanischer Hegemonie soeben ziemlich umstandslos verabschiedet hat? Die USA als Hauptfeind sind nicht mehr das, was sie mal waren – aber das Bedürfnis nach Teufeln und Unterteufeln eint nicht nur die Mehrheitsbevölkerung, es eint auch die Linken. Bis zu einem gewissen Grad definiert es sie sogar.

Vergeblich jagt Joachim Fest den Utopisten früherer Jahre hinterher. Der Erdboden hat die falschen Sinnstifter verschluckt, und die *Frank-furter Allgemeine* kann nur noch die moralische Wüste beklagen, die sie hinterlassen haben. Warum haben die Utopien ihren Glanz verloren? Be-stimmt nicht, weil sich ihre Ärmlichkeit offenbarte (es gibt auch großar-tig-phantastische, wie Fouriers „Theorie der vier Bewegungen", die na-türlich Fests Aufmerksamkeit entgangen ist). Auch nicht, weil den Linken die Elemente des totalitären Plan-Staats aufgefallen wären, die noch die humansten utopischen Entwürfe, etwa den von Thomas Morus, durch-ziehen. Sondern, paradoxerweise, weil das Band zerriss, das die Utopie in der Vorstellung der Linken mit der trüben Wirklichkeit verband: Der utopische Wirkstoff in den gesellschaftlichen Verhältnissen, die antizi-pierte Freiheit und Brüderlichkeit, die „befreiten Gebiete", Blochs Ka-tegorie des „real Möglichen". Hätten die Linken utopisches Denken nur als regulatives Prinzip gehandhabt, wäre es für sie ohne jedes Interesse gewesen.

Den ernüchterten Linken steht heute für die Zwecke der Identifi-kation kein auch nur einigermaßen konsistentes Projekt gesellschaftli-cher Reform „jenseits des Kapitalismus" zu Gebote. Aber diesseits des Kapitalismus lauert das schlechte Bestehende, immer bereit, uns dem Druck der Realpolitik und der jeweiligen Mehrheiten zu unterwerfen. Mit unappetitlichen Versuchen dieser Art soll sich Joschka Fischer be-schäftigen. Wir aber, höhnische und gleichzeitig passive Zuschauer seiner Schwimmkünste, klatschen Beifall, wenn der Sumpf des Opportunismus über ihm zusammenschlägt.

Eint uns wenigstens ein universalistisch bestimmter, in der Aufklärung verankerter Wertkonsens? Vielleicht. Aber aus dieser Übereinstimmung lässt sich keine politische Strategie destillieren, erst recht nicht sicherer Grund gewinnen für moralische Urteile. „Sie wollen also noch ein Trink-geld dafür haben, dass Sie Ihre kranke Mutter gepflegt und Ihren Herrn

Bruder nicht vergiftet haben", entgegnete Hegel schneidend seinem Studenten Heinrich Heine, als dieser im Angesicht des Sternenhimmels auf
einem gesicherten Werteuniversum bestand, auf dessen Basis die Guten
belohnt werden und die Schlechten verdammt. Prozedurale Regeln sind
das äußerste, was wir erwarten können. Gar nicht so schlecht – wenn die
Linken tatsächlich kommunizieren würden. Zum Beispiel mit Bieden-
kopf oder Geißler. Womit wir wieder beim Thema der Ab- und Ausgrenzung wären.

   Wer sind die Linken heute? (Der Plural war schon immer notwen-
dig, wollte man nicht einer billigen Selbsttäuschung zum Opfer fallen.)
Sie bilden die Gemeinde derer, denen eine *Gewissheit* – der schließliche
Sieg des Sozialismus – abhanden gekommen ist, die sich aber mit diesem
Verlust nicht abfinden können oder wollen. Auf sie trifft speziell zu, was
Gehlen dem Menschen allgemein attestiert hatte: Sie sind Mangelwesen.
Aber sie sind nicht in der Lage, Anpassungsleistungen zu vollbringen, die
dieses Manko ausgleichen könnten. Sie zürnen Gott, weil er sich verborgen hält, allerdings auf matte Weise. Fast scheint es, als ob von den über-
schäumenden Energien früherer Jahrzehnte nur diese eine Leidenschaft
der Linken überlebt habe: zu unterscheiden, wer zu uns gehört und wer
nicht. Wer wo publizieren oder Interviews geben darf. Wer mit wem reden darf. Und wer Verräter an einer Sache ist, deren Umrisse niemand
mehr kennt.

   Der Begriff des Renegaten stammt aus der frühen Neuzeit und bezeichnete insbesondere jene Christen, die es opportun fanden, in den
vom osmanischen Reich besetzten Ländern zum Islam zu konvertieren.
Treubrüchige gegenüber Gott. Seine eigentliche, säkularisierte Karriere
erlebte der Begriff aber zu Zeiten der dritten, der Kommunistischen Internationale. Die politischen Erinnerungen abgefallener Kommunisten
enthüllen seit den dreißiger Jahren den immergleichen Versuch der Part-
eigetreuen, den Apostaten wenn nicht physisch, so wenigstens moralisch
zu vernichten. Und noch in den siebziger Jahren bedurfte es beträchtli-
cher Ich-Stärke der aus den revolutionären Gruppen Ausgetretenen oder
Ausgeschlossenen, um dem Abbruch von Freundesbeziehungen, der
kalten Nichtbeachtung und dem ständig präsenten Vorwurf des Verrats
standzuhalten, ohne Hass mit Hass zu begegnen.

   Hans Magnus Enzensberger hat zur „Verratsproblematik" in dem 1981
erschienenen Aufsatz „Das Ende der Konsequenz" eine bemerkenswerte
Anekdote beigesteuert: Anlässlich einer Diskussionsveranstaltung mit
Herbert Wehner zieht ein linker Junglehrer ein Zettelchen aus der Ta-

sche und konfrontiert den SPD-Gewaltigen mit einem Zitat aus dem Jahr 1926, wonach er, Wehner, öffentlich zum Bombenwerfen aufgefordert habe. Heute aber verurteile er die RAF-Terroristen. Dieses Verhalten stemple ihn zur unglaubwürdigen Person. Wehner geht über diese Entlarvungsaktion zur Tagesordnung über, und das, nach Enzensberger, zu Recht. Der Mann, schreibt er, hat sich im Laufe eines halben Jahrhunderts die Sache einfach anders überlegt. Er lebt nämlich, bewegt sich, und in seinem Gehirn herrscht ständiges Kommen und Gehen. Enzensberger resümiert: Das Konsequenz-Gebot verwechselt eine logische Kategorie mit einem moralischen Postulat.

Halten wir uns, und sei es nur der erneuten Aktualität des Beispiels wegen, für einen Augenblick bei Wehner, seinem linken Kritiker und seinem Publikum auf. Was der Junglehrer einklagt, ist nicht, wie Enzensberger nahelegt, das sture Festhalten an einmal gefundenen Einschätzungen, Strategien oder selbst Prinzipien. Vielmehr fordert er, vielleicht ungeschickt, vielleicht polemisch, Wehner zu einer *Erklärung* auf. Er will wissen, welche Ereignisse und Überlegungen ihn bestimmten, erst anarchistischer Freigeist zu sein, dann knochenharter kommunistischer Funktionär und schließlich stellvertretender Vorsitzender der SPD. Um das herauszufinden, greift der Junglehrer zu einer Provokation – dem Zitat. Wehner antwortet nicht (er hat zu Lebzeiten *nie* geantwortet). Diese Tatsache ist für Enzensberger ganz unproblematisch. Er transportiert sie, aber ihm entgeht, dass sie die eigentliche Pointe seines Essays ist.

Wäre Herbert Wehner ein postmoderner Philosoph gewesen, er hätte dem Junglehrer (oder einer imaginären Öffentlichkeit) geantwortet, dass die Vorstellung von einer konsistenten Lebensgeschichte, in der sich individuell Identität erfülle, nichts als eine unnütze Fiktion sei, nur dazu tauglich, uns über die Zerrissenheit, über den notwendig fragmentierten Zustand unserer selbst und unserer Welt hinwegzutäuschen. Die Vorstellung von Kohärenz und Einheit der Biographie sei unterdrückerisch. Man soll sich und die anderen in vielen Lebensgeschichten begreifen, im Abbruch, im Neuanfang samt den dazugehörigen Prinzipien, und seien sie noch so widersprüchlich. Aber mit dieser Erklärung hätte sich das Publikum, zumindest das *linke* Publikum, nicht abspeisen lassen – und das zu Recht. Denn die Weigerung, Bruch und Neuanfang in der eigenen Biographie, zumal der politischen, zu erklären, weckt Zweifel daran, ob der Politiker (Journalist, Wissenschaftler) heute in der Lage ist, gemäß der jetzt von ihm vertretenen Überzeugungen zu handeln. Ob er sich diese seine gegenwärtigen tatsächlich in Auseinandersetzung mit seiner ursprünglichen Position erarbeitet hat und nicht auf der jeweils nächsten Welle schwimmt. Ob er das, woran er jetzt glaubt, mit allen Konsequenzen wirklich versteht, ob er seiner „Wahl" diesmal gewachsen ist.

Eigentlich lieben wir alle die den klassischen Bildungsromanen entlehnte Idee von der lebenslangen Suche, vom allmählichen Wachsen, von der erfüllten Biographie. In den Bekenntnisschriften seit Rousseau appelliert der Einzelne an die „Anderen", ihn als Individuum samt seinen Überzeugungen und seinen Wünschen anzuerkennen. „Ethische Selbstvergewisserung" nennt Habermas diesen Appell. Der heilige Hieronymus empfing Besuch in seiner Klause, und selbst Einsiedler, die sich ein Schweigegebot auferlegten, sannen nach Mitteln und Wegen, sich den Frommen draußen in der Welt in Erinnerung zu bringen. Wer mit den Linken gebrochen hat, sucht sich ein anderes Forum der Anerkennung. Und umgekehrt. Keins dieser Foren kann sich das Recht anmaßen, zum Gerichtshof über misslungene oder wohlgeratene Lebensgeschichten zu werden. Aber wenn, wie im Fall Herbert Wehners und so mancher anderer ehemaliger Revolutionäre, sei es der dreißiger oder der sechziger Jahre, die Linken um jene Chance des Nachvollzugs von Entscheidungen betrogen werden, ist der Reflex der Ab- und Ausgrenzung so gänzlich unverständlich nicht.

Allerdings sollte man sich davor hüten, eine öffentlich verhandelte Lebensgeschichte mit einer therapeutischen Situation zu verwechseln. „Die Anderen", das Publikum, verdienen nicht allzu viel Kredit. Stellen wir uns einen Augenblick lang vor, Pastor Heinrich Albertz hätte sich nach einigen Jahren des Rückzugs von der Tagespolitik entschlossen, in Berlin das Amt des Innensenators zu übernehmen. Hätte er, der den Bruch mit konventionellen Rollenerwartungen als Voraussetzung von „Identität" so überzeugend vorgelebt hat, seinen neuen linken Freunden diesen Schritt vermitteln können? Oder wäre er, zum zweiten Mal ein Verräter, aus der Gemeinde der Linken ausgestoßen worden, egal welche Gründe er hätte vorbringen können?

Viele der Linken haben in diesem Jahrhundert ihre politische Biographie selbst mit einem ersten Verrat begonnen: dem Verrat an der eigenen, der bürgerlichen Klasse. Das Abbruchunternehmen wurde manchmal tränenreich, oft aber mit kaltem Hass bewerkstelligt. Niemand hat es mit größerer Schärfe festgehalten als Paul Nizan, Sohn eines in die Bourgeoisie aufgestiegenen Arbeiters, Absolvent der „École Normale Supérieure" und Aktivist der Kommunistischen Partei Frankreichs. 1932 schrieb er in dem Pamphlet *Wachhunde*: „In einer brutal in Herren und Knechte gespaltenen Welt kann man nur entweder das lang verborgene Bündnis mit den Herren öffentlich zugeben oder den Anschluss an die Partei der Knechte proklamieren ... Niemand ist zu täuschen, niemand ist mehr zu verführen. Es werden nur noch Schläge ausgeteilt und Schläge empfangen. Die heutigen Philosophen scheuen sich noch zuzugeben, dass sie die Menschen um der Bourgeoisie willen verraten haben. Wenn wir heute die Bourgeoisie um der Menschen willen verraten, so wollen wir uns nicht scheuen zu gestehen, dass wir Verräter sind." 1939, nach Abschluss des Hitler-Stalin-Pakts und als Reaktion auf ihn, trat Paul Nizan aus der Kommunistischen Partei aus. Er meldete sich bei der Armee und fiel kurz darauf bei Dünkirchen. Die Partei beeilte sich, ihn als bezahlten Agenten des Innenministeriums zu entlarven, eine Anschuldigung, der sie nie Beweise folgen ließ. Henri Lefebvre, einer seiner Jugendfreunde und damals ebenfalls Parteimitglied (er wurde später ausgeschlossen), erledigte das gleiche Geschäft auf subtilere Weise. Nizan, so schrieb er, sei von einem inneren Zwang zum Verrat getrieben worden. Ein anderer Jugendfreund Nizans, Sartre, hat sich mit diesem Argument auseinandergesetzt: „Als Sohn eines Bourgeois gewordenen Arbeiters fragte er (Nizan) sich, was er wohl sein könne: ein Bourgeois oder ein Arbeiter. Seine Hauptsorge war ohne Zweifel dieser innere Bürgerkrieg in ihm."

Im Gegensatz zu Nizans Vater waren die Väter der meisten 68er-Linken keine Klassenaufsteiger, sondern selbst Söhne wohlbestallter Mittelschichtler. Aber dem „inneren Bürgerkrieg" fielen ihre verräterischen Söhne doch anheim.

Wie Nizan hatten die deutschen linken Radikalen nie der bequemen, von vielen KP-Intellektuellen vertretenen Illusion angehangen, sie seien „irgendwie", als Lohnabhängige, auch Proletarier. Radikal musste man als Linker brechen: mit den Lebensgewohnheiten, den Hoffnungen und Wünschen der Bourgeoisie. Selbst mit ihren Idealen von Anstand und Fairness. Darunter war der Übergang ins „Lager der Knechte" nicht zu haben. Die keinesfalls nur bei der maoistischen Linken verbreitete Neigung, das Schicksal des Proletariats – als Hilfsarbeiter – in der Fabrik zu teilen, war die Konsequenz dieses Entschlusses. Es galt, den Bruch, den Klassenverrat zu dokumentieren und damit unwiderruflich zu machen.

Seit diesen seltsamen Begebenheiten sind fast 25 Jahre vergangen. Immergleiche Erzählungen über die Straßenschlachten der sechziger, die großen AKW-Blockaden und Häuserkämpfe der siebziger Jahre ersetzen heute die großväterliche Kriegsberichterstattung in früheren Generationen – und werden vom Nachwuchs mit dem gleichen Widerwillen goutiert. Ganz offensichtlich hat sich, mit Ausnahme einer Handvoll RAF-Militanter, die gesamte radikale Linke im Unvermeidlichen eingerichtet. Aber diesen zweiten Verrat beging, nach der Auflösung der diversen linksradikalen Gruppen und Bünde, jeder für sich allein. Eine stille Heimkehr, ohne alle Öffentlichkeit. Versöhnung mit den alt gewordenen Eltern, später Berufsabschluss, Heirat, Wiedereintritt in die GEW und IG Medien.

Zu Anfang der achtziger Jahre hätte es eine Chance gegeben, den „inneren Bürgerkrieg" in jedem Genossen ohne Gewinner und Verlierer, gewissermaßen durch Terrainwechsel, zu einem glücklichen Ende zu führen. Aber der Gründungsakt der Grünen war weit davon entfernt, ein Forum für die Abrechnung der Linken mit sich selbst zu bilden. In ihrer Ehrlichkeit und in ihrem Lakonismus aufmunternde Bekenntnisse wie das eines Frankfurter Ex-Maoisten und Grünen-Gründers: „Ich habe ausgeteilt und eingesteckt – und dann habe ich Biologie studiert", blieben allzu rar. Stattdessen führten die Angst vor kommunistischer Infiltration auf der einen, die Angst vor linkem Ausverkauf auf der anderen Seite zu einem unguten, von periodischen Anfällen des Misstrauens geschüttelten Modus vivendi. Einstige politische Gegnerschaften begannen, sich in persönliche Idiosynkrasien zu verwandeln. Aber in dem Maße, in dem das sozialistische Projekt aus der Grünen Partei verschwand und sich die Mehrzahl der Linken von der Partei verabschiedete, siegten die linken Verkehrsformen, siegte der Stil der Ab- und Ausgrenzungen. Die Verratsneurose nistete sich ein.

Man hätte das Beispiel des Kampfs gegen die AKWs als Lehrstück nehmen können. Man hätte aus ihm lernen können, wie man gesellschaftliche Mehrheiten verändert und mit ihrer Hilfe politische Veränderung bewirkt. Nichts davon spielte sich ab. Stattdessen die altehrwürdigen, linksscholastischen Diskussionen in neuer, ökologischer Verpuppung. Die Auseinandersetzungen über das Verhältnis von Teilforderungen zum Endziel, über die Gewichtung des außerparlamentarischen Kampfs gegenüber dem parlamentarischen, über den Nutzen der Regierungsbeteiligung etc. waren ebenso erbittert wie steril. Denn sie waren (und sind noch immer) mit der bangen Frage verknüpft, ob nicht die Identität, die teure, für ein paar Titel und Würden verraten wird.

Aber verfehlt dieser Versuch, nachzukarten, nicht den Schauplatz, auf dem die Linken, politisch machtlos zwar und ihres Fixsterns beraubt, dennoch glänzende Siege errangen? War die Abwehrschlacht, die unter

der Führung unseres Generalstabschefs Jürgen Habermas gegen alle
Versuche geführt wurde, die deutsche Geschichte zu „normalisieren",
nicht erfolgreich? Ist bislang nicht jeder Plan gescheitert, uns einen neu-
en Kodex konventioneller Tugenden aufzudrücken, und wurde nicht
der erreichte Stand postkonventionellen, der Autonomie und der Zivilcourage verpflichteten Handelns verteidigt? Sind schließlich nicht die
üblen Absichten der Reaktionäre, die Emanzipationsbewegung der Jahrzehnte nach 1968 verantwortlich zu machen für die zerrüttete Psyche
rechtsradikaler Mordbrenner, der Lächerlichkeit preisgegeben worden?
Schon. Der Sinn für strategische, gesellschaftlich das Klima verändern-
de Debatten ist den Linken gottlob nie abhanden gekommen – letzter
Ausläufer einer spontan-materialistischen Haltung zur Welt der Ideen.
Aber bezeichnenderweise ist die bedeutendste dieser Debatten, eben der
„Historikerstreit", seitens der Linken nie einer nachträglichen Analyse
unterzogen worden. Diese hätte zutage gefördert, wie teuer der damals
errungene Sieg erkauft wurde.

Der Abwehr von Noltes in der Tat absurdem „Prius" bolschewistischen Massenmords gegenüber dem Holocaust der Nazis fielen zu viele
Tatsachen zum Opfer – nicht zuletzt eine genaue Bestandsaufnahme des
Gulag-Systems und seiner verheerenden, keineswegs auf die Sowjetunion
beschränkten Wirkungen. Wer dies in der Diskussion in Anschlag brachte, sah sich leicht der Denunziation ausgesetzt, er wolle ein Verbrechen
mit Hilfe eines anderen relativieren. Es wurden, um im hier offensichtlich unvermeidlichen Militärjargon zu bleiben, allzu schnell Frontlinien
gezogen, allzu rasch wurde das feindliche Zentrum ausgemacht. Hier,
wie auch anlässlich späterer Debatten, war massiver Linkskonformismus
am Werk, um die Rekruten an der Uni und in den Medien zur Fahne
zu rufen. Der nicht erarbeitete, sondern vorweg eingeforderte Konsens
birgt bis heute die Gefahr, dass Ab- und Ausgrenzungsmechanismen end-
los weitergeschleppt werden.

Einst, zu Zeiten des Realsozialismus, wurden sorgfältig Pakete ge-
schnürt, um die zum jeweiligen Zeitpunkt notwendige Mischung aus
rechts- und linksopportunistischen Verrätern der gerechten Strafe zuzu-
führen oder ihnen wenigstens, sollten sie nicht greifbar sein, „eine gründ-
liche Abfuhr zu erteilen". Gestern vermutete man seitens der deutschen
Linken das Hauptquartier des gegenaufklärerischen Irrationalismus in
Paris – und ab ging die Post gegen die Ex-Linken Lyotard, Derrida „e
tutti quanti" (was Lenins Lieblingsvokabel für die Zwecke der Kollektiv-
haftung war). Und wenn einmal alles verschwimmen sollte, wenn keine

Verräterzentralen mehr ausmachbar sind, dann bleibt uns noch die *FAZ*: dank der Brosamen, die Dr. Schirrmacher den Renegaten hinstreut.

Wo die deutschen Linken in den vergangenen Jahren erfolgreich intervenierten, ging es ums Verteidigen und Bewahren. Verteidigung des in der alten Bundesrepublik erreichten Standes von Liberalität und Bürgerfreiheit. Abwehr der dem größeren Deutschland angeblich zugewachsenen neuen Aufgaben. Viele deutsche Linke erlebten den Zusammenbruch des Realsozialismus und die Wiedervereinigung wie einen Überfall zur Nachtzeit. Er kam ebenso unerwartet wie unerwünscht. Der einzige Versuch, den Vereinigungsprozess als Chance für eine *neue* „Constitutio Libertatis" zu begreifen, kam von der kurzlebigen Bewegung für eine neue deutsche Verfassung. Es war dies das einzige Projekt der Übergangszeit, in dem Vertreter der ostdeutschen Bürgerbewegung und der westdeutschen Linken praktisch zusammenwirkten. Für die deutschen Linken wäre es eigentlich darum gegangen, sich den revolutionär-demokratischen Erfahrungen der Bürgerbewegten auszusetzen, ihrem „dialogischen" Verständnis von Politik, ihrer Bereitschaft zu Bündnissen quer zu den Fronten, ihren querulatorischen Macken und ihrem Freiheitspathos. Nicht das Scheitern des Verfassungsprojekts war die Katastrophe, sondern die emotionale und intellektuelle Distanz, die dem Scheitern folgte. Kein Mensch konnte damals von den Linken erwarten, dass sie dem Vereinigungsprozess eine grundlegend andere Richtung geben würden. Aber wer hätte schon geglaubt, dass sie so sehr Teil des Problems werden würden statt Teil der Lösung.

Wollte man einen Lasterkatalog der deutschen Linken angesichts der Herausforderungen der Zeit nach 1989 aufstellen, man sähe sich einer „embarasse de richesse" (ein weiterer Lieblingsausdruck Lenins) gegenüber. Hier ein Angebot in lockerer Folge:

1.   Immer noch zweierlei Maß bei der Verteidigung der Menschenrechte. Unterschieden wird nach dem Verursacherprinzip. Je prowestlicher die Unrechts-Regime, desto schärfer deren Verurteilung, et vice versa. Klar, dass die westlichen Regierungen ebenfalls mit zweierlei Maß messen und dass Interventionen (mehr aber noch Unterlassungen) oft genug dem Opportunitätsprinzip folgen. Aber aus diesem Faktum wird seitens vieler Linker der Schluss gezogen, der Ruf nach Einmischung in die inneren Angelegenheiten eines unmenschlich regierten Staats sei *per se* imperialistisch. Paradoxerweise landen die Vertreter dieser Auffassung bei einem nationalstaatlichen Souveränitätsbegriff, den sie ansonsten ablehnen.

2.   Aus der Kritik am nationalistischen Fieberwahn seit 1989
werden Schlussfolgerungen gezogen, die, angewandt, das Selbstbestim-
mungsrecht der Völker außer Kraft setzen würden. In den zwanziger Jahren war Julien Benda völlig im Recht, als er in der national-vitalistischen
Wende vieler Intellektueller den Kern der „trahison des clercs" ausmach-
te. Aber eine heutige Wertung der Nationalismen hätte in Rechnung zu
stellen, dass sowohl im Fall der Sowjetunion wie im Fall Jugoslawiens
die neuen Nationalstaaten aus dem Zerfall von Zwangsverbänden entstanden, die die Entwicklungsmöglichkeiten der unterworfenen Völker
beschnitten und sie ökonomisch wie ökologisch in die Katastrophe trieben. Wohl trifft zu, dass ein im endlosen Regress verwirklichtes Selbst-
bestimmungsrecht zu absurden Ergebnissen führen würde. Ganz nach
der Manier konservativer Geopolitiker antworten viele Linke auf dieses
Problem aber mit Theoremen wie dem der Mindestgröße funktionsfähi-
ger Staaten. Heimlich wird dem sowjetischen Imperialismus nachgetrau-
ert, werden die völkerverbindenden Taten des Tito-Regimes verklärt.
Die Pauschalkritik am nationalistischen Kurs der ost- und südosteuropä-
ischen Regierungen hat vor allem Bedeutung für das Wohlbefinden der
Kritiker. Sie wirkt identitätsbildend.
3.   Immer noch saugen die Linken den Honig ihres Selbstverständ-
nisses aus der Größe der Verbrechen, die die Deutschen in diesem Jahrhundert verübten. Je ungeheuerlicher, je einzigartiger die Untaten, desto
strahlender ihre eigene Existenz als späte Antipoden. Unbelastet von den
immerhin kontroversen Ergebnissen der historischen Forschung wird die
deutsche Geschichte weiterhin in den Kategorien des „Sonderwegs" beschrieben, als Abweichung vom generellen Entwicklungspfad, der über
Humanismus, Aufklärung und bürgerlich-demokratische Revolution
zum modernen Verfassungsstaat führte. Diesen Prämissen gemäß wird
zum Beispiel die Gegnerschaft zu bewaffneten Blauhelm-Einsätzen deutscher Soldaten nicht etwa mit einem prinzipiellen Argument begründet
oder mit möglichen Alternativen, sondern letztlich nur mit dem Hinweis
auf die deutsche „Sonderrolle".
4.   Nach der Feier der Gewalt als vorgeblich emanzipatorischer
Kraft beherrscht jetzt ein abstrakter Pazifismus die linken Szenen. Abstrakt, weil er nicht verbunden ist mit einer Lebenspraxis, die den künftigen gewaltlosen Weltzustand antizipieren würde, abstrakt auch, weil
alternative Widerstands- und Unterstützungsformen weder aufgewiesen
noch praktiziert werden. Speziell im Fall des Völkermords, begangen an
den bosnischen Muslimen in Bosnien-Herzegowina, haben die Bündnis-

grünen umfassende Wirtschaftssanktionen gegen Serbien als Alternative zur militärischen Intervention propagiert. Aber diese Sanktionen würden, konsequent angewendet, weit größeres Leid als gezielte Angriffe auf bosnisch-serbische Artilleriestellungen zur Folge haben. Die Wirkungen einer rigiden Sanktionspolitik wären zudem viel schwerer zu kalkulieren als eine mögliche Konflikteskalation nach einer Militäraktion. Solchen Erwägungen ist die abstrakt-pazifistische Position unzugänglich. Sie ist nur eine Droge der Selbstvergewisserung. Wie sehr dieses ganze Feld zwanghaften Reaktionen unterliegt, zeigt die Tatsache, dass heute, mehr als zehn Jahre nach den großen Aktionen gegen die Pershing-2-Stationierung, keine einzige Untersuchung linker Provenienz vorliegt, die die damaligen Grundannahmen der Friedensbewegung einer kritischen Analyse unterziehen würde.

5.   Das Verhältnis zur Politik, aber auch zu den politischen Institutionen ist nach wie vor von Geringschätzung geprägt. Was zählt, ist einerseits die Sphäre der Lebenswelt, in der autonomes Handeln noch möglich ist, andererseits das ökonomische Subsystem, die eigentliche Quelle der Macht und des Geldes. So erhalten die Redensarten von der Scheinwelt der Politik, vom „Raumschiff", vom „Treibhaus", und was der Metaphern mehr sind, ihre theoretische Weihe. Es hat sich zwar herumgesprochen, dass es vielleicht gar nicht so wünschenswert wäre, wenn der Staat abstürbe. Aber daraus sind auf Seiten der Linken keine Konsequenzen gezogen worden. Wo bleiben Arbeiten, die uns zeigen, wie in den modernen Repräsentativstaat Elemente der unmittelbaren Demokratie und der Bürgerinitiative integriert werden und dadurch der Einfluss der Parteiapparate zurückgedrängt werden kann? Das war's, was die DDR-Bürgerbewegung bewegt hatte. Aber im vereinten Deutschland scheint das Thema mehr auf die Seite revoltierender CDU-Honoratioren gewandert zu sein.

6.   Die Ideen der Bürgergesellschaft sind heute zwar in aller Munde, aber die deutschen Linken sind gänzlich unfähig, sie zu entfalten. Am ehesten wird „civil society" noch als Kampfbegriff der Bürgerbewegungen gegenüber den Anmaßungen der Machtelite akzeptiert. Aber Zivilgesellschaft als Ort, wo sich das *individuelle* Engagement des Bürgers gegenüber dem Gemeinwesen abspielt – das klingt entschieden zu sehr nach Kohl, nach Opferideologie, die den Rückzug des Sozialstaats von seinen Aufgaben verschleiern soll. Im Gegensatz zur angelsächsischen Linken, die schon zu Beginn der achtziger Jahre das kritische Potential des Liberalismus aufgriff, haben die deutschen Linken sich dieser Welt

verschlossen. Sie konnten deswegen auch die Idee des Gesellschaftsvertrags nicht neu interpretieren, obwohl die deutschen Verhältnisse nach 1990 geradezu nach seiner Anwendung schreien. Deshalb auch reagieren sie so hilflos auf die Aufforderung zum Teilen, die ihnen aus allen Himmelsrichtungen, aber vornehmlich aus dem Osten, in den Ohren schallt. Sie, die großen Umverteiler, sind zu Besitzstandswahrern geworden.

7.   Und am gravierendsten: der Verlust der Neugier für Menschen und Ideen.

Genug für diesmal. Morgen trete ich aus der Linken aus. Oder ich proklamiere wie schon so viele vor mir feierlich ihren Tod. Um dann übermorgen erneut mit Verwünschungen und Forderungen an den Leichnam heranzutreten. Nicht das „Unabgegoltene" einer humanen Idee fesselt mich an unserem Pleiteunternehmen. Auch nicht die Tatsache, dass Instrumente, Pharmaka und Therapieplan zwar abhanden kamen, der Patient Kapitalismus aber weiterhin munter auf dem Krankenbett liegt – ein Kranker, so robust, dass er all seine Ärzte überleben wird. Eher bindet uns unsere uneingestandene Geschichte zusammen: gemeinsame Niederlagen, Frustrationen, „trotz alledem" durchgehaltene Hoffnungen. Und die Einsicht, dass sich die Arbeit der Ent-Täuschung vielleicht doch besser im Kollektiv der Betroffenen bewältigen lässt – allerdings bei offener Tür.

Kursbuch 116 (1994)

Über das Heroische ...

... und das Nützliche, von Lenins Sockel aus betrachtet

Brechts Galilei war der Meinung, dass jene Zeiten glücklich zu nennen wären, die keiner Helden mehr bedürften. Man solle, so Brecht, nicht fragen, ob ein Mensch groß, sondern ob er nützlich gewesen sei.

Nützlichen Leuten setzt man keine Denkmäler. Man macht von ihren Ideen und Erfindungen Gebrauch. Aber diese materialistische Einsicht hatte stets mit metaphysischen Bedürfnissen zu kämpfen – schon bei Marx, dem Nüchternen. Die Kommunekämpfer waren für ihn „auf ewig eingeschreint in die Herzen der Arbeiterklasse". „Auf ewig" sollte im Mausoleum am Roten Platz der Leib des Staatsgründers Lenin präsent bleiben. „Ewig" sollte die Freundschaft zwischen der Sowjetunion und der DDR dauern, und ein klein wenig Ewigkeit sollte auch von Tomskis ungeschlachtem Werk am Leninplatz ausgehen.

Jetzt hat die Wirklichkeit die Ewigkeit eingeholt. Was tun mit dem Denkmal? Nicht nur sein ästhetischer, mehr noch sein praktischer Gebrauchswert sind gleich Null. Man kann sich nicht draufsetzen, sich nicht Arm in Arm mit ihm fotografieren lassen, ihm nicht einmal von einem der angrenzenden Hochhäuser aufs Haupt spucken. Das unterscheidet die Statue unvorteilhaft vom Denkmal der Begründer des wissenschaftlichen Sozialismus, dessen Entfernung vom Marx-Engels-Forum am Berliner Alexanderplatz schon am Protest der ruhebedürftigen Touristen scheitern würde.

Wie wird Lenin vom Weltengebäude herab seiner Verteidiger spotten! Im Gegensatz zu den Wendesozialisten und ihrem Anhang zählte er sich zu den Dialektikern, und deshalb bereitete ihm die Erkenntnis keinen Schmerz, dass nichts ewig ist – außer dem Widerspuch und der Bewegung. Einsichten dieser Art werden sich weiter als nützlich erweisen, gerade angesichts der Redensarten vom Ende der Geschichte nach dem Zusammenbruch des real existiert habenden Sozialismus.

Nichts von Lenins List, Ironie und historischer Geduld findet sich im Protest der Denkmalsbewahrer. Statt dessen jener Gestus des Trotzes und des Ressentiments, der für sich auch noch das Prädikat „geschichtspädagogisch wertvoll" in Anspruch nimmt.

taz vom 5. November 1991

Das viel zu sichere Netz der Zuversicht

Die Linke und ihr verqueres Verhältnis zu Gott, Religion und Himmelsmächten – eine gütige Bilanz

Selbst mit Zufallsbekanntschaften plaudert es sich heutzutage leicht über sexuelle Vorlieben, die beste Art, einen betrügerischen Bankrott zu inszenieren, oder andere, vormals dem Intimbereich zugehörige Themen. Als peinlich, ja unangebracht gelten hingegen Gespräche über den Glauben. „Das ist die größte Provokation, seit ich die Sowjetunion verlassen habe!" rief kürzlich eine russische Freundin aus, als sie – auf kirchlichem Gelände – gefragt wurde, wie sie es denn mit Gott halte.

Lassen wir uns durch das blühende Sektenwesen nicht täuschen. Das „Heilige", noch in den fünfziger Jahren Gegenstand von Studium & Schauder, hat seine Aura eingebüßt. Heilig ist den Deutschen heute ihr Jahresurlaub eher als das Dogma der Dreifaltigkeit, wenn man der empirischen Sozialforschung glauben darf.

Obwohl die Gesellschaft fast durchgehend säkularisiert ist und selbst gläubige Christen wesentliche Bausteine ihrer Religion wie Himmel, Hölle und das Jüngste Gericht umstandslos beiseite geschoben haben, haftet dem Verhältnis von Gläubigen und Ungläubigen, zumal solchen linker Herkunft, etwas seltsam Anachronistisches an. Den Gekreuzigten als „Balkensepp" darzustellen wird allen Ernstes in einem links-alternativen Blatt als gelungene Provokation, ja als Akt der Entmystifizierung angesehen.

Immer noch wird Karl Marx' Satz „Religion ist das Opium des Volkes" als Quintessenz zeitgenössischer Religionskritik zitiert. Wobei häufig genug der gedankliche Zusammenhang, in dem dieser berühmte Ausspruch steht, ausgeblendet wird. Denn nach Marx ist das religiöse Elend Ausdruck des wirklichen Elends und „in einem die Protestation gegen das wirkliche Elend [...]. Sie ist der Seufzer der bedrängten Kreatur, das Gemüt einer herzlosen Welt, wie sie der Geist geistloser Zustände ist." Daher der Schluss von Marx: „Die Kritik hat die imaginären Blumen an der Kette zerpflückt, nicht damit der Mensch die phantasielose, trostlose Kette trage, sondern damit er die Kette abwerfe und die lebendige Blume breche."

In der Religion finden sich nach Marx also verhimmelte menschliche Bedürfnisse – solche nach Solidarität, nach Menschlichkeit und nach Glück –, die es hienieden zu verwirklichen gilt. Schon zu Zeiten von

Marx haben sich religiöse Dissidenten jedweder Couleur nicht damit beschieden, das *Jenseits* als Landschaft ihrer Wünsche auszumalen. Auch heute, von der Solidarność der achtziger Jahre bis zur lateinamerikanischen Befreiungstheologie, werden radikalemanzipatorische Forderungen im religiösen Gewand vorgetragen. Wenn nicht sogar religiöse und proletarische Ikonen auf dem Hausaltar beieinanderstehen, wie in Eric Hobsbawms „Sozialrebellen" nachlesbar. Gegenüber dieser Art von „entfremdetem Bewusstsein" ist sicher Skepsis angebracht, nicht aber zähnefletschende Religionskritik.

Ob die eigentümliche Verkrampfung vieler Linker in Sachen Religion mit einem eigenen, unverarbeiteten transzendentalen Erbe zusammenhängt? In Brechts „Flüchtlingsgesprächen" während der frühen vierziger Jahre, in der Bahnhofshalle von Helsinki, grübelt der Intellektuelle Ziffel über dieses Thema: „Die Deutschen haben eine schwache Begabung für den Materialismus. Wo sie ihn haben, machen sie sofort eine Idee daraus. Ein Materialist ist dann einer, der glaubt, dass die Ideen von den materiellen Zuständen kommen und nicht umgekehrt, und weiter kommt die Materie nicht mehr vor. Man könnte glauben, es sind nur zwei Sorten von Leuten in Deutschland, Pfaffen und Pfaffengegner. Die Vertreter des Diesseits, hagere und bleiche Gestalten, die alle philosophischen Systeme kennen; die Vertreter des Jenseits, korpulente Herren, die alle Weinsorten kennen. Ich habe einmal einen Pfaffen mit einem Pfaffengegner herumstreiten hören. Der Pfaffengegner hat dem Pfaffen vorgeworfen, er denke nur ans Fressen, und der Pfaffe hat geantwortet, der Herr Gegenredner denke nur an ihn."

Das hört sich veraltet an, ist es aber nicht. Den Hedonismus der Linken hätte Brecht jedenfalls nicht als Verrat gegeißelt, sein zwanghafter Charakter wäre ihm freilich kaum entgangen. Bestimmt hätte er noch in dem neuesten linken Connaisseurtum, Weine und Käsesorten betreffend, die alte, unbewältigte Askese entdeckt. Brecht war misstrauisch, wenn im Namen der guten Sache allzusehr auf Opferbereitschaft und heroischer Tugend insistiert wurde. Für den kommunistischen Revolutionär ließ er eigentlich nur eine Kardinaltugend gelten: seine Nützlichkeit. Vor allem aber lehnte er ab, was nach bedingungslosem Glauben aussah. Denn ihm war klar, dass nirgendwo in diesem Jahrhundert so inbrünstig *geglaubt* worden ist wie in den revolutionären Bewegungen.

Die Linken hatten und haben ein unerledigtes Glaubensproblem. Wer daran zweifelt, möge die Passagen in Jorge Semprúns Autobiographie „Federico Sanchez" nachlesen, in denen der Autor von seinem Ausschluss aus der Kommunistischen Partei (KP) Spaniens wegen Rechtsabweichung spricht. Sanchez/Semprún, Mitglied des Zentralkomitees (ZK) der illegalen KP, war ins Schussfeld geraten, weil er gegenüber dem Mythos des Generalstreiks die veränderte Wirklichkeit Spaniens einklagte. In seinem Bericht über die Sitzung des Zentralkomitees, wo ihn der Bannstrahl traf, schildert Semprún den ZK-Genossen sein Schweigen angesichts der stalinistischen Verbrechen, seine Zustimmung zu den Schauprozessen von Budapest und Prag – trotz besseren Wissens.

Eine Genossin, Mitglied des ZK, die mit der Aufsicht über das Protokoll beauftragt ist, bricht in Tränen aus – ihr früherer Lebensgefährte war ein Opfer der Slánsky-Prozesse gewesen. Etwas später unterstützt sie trotzdem den Ausschluss Semprúns. Sie schreibt: „Gerade dank der großen, schmerzlichen Lehren, die der XX. und XXI. Parteitag der KPdSU aus der Zeit des Kultes [um die Person Stalins; C.S.] gezogen haben, haben wir uns vom blinden, unwissenschaftlichen Glauben frei gemacht und wurde der Glaube in uns bestärkt, den Marx gemeint hat, als er davon sprach, dass die Kommunisten ‚den Himmel zu erstürmen vermögen'. Wenn dieser Glaube erkaltet, wenn man zu zweifeln beginnt, wenn man zum Skeptiker wird, ist das der Anfang vom Ende eines Kommunisten. So ist es nun einmal."

Mit der Metapher von den „Himmelsstürmern" hat Marx die Pariser Kommunarden gemeint. Er setzt sie in Gegensatz zu den „Himmelssklaven" des neuerrichteten deutsch-preußischen Reiches. Die erschossenen Kommunarden kamen eben nicht in den soeben erstürmten proletarischen Himmel, sondern blieben „eingeschreint in die Herzen der Arbeiterklasse", wie es in Marx' „Bürgerkrieg in Frankreich" heißt. Auch eine etwas sakrale Formulierung, aber ganz diesseitig und ohne Glaubenserfordernis. Semprún ging es nicht darum, die spanische Kommunistin Irene Falcon zu denunzieren. Seine Autobiographie ist so rückhaltlos ehrlich und selbstkritisch, dass die Lektüre für jeden Linken zum schmerzhaften Erlebnis wird.

„Das Bedürfnis nach Gott", so Immanuel Kant, „ist kein Beweis seiner Existenz." Setzen wir zeitgemäß an die Stelle von Gott die Transzendenz, die Gewissheit über den schließlichen, vernünftigen Weltgang, den unaufhaltsamen Sieg des Zivilisationsprozesses oder ähnliches, so ergibt sich aus Kants Worten auch ein Problem für die Linken, falls sie sich der zynischen Panzerung entledigen. Denn woher sollen sie beispielsweise die Gewissheit über den universellen Charakter der Menschenrechte nehmen, wenn ihnen der Rekurs auf das göttliche Recht oder das

Naturrecht aus guten Gründen abgeschnitten ist? Der einzig ernsthafte
Versuch, eine „Zivilreligion" zu begründen, Tomáš Garrigue Masaryks
Staatserfindung aus dem radikaldemokratischen Geist der tschechischen
„Böhmischen Brüder", ist gescheitert. Er war eine willkürliche Konst-
ruktion, die außerdem Deutsche und Slowaken aus der Zivilreligion als
ethischer Basis des tschechischen Staates nach 1918 ausschloss.

Auf der anderen Seite wird, zumindest von bedeutenden protestanti-
schen Theologen wie Karl Barth, auch dem gläubigen Christen das Leben heutzutage schwergemacht. Denn Barth erkennt an, dass die Religionskritik von Marx und Feuerbach berechtigt war. Wir dürfen uns
Gott nicht als verhimmelten Menschen vorstellen. Die Beziehung läuft
von oben nach unten, eine Klammer bietet nur die Gnade. Und die ist
unerforschlich.

Der Theologe und Antifaschist Dietrich Bonhoeffer hat, von anderen
religiösen Vorstellungen inspiriert, folgende paradoxe Konsequenz gezogen: „Gott gibt uns zu wissen, dass wir leben müssen als solche, die mit
dem Leben ohne Gott fertig werden. Der Gott, der mit uns ist, ist der
Gott, der uns verlässt. Der Gott, der uns in der Welt leben lässt ohne die
Arbeitshypothese Gott, ist der Gott, vor dem wir dauernd stehen. Vor
und mit Gott leben wir ohne Gott."

In ihrem Einsatz für Menschenrechte, für universale Werte müssen
heute beide, Gläubige wie die Ungläubigen der laizistischen Linken, das
sichere Netz entbehren. Die Zeiten des Triumphalismus und der gegen-
seitigen Evangelisation sind vorbei, trotz anderslautender Verlautbarungen nicht nur aus dem Vatikan. Dies um so mehr, als die Werte, für die
beide Seiten eintreten, heute weltweit in Gefahr sind.

Statt Konfrontation Dialog, vielleicht sogar Zusammenarbeit? Aber
in welchem Geist? Dazu der katholische Theologe Johann Baptist Metz:
„Hinsichtlich der Kooperation bieten sich deshalb primär eine kri-
tisch-negative Haltung und Erfahrung an; die Erfahrung des bedrohten
Humanen, die Erfahrung der Bedrohung von Freiheit, Gerechtigkeit und
Frieden."

taz vom 18. Juni 1997

Die Bundesrepublik

„Ich nicht. Ehrlich!"

Eine der ersten Fertigkeiten, in denen mich meine Mutter, Schauspielerin und Abkömmling einer alten Schauspielerfamilie, unterwies, war das höfliche Abwimmeln von Gerichtsvollziehern. Sie verdiente wirklich nicht schlecht, vergaß aber regelmäßig, die Einkommensteuer zu entrichten. Später lernte sie einen netten Herrn kennen, der das für sie besorgte. Aber zu diesem Zeitpunkt hatte sich die schädliche Auffassung, dass Geld dafür da ist, sofort und restlos ausgegeben zu werden, bei mir schon festgefressen. Als sie allzu früh starb, erbte ich von ihr eine Hornbrille mit zu schwachen Gläsern, einen Haufen schöner Fotografien und ein Achtel eines Feriendomizils, das ich aus den Augen verloren habe.

Mein Vater war von anderem Schlag. Er war Hanseat, Anwalt, Unternehmer und erfolgreich bei den Damen wie in den Geschäften. Mit Karl Marx' höhnischer Aufforderung an die Bourgeoisie: „Akkumuliere, akkumuliere, das ist Moses und die Propheten" scheint er es allerdings nicht so genau genommen zu haben. Er brachte sein Geld entschlossen unter die Leute, und selbst wenn ich, der einzig missratene unter seinen zahlreichen Sprösslingen, zu einem meiner seltenen Besuche antrat, zog er schließlich das Scheckbuch – mit verschmerzter Miene. Als er starb, hatte er es irgendwie fertiggebracht, nichts Bares zu hinterlassen, zumindest nichts, worauf ich hätte den Finger legen können. Selbst für einen cleveren Wirtschaftsprüfer wie ihn ein beachtliches Manöver.

Ich hatte nichts anderes erwartet, wohl aber die interessierte Öffentlichkeit. Sie konnte sich einfach nicht damit abfinden, dass der maoistische Sohn eines christlich-sozialen Millionärs nicht das Schwarze unterm Fingernagel eingesackt hatte. Kaum war mein Vater unter der Erde, wurde deshalb ein Gerücht lanciert, das mich die nächsten 15 Jahre getreulich begleitete: Ich hätte zwölf Millionen geerbt und sie umgehend in unser linksradikales Unternehmen eingebracht. Zuerst war ich wütend und bemühte die Anwälte gegen *Spiegel* und *Stern*. Als aber selbst die chinesischen Genossen mich zu meiner Selbstlosigkeit beglückwünschten, gab ich auf.

Betuchte Bekannte gaben mir augenzwinkernd zu verstehen, dass ich die zwölf Millionen wohl für einen linken Ablasszettel eingetauscht hätte – um mich des *eigentlichen* Erbes, unbelastet von revolutionären Gewissensbissen, desto ungestörter zu erfreuen. Sie hielten mich für einen Exzentriker. Ich begann, ihre Gesellschaft zu meiden. Was mich wirklich störte, war die Meinung linker Arbeiter zu meinen Finanzen: Sie hielten mich schlicht für einen Trottel.

Mit dem Niedergang der linksradikalen Organisationen ließ das Interesse an meiner Vermögenslage ziemlich nach. Kein Mensch geht mich mehr um einen kleinen Kredit an, und die Banken zeigen sich gegenüber meinen eigenen Kreditwünschen verschlossen. All das ist ziemlich erfreulich.

Immer schon hat mich diese Schatzbildnermentalität angeödet, dieses Glitzern in den Augen, wenn's um Zahlen und Prozente geht. Und immer hat mir die Haltung des Barons von Wolzogen gefallen: Mit seinem letzten Geld mietete er ein Luftschiff und warf aus großer Höhe Handzettel ab. Auf ihnen stand zu lesen: „Ich grüße Berlin!"

taz vom 16. September 1994

Was vom Ekel übrigblieb

Vierzehn Jahre Kanzler Helmut Kohl und die deutschen Linken – eine unerfreuliche Zwischenbilanz

Am 29. September 1982, drei Tage vor dem konstruktiven Misstrauensvotum gegen Helmut Schmidt, veröffentlichte die Redaktion der *taz* einen offenen Brief an Franz Josef Strauß. Im Ton gespielter Verzweiflung bitten die tazler den CSU-Chef flehentlich, in Gottes und Bayerns Namen die Wahl Helmut Kohls zum Bundeskanzler zu vereiteln. Die „Anti-Seifenoper-Koalition", die Strauß angeboten wird, richtet sich gegen den „Frankenstein des deutschen Spießertums, zusammengesetzt aus verschiedenen Elementen ungelüfteter deutscher Ecken", gegen die „schweißgebadete Null", die Mittelmaß zu nennen eine Beleidigung dieses Standards wäre. „Die Welt", so die *taz*, „würde sich kranklachen über den hässlichen Deutschen."

Erfrischende Worte und doch so fremdartig heute wie Signale aus einem weit entfernten Sternensystem. Der Ekel war damals noch frisch, die Verachtung unverbraucht. Auffallend die Kategorie des „Spießers". Unabhängig von ihren politischen Schicksalen in den siebziger Jahren einigte die in der *taz* versammelten Linken (und nicht nur sie) die Angst vor einem Rückfall in die fünfziger Jahre, ins stickige Universum der Pflichterfüllung und der Bescheidung, der Familien- und der Vaterlandsliebe. Der „Über-Lübke" würde, auch für die Linken!, das Ansehen Deutschlands mindern, das doch durch Brandts bewegende Visionen wie durch Schmidts eisigen Pragmatismus eine so spektakuläre Aufwertung erfahren hatte.

Mit dem Versprechen, eine „politisch-moralische Wende" einzuläuten, war Kohl an die Macht gelangt. Der „kritische Rationalismus" Schmidts, der sich der Wertevermittlung „von oben" hartnäckig verweigerte, verfiel ebenso der Verurteilung wie die kulturrevolutionären Umtriebe der 68er, die die westdeutsche Leistungsgesellschaft auf die schiefe Bahn gebracht hatten. Doch merkwürdig: Die große Gegenreformation blieb aus. Die Idee der Verpflichtung auf das große Ganze erlebte keine Renaissance. Es war der Konservative Karl Heinz Bohrer, der Kohl damals bescheinigte, er stelle nichts anderes dar als eine rechte Variante der Betroffenheitskultur, der trüben Vermischung des Privaten und des Politischen. Ein Produkt eben der neuen, bundesrepublikanischen Normalität.

Auch diejenigen der zahlreichen Linken, die in Kohl einen gelehrigen
Schüler der eisernen Lady erkannten und von ihm den finalen Angriff auf
den Sozialstaat erwarteten, um nicht zu sagen: ersehnten, wurden ent-
täuscht. Der Reformpolitik der frühen siebziger Jahre hatte die Regierung Schmidt das Sterbeglöckchen geläutet. Von ihr ging die Rückkehr
zu einer rigorosen Angebots-Wirtschaftspolitik aus, von ihm, Schmidt,
und nicht von Kohl stammte der monströse Satz „Mehr Investitionen führen zu mehr Arbeitsplätzen"; Schmidt war es, der die Großprojekte des
befürchteten Atomstaats auf den Weg brachte. Unter seiner Regierung
konnte der Chef des Bundeskriminalamtes, Horst Herold, sich an die
Verwirklichung des „Sonnenstaates" machen. Es gab kein Politikfeld, auf
dem die Kohl-Regierungen der achtziger Jahre nicht dort weitergemacht
hätten, wo Helmut Schmidt am 1.Oktober 1982 Einhalt geboten worden
war: Verwirklichung einer korporativen Interessenpolitik im Dreiklang
von Staat, Unternehmerverbänden und Gewerkschaften, schrittweise,
im Konsens erreichte Verschiebung der Gleichgewichte nach rechts.

So wie der Sozialdemokratie der reformerische Elan war Ende der
siebziger Jahre der radikalen Linken ihr revolutionäres Projekt abhanden
gekommen. Eine doppelte negative Erfahrung hatte bei den Revolutionären zum Bruch geführt. Ursprünglich hatte die Idee des Sozialismus von
der Hoffnung gelebt, dass mit der Revolution die Produktivkräfte befreit
und den Individuen damit allseitige Entwicklung möglich werde. Nahezu
alles sollte nach der Befreiung von der kapitalistischen Fessel machbar
sein. Jetzt bewiesen die ökologischen Fakten, dass wenig bis nichts mehr
ging. Die zweite Erfahrung: die Folgen revolutionärer Gewalt, weltweit
und in der Bundesrepublik.

Politisch führte diese doppelte Ernüchterung der radikalen Linken in
den 80er Jahren nicht zu einem neuen *politischen* Projekt, sondern zum
Rückzug ins Gesellschaftliche, in die „neuen sozialen Bewegungen". „Gesellschaft gegen Staat" wurde zur Quintessenz des Denkens, das jetzt in
Mode kam. Daneben aber blieb eine Art schwiemelige Erinnerung an
die sozialistischen Hoffnungen zurück, die die meisten Linken daran hinderte, die Zeichen der Agonie zu erkennen, in die die realsozialistischen
Gesellschaften zunehmend verfielen. Nicht nur die Regierung Kohl lebte
im Juste-milieu. Auch die Linken richteten sich in ihm ein, mit dem Rücken zur Mauer und zu den demokratischen Bewegungen Osteuropas.
An die Stelle der verbrauchten politischen Kategorien trat nichts Neues.
Vor allem nichts, was zur konkreten Analyse einer konkreten Situation
befähigt hätte.

Das rächte sich bitter im November 1989. Hilflos und handlungsunfähig starrten die Linken von Oskar Lafontaine bis zu den (damaligen) Grünen auf die politische Dynamik, die auf einen raschen Vereinigungsprozess der beiden deutschen Staaten zusteuerte. Nachdem die Ostdeutschen sich weigerten, den von den westlichen Linken erträumten „dritten Weg" in die Tat umzusetzen, blieb nur der Ekel vor der angeblichen Konsumgier der Ossis, blieb die Warnung vor „Kolonialisierung", vor „Großdeutschland". Kohl hingegen steuerte mit einer nie für möglich gehaltenen Tatkraft von seinem Zehn-Punkte-Plan bis zum Abschluss des 2+4-Abkommens den ganzen politischen Prozess. Und dies nicht etwa, weil er, weit vorausschauend, den Rückzug der Sowjetunion aus Osteuropa von vornherein ins Kalkül gezogen hätte. Er griff nur beherzt nach dem berühmten Zipfel der Geschichte. Er nutzte die Stunde.

Auch die Linken hätten damals „ihre Stunde" haben können. Auf Kohls schließlich erfolgreichen Versuch, die DDR dem politisch-gesellschaftlichen System der Bundesrepublik einzugemeinden, hätte sie mit einer politischen Bewegung antworten können, die Hannah Arendt einmal als *constitutio libertatis,* als Akt der Freiheitsbegründung bezeichnet hat. Die Errungenschaften der Bürgerbewegung in der DDR hätten in dieses Projekt ebenso eingehen müssen wie die Ergebnisse von mehreren Jahrzehnten demokratisch-zivilisatorischer Entwicklung in der alten Bundesrepublik.

Weil sich die Linken in ihrer Überzahl der *constitutio libertatis* verweigerten, wurden sie nach 1990 von den Normalisierungswellen im Kohl'schen Deutschland erneut überflutet. Als es 1992 um die Abschaffung des Asylartikels im Grundgesetz ging, stand den Linken, einschließlich der linken Sozialdemokraten, keine Strategie zur Verfügung, die das Bedürfnis nach Eingrenzung des Arbeitsmarktes (Können die Sozialsysteme ohne eine solche Eingrenzung funktionieren?) vermittelt hätte mit dem universalistischen Anspruch, *allen* Flüchtlingen Schutz zu bieten.

Ebenso wenig herrscht bis heute Klarheit darüber, welche Rolle die Bundesrepublik bei der internationalen Friedenssicherung und bei der Verteidigung der Menschenrechte spielen sollte. Ob sich Deutschland mit bewaffneten Streitkräften an der Ifor in Bosnien beteiligen sollte oder nicht, kann nur geklärt werden, wenn die Frage beantwortet wird, was künftig des Nationalstaats, was Europas und was der UNO sein soll. Das gleiche gilt schließlich für die Standort-Demagogie Kohls, der nur zu begegnen wäre, wenn es auf seiten der Linken ein realistisches Projekt

nicht nur für den nationalstaatlichen und europäischen, sondern darüber
hinaus für den globalen sozialen Ausgleich gäbe.

Kohl hatte es nie nötig, sich Anstrengungen dieser Art zu unterziehen. Auch auf seine alten Tage wird er kein Kanzler werden, der, wie
die konservative Revolutionärin Margaret Thatcher, auf die Errichtung
einer „anderen Republik" samt dazugehörigem Überbau scharf wäre. Die
schwankenden Mauern des Sozialstaates werden weiter gestützt werden.
Wo abgeholzt wird, soll es wie jeher schleichend gehen, im Konsens der
Tarifparteien, mit Einwilligung der Opfer. Wer sich hiergegen versündigt,
kurzen Prozess machen will, zur Generalattacke auf die Gewerkschaften bläst, der wird vom Kanzler im Regen stehengelassen, auch wenn er
bislang zu seiner Lieblingsklientel gezählt hatte. Kohl weiß, wie weit er
gehen kann – heute eine beträchtliche Wegstrecke. Dass das Postulat des
Sparens, dass die Rücksicht auf die angeblichen Imperative des internationalen Wettbewerbs jetzt so weitgehend akzeptiert werden, ist ein später Triumph der „politisch-moralischen Wende". Er wurde ohne Kampf
erreicht, ohne „Gegenreformation". Die Angst hat ihn bewirkt – und die
Abwesenheit einer linken Alternative, das heißt eines *politischen* Projekts,
das nachholte, was 1990 versäumt worden ist. Und wodurch die Linken
so weit hätten gebracht werden können, sich auf eine prinzipiengeleitete
Realpolitik zu verständigen. Mit der Verwandlung des diffusen Plurals
Linke in den eindeutigen Singular ist sowieso nicht zu rechnen. Erfreu-
licherweise.

Fest steht heute, Kohl steht fest. In seiner ungeschlachten, von den
schönheitsliebenden Linken verabscheuten Leibesfülle. Springt die Kon-
junktur neu an, und hält sie bis ins Jahr 1998, kann er seinem fünften
Wahlsieg in Folge entgegensehen. Wo aber stehen die Linken? In der
Person ihres auf handliche Ausmaße zurechtgehungerten Vorkämpfers
Joschka Fischer studieren wir die Wandlungen desjenigen Teils der Lin-
ken, der auf politische Intervention nicht verzichten will, ehe er in die
Grube fahren muss.

Fischers Vorstellung eines europäisierten Deutschland, das jeder Vorstellung von „Sonderweg" und „Mittellage" entschlossen den Rücken
kehrt, ist so weit nicht entfernt von der Staatsräson, der auch der Kanzler folgt. Könnte es sein, dass Kohl, der Antiideologe, der Aussitzer und
Problemablagerer, mit seiner Insistenz auf der europäischen Integration doch ein politisches Feld besetzt hat, auf das die Linken zumindest
(Mit-)Eigentumsrechte beanspruchen müssen? Ist Kohl am Ende doch
ein Überzeugungstäter, dem zugebilligt werden muss, er habe mit seiner

lebenslangen, inbrünstigen Europaleidenschaft dem neudeutschen Nationalismus den Weg versperrt und gleichzeitig, wenngleich unfreiwillig, der Linken den europäischen Weg geöffnet? Könnte, was fürs Wohlergehen deutscher Unternehmer gedacht war, die europäische Integration, sich nicht auch als segensreich erweisen für die „Lohnabhängigen" und für die, die keines von beidem sind, aber auch gern erträglich leben wollen?

Dies anzuerkennen, bedeutet noch lange nicht, bei der Schar der Enkel Adenauers Einlass zu begehren. Die Rehabilitierung der fünfziger Jahre, eine unter Kulturlinken in den letzten Jahren beliebte Übung, basiert auf schlechtem Gedächtnis und verlorenem Vertrauen ins eigene, universalistische Erbe. Keiner weiß, wer die Linken sind, aber in jeder beliebigen Frage der Tagespolitik zeigt sich, dass sie existieren. Sie leben samt ihrer Tradition, ihren nicht eingelösten Versprechen, ihren verlorenen Idealen und weiterhin gehätschelten Illusionen. Ein schwacher Trost, aber der einzige. Bis jetzt hieß es, die Linken kommen und gehen, Kohl bleibt. Es ist Zeit, dass der Spruch umgedreht wird, ehe die Biologie alle Fragen löst.

taz vom 31. Oktober 1996

Die Schönheit des Rauchens

Trotz des EU-Werbeverbots: Rauchen kommt wieder in Mode

Es bedarf keines großen Scharfsinns, um an der Wirksamkeit der Warnung „Rauchen gefährdet die Gesundheit" unter den Werbeplakaten der Tabakindustrie zu zweifeln. Weit davon entfernt, die Raucher zum Innehalten und zur Umkehr zu bewegen, erhöht sie vielmehr ihre Begierde. Denn geraucht wird nicht trotz, sondern wegen dieser Gefährdung. Sie gehört zur Ästhetik des Rauchens, zu seiner eigenartigen Schönheit. Deshalb wird auch das jetzt innerhalb der EU avisierte Verbot der Zigarettenwerbung in keiner Weise dazu führen, das Laster einzudämmen. Im Gegenteil.

Während es früher gerade die Starken wie Winston Churchill oder Humphrey Bogart waren, die öffentlich pafften, was das Zeug hielt, musste man bis vor kurzem ein willensschwacher, lernunfähiger, mitleiderregender Versager sein, um als Raucher toleriert zu werden – zumal im linksalternativen Milieu. Oder man musste über besondere, die Aufmerksamkeit fesselnde Rauchfähigkeiten verfügen, wie der Schreiber dieses Kommentars, der seine oft verschlungenen Argumentationen mit der Zigarette im Mundwinkel der Redaktion dieser Zeitung zu Gehör brachte. Ich sagte „bis vor kurzem", denn einiges spricht dafür, dass die Gesundheitswelle sich bricht und der Zyklus von Verdammung und Verherrlichung, der das Rauchen von Anfang an begleitete, sich eine Spirale weiterdreht. Zeiten gesteigerter Krisen und Konflikte sind nun mal Zeiten verstärkten Tabakkonsums.

Wenn man das Rauchen nur als gesundheitsschädigend betrachtet, gerät aus dem Blick, welche wohltätigen gemeinschaftlichen Wirkungen mit ihm verbunden sind. Wie Richard Klein in seinem wunderbaren „Schöner blauer Dunst" klargemacht hat, ist das Rauchen nicht nur „ein physischer, sondern auch ein diskursiver Akt, eine stumme, aber beredte Art, sich auszudrücken. Es ist ein kodierter, rhetorisch komplexer, erzählerisch artikulierter Diskurs mit einem umfangreichen Repertoire von in ihrer Bedeutung klar umrissenen Konventionen." Noch Fragen?

Zum Rauchen gehört unbedingt ein zweites Laster: der Entschluss, mit dem Rauchen aufzuhören. Mit beiden Lastern kann eine Biographie randvoll ausgefüllt werden. Es gab sogar einen bedeutenden Denker, der im Widerruf des Entschlusses zum Nichtrauchen einen beängstigenden Akt der Freiheit sah. So betrachtet sind wir fast alle Philosophen.

taz vom 6. Dezember 1997

Das Ende der Parteisoldaten

In Lafontaines Abgang spiegelt sich postmoderne Ethik

Oskar Lafontaine auf der Bühne seines Einfamilienhauses mit dem Söhnchen auf der Schulter. Kunsthistoriker haben für solche Posen einen Begriff bereit: Pathosformel. Demonstriert werden soll der Abwurf der politischen Last und der Neuanfang (im Kreis der Lieben). Die Botschaft kam rüber – und führte zu massivem Missvergnügen, nicht zuletzt bei den Parteiarbeitern der SPD. Einfach abhauen? Ein Sozialdemokrat stirbt in den Stiefeln als Parteisoldat. So geschehen von August Bebel über Kurt Schumacher bis zu Willy Brandt. Letzterer harrte aus, obwohl er viel bösartiger von Onkel Herbert gekränkt worden war als jetzt Oskar von Gerhard. Willy, der den Annehmlichkeiten des Lebens nie abgeneigt gewesen war, hielt dennoch als Vorsitzender den Laden zusammen, bis er ins große Ganze, die Sozialistische Internationale, und anschließend in den Sozialistenhimmel hinüberwechselte.

Den einzigen Schandfleck, ein Dressman aus dem Norden, der sich an die Parteispitze der SPD verirrt hatte, übergehen wir mit Stillschweigen. Das Ethos „ein Leben für die Arbeiterbewegung" überlebte deren Spaltung und weste selbst nach ihrem Ende fort. Auch in der DDR, wo Erich nicht von der Kärrnerarbeit lassen wollte. Wo man hinsieht, protestantisch-proletarische Pflichterfüllung.

Auch Hans-Jochen Vogel, selbst lebenslanger Parteiarbeiter, ist gekränkt. Er fordert von Lafontaine „konkrete Rechenschaft vor der Öffentlichkeit und den Wählern" ein. Aber ist dieser Tadel nicht ebenso atavistisch wie die Kopfnote „Betragen mangelhaft" im Zeugnis der Grundschüler? Hat Oskar nicht das Recht, seine narzisstische Kränkung vor aller Welt zu demonstrieren? Warum ausgerechnet in seinem Fall der Zwang zu rationalem, kommunikativem Handeln? Von wegen Verantwortung! Wo gibt's das noch in der Gesellschaft, durchgehaltene Identität im Lebenszyklus? Sind wir nicht umgeben von lauter Abbrüchen und Neuanfängen, sei's in Job, Ehe oder Weltanschauung? Und lehrt die postmoderne Ethik nicht, dass der Clou der Lebensführung gerade in ihren schroffen Brüchen liegt? Daraus aber folgt: Vorsicht bei Oskar! Er könnte es sich auch wieder anders überlegen. Denn in Saarbrücken und Umgebung weiß man zwar zu leben. Aber der süße Geschmack der Macht, er ist nur in Berlin zu haben (oder in Brüssel).

taz vom 16. März 1999

Tausche Oma gegen guten Witz

**Was ich der taz zum Zwanzigsten wünsche: Fünf Dinge
– Teilnahme am rot-grünen Drama, Nonkonformismus,
große Buchstaben, ganze Gedanken und Kurzweil**

Der 1. Wunsch: Teilnahme am rot-grün-politischen Drama

Die Leserschaft der *taz* ist durch viele Fäden mit dem rot-grünen Projekt verbunden. Dies gilt, glaube ich, unabhängig von den verschiedenen Lese-Generationen und auch unabhängig von der weitverbreiteten Abneigung gegen die Grünen-Führungsgruppe der „über Fünfzigjährigen". Angesichts der neuen Regierung hofft, leidet und freut sich unsere Leserschaft etwas mehr, als es gegenüber Politikern üblich ist. Natürlich hat sich das „Volk der Linken" verlaufen, falls es je existierte. Aber ein bisschen gleichen die Leser unserer Zeitung im Hinblick auf die neue Regierung doch den Anhängern einer Dorffußball-Mannschaft.

Wie kommt das rot-grüne Bündnis im Dickicht der Tagespolitik zurecht? Was ist vom ursprünglichen Projekt „ökologische Umgestaltung der Industriegesellschaft" übriggeblieben? Die Tagespresse einschließlich ihres linksliberalen Flügels geht von der Gedankenfigur des notwendigen Scheiterns aus. „Teaching Reality" hält sie für Aufklärung. Der Klugscheißer ist der zeitgemäße journalistische Prototyp. Demgegenüber wäre von der *taz* zu erwarten, dass sie den Konflikt zwischen Realität und Projekt konkret abbildet, dass sie aufzeigt, wie dieser Konflikt mitten durchs Herz der Protagonisten geht. Kein billiger, anpasserischer Zynismus (Macht korrumpiert), keine billigen Konstruktionen eines Gegensatzes zwischen der Basis, die den Idealen treu bleibt, und der Führung, die sie verrät. Sondern genaue Schilderung des Dilemmas kraft intimer Kenntnis dramatis personae. In der Sozialforschung heißt das: teilnehmende Beobachtung.

Es stimmt schon, der gesellschaftliche Widerstand ist momentan schwach. Aber gerade weil wir uns fokussieren wollen auf das Regierungsdrama „Rot-Grün", müssen wir auch über Basisbewegungen berichten, selbst wenn sie noch ein Rinnsal sind.

Der 2. Wunsch: Nonkonformistische Überraschungen

Voraussehbarkeit der journalistischen Reaktionen wirkt auf den klugen Leser tödlich. Was Heribert Prantl zu Otto Schily einfällt, ist bis in die Formulierungen hinein absehbar. Vorsicht vor Lieblingsfeinden, sie könnten urplötzlich etwas Intelligentes zu sagen haben! Vorsicht auch vor allzu starren Fronten. Zwar existiert der Gegensatz Links-Rechts entgegen voreiliger Grabreden tatsächlich weiter. Aber es treiben sich außer Heiner Geißler noch eine ganze Menge gewitzter Konservativer und Liberaler herum.

Auf die Treue der *taz* zu Lieblingspolitikern oder dem erdachten Lieblingsleser sollte kein allzugroßer Verlass sein. Gegenüber beiden muss sie in der Lage sein fremdzugehen. Das hat nichts mit Originalitätssucht zu tun. Denn der Nonkonformismus blüht nur auf der Basis ziemlich festgefügter Grundüberzeugungen. Eine Zeitlang wurde viel Energie darauf verwandt, nonkonformistisch gegen gusseiserne Linkshuberei vorzugehen. Jetzt ist eher Nonkonformismus gegen postmoderne Beliebigkeit angesagt.

Der 3. Wunsch: Debatten mit großen Buchstaben

Gegenwärtig schauen sich alle Beteiligten des Medien-Debattenzirkus gegenseitig über die Schulter, auf immerwährender Themensuche. Notfalls hilft noch der Blick ins befreundete Ausland. Wobei die Schwierigkeit darin besteht, dass verzweifelt nach dem Neuen gegriffen, das Alte aber noch nicht erledigt ist. Entgegen einer landläufigen Meinung gehören zum unerledigten „Alten" auch die großen Themen der Ökologie, der sozialen Gerechtigkeit und einer libertären Lebensführung samt deren Fallstricken. Die *taz* muss insistieren, und sie muss neue Themen „riechen". Sie hat keinen privilegierten Zugang mehr zu „Zukunftsthemen". Im Umkreis der Zeitung finden sich aber seit Jahren Intellektuelle. Sie gilt es, viel mehr als bisher geschehen, zu pflegen. Sie sind noch gefordert im Kampf um kulturelle Hegemonie gegenüber den diversen Spielarten freudiger oder resignierter Hinnahme des schlechten Bestehenden. Eines Kampfes, der nicht mehr um die „Arbeiterklasse" tobt, sondern um eine ziemlich buntscheckige Ansammlung von Individuen und Bewegungen.

Der 4. Wunsch: Das Ganze denken

Die *taz* verfügt, ohne sich dessen hinreichend bewusst zu sein, über ein geballtes Potential, was die Kenntnis internationaler Zusammenhänge, was Politik, Geschichte und Kultur ferner und fernster Länder anlangt. Immer wieder gelang es ihr, mit ihren Schwerpunkten Standards zu setzen. Als es galt, Befreiungsbewegungen oder demokratische Initiativen zu unterstützen, war die Aufgabe allerdings auch leichter. Aber für die Bearbeitung der großen internationalen Probleme – Nationalismus ver-

sus Universalismus etwa, oder die Idee einer internationalen Friedensordnung oder der Kampf dafür, dass es in der Weltwirtschaft gerechter
zugeht – ist die *taz* mindestens so gut gerüstet wie die anderen überregionalen Zeitungen.

Einmalig in den Printmedien war und ist die Anstrengung der *taz*,
nicht nur über fremde Länder zu schreiben, sondern deren Intellektuellen, Künstlern und Schriftstellern das Wort zu geben. Dabei geht es auch
darum, die Interpretationshoheit der eigenen Leute etwas zu relativieren. Normalerweise liefern „unmittelbar Betroffene" das Material, der
(deutsche) Journalist die Zusammenhänge.

Der 5. Wunsch: Kurzweil

Kurzweil ebenso wie Witz entziehen sich der Planung wie der Anordnung. Aber beide gedeihen nur in einem Klima, das für sie anfällig ist.
Und verabschieden sich in Phasen allgemeiner, redaktionsinterner Griesgrämigkeit zugunsten des geisttötenden Zynismus.

Kurzweil ist keine Frage hierfür abgestellter Spezialisten, obwohl es,
auch in der *taz*, gute Journalisten geben soll, denen es an der Gottesgabe der Unterhaltsamkeit gänzlich gebricht. Für einen guten Witz sollte
man nicht seine Großmutter verkaufen, aber nur kurz davor haltmachen.
Witz und Kurzweil bedürfen langfristiger Förderung und anhaltenden
redaktionsinternen Lobs: für eine gelungene Schlagzeile, eine hinreißende Metapher, einen knappen, erhellenden Lakonismus, eine Fotografie
wie ein Vexierbild. Wie viele derer, die bei der *taz* arbeiten, dürsten nach
Unterhaltsamkeit, und wie wenig werden sie herausgefordert!

taz vom 9. April 1999

Die Jugend von heute – kaum zu fassen

In der Weigerung, das politische Terrain zu betreten, zeigt sich die Gegenwehr angesichts der allgegenwärtigen, allzuständigen politischen Suada der Altvorderen

Vier Grundschüler sprechen auf dem Heimweg über ihre Berufswünsche. Für drei ist die Sache klar: Pilot, Profifußballer, Informatiker. Der vierte winkt ab und verkündet: „Ich werde Opa." Und auf den Einwand „Is' doch kein Beruf" antwortet er: „Das ist nicht der Punkt. Mein Opa muss nichts tun und hat immer Geld."

Der Dialog ist fiktiv und einem Werbespot der Sparkassen entlehnt. Zitiert hat ihn der junge SPD-Bundestagsabgeordnete Hans Martin Bury in dem Aufsatz „Clash der Generationen"[1]. Was von der Bank als Lockruf zum Abschluss einer privaten Lebensversicherung gemeint war, wird bei Bury zur Anklage. Er hat zwar mittlerweile die Dreißig überschritten, fühlt sich aber dennoch als Champion im Kampf der Jungen gegen die raffgierige Koalition der genusssüchtigen und vor allem langlebigen Senioren, die zur Herbstzeit den Dauerurlaub auf den Seychellen antreten, während die Jugendlichen einem Winter voller düsterer Aussichten entgegenzittern.

Bury reitet nicht auf der Welle eines Generationenkampfs, aber seine Attacke drückt einen Wendepunkt aus. Das Verhältnis der Generationen zueinander gerät in Deutschland zunehmend unter den Druck der Ökonomie; Verteilungskämpfe überlagern, was man einst als spezifische Generationenkonflikte ansah. An zwei Politikfeldern lässt sich dieser Klimawechsel demonstrieren: den Auseinandersetzungen um die Rentenreform und um die Staatsverschuldung.

Da die Rentenkonstruktion in Deutschland dem „Umlageverfahren" folgt, wird den Rentnern ausbezahlt, was die Beitragszahler jeweils aufbringen. Die Rente selbst richtet sich nach den im Erwerbsleben erworbenen Ansprüchen und wird laufend dem durchschnittlichen Lohnniveau angeglichen. Bei den Jungen, die jetzt einzuzahlen beginnen, verstärkt sich das Gefühl, dass sie später selbst nicht mehr den Gegenwert ihrer Einzahlungen erhalten werden. Die Alten leben einfach zu lange, immer weniger Kinder werden geboren. Aber jeder Versuch, das Wachstum der

---

[1] In: „Die 68er – Warum die Jugend sie nicht mehr braucht", 1998 (Hg: Stiftung für die Rechte zukünftiger Generationen, SRzG).

Renten zu verlangsamen, stößt nach Meinung von Bury und anderen politischen Generationskämpfern auf erbitterten Widerstand der Begünstigten, deren Vertreter das politische System kontrollieren. Bei der Staatsverschuldung wirkt das gleiche Prinzip. Die Schulden, die die jetzt Erwachsenen produzieren, werden von den künftigen Generationen zurückzuzahlen sein.

Jenseits der Label, mit denen die Jugendforscher der Konsumindustrie eine angeblich immer rascher aufeinander folgende Generationenkette etikettieren, lassen sich doch in Deutschland seit dem Ende des Zweiten Weltkriegs in ihrem Habitus deutlich voneinander unterscheidbare Generationen ausmachen. Die Sozialforscher wie auch die journalistischen Handwerker unterscheiden erstens die Generation der „Flakhelfer", die als Halbwüchsige noch den Krieg erlebten, oft begeisterte Mitglieder in der Hitlerjugend, die später allen Heilslehren abschworen. Sie und die Generation der 50er sind von dem Soziologen Helmut Schelsky als „skeptische Generation" tituliert worden, wobei Skepsis nicht als durchgängiges Erkenntnisprinzip, sondern als Ablehnung totalitärer Mobilisierungsideologien verstanden und „rot" gleich „braun" gesetzt wurde. Beiden Generationen und den dezimierten Generationskohorten der Kriegsheimkehrer ist die Aufbauarbeit im Nachkriegsdeutschland zu danken. Die nächste Generation bilden die 68er, die zehn Jahrgänge von 1938 bis 1948. Der aktive Kern dieser Generation brach das Schweigen der Eltern über die Nazi-Zeit auf, verwarf die Werte des Wirtschaftswunders und kämpfte, wie die Altersgenossen in anderen Ländern auch, für eine solidarische, sozialistische Gesellschaft. Aus dem Projekt wurde nichts, aber das Resultat ihrer Kämpfe bestand in einem großen Demokratisierungsschub, in der „Zivilisierung" der Bundesrepublik Deutschland. Glaubten die 68er, mit und nach der Revolution sei alles möglich, so wuchs die Generation der 78er im Bewusstsein der drohenden Umweltapokalypse auf. Sie entdeckte die Natur und ihre Kreisläufe, schwor dem Wachstumsfetischismus ab, vertrat (im Gegensatz zur Militanz der 68er) das Ideal der Gewaltlosigkeit und wurde so zum Träger einer spezifischen Verantwortungsethik, allerdings auch einer latenten Zivilisationsfeindschaft, die sie mit der deutschen Jugendbewegung in den ersten Jahrzehnten des Jahrhunderts teilte.

Beide Generationen, die 68er und ihre Nachzügler in den 70er Jahren, verband der radikale Gegenentwurf zur bestehenden Gesellschaftsordnung und die Vorstellung, verantwortlich für das Gemeinwohl zu sein. Beiden Generationen erschien Glück wesentlich als öffentliches oder wenigstens im Rahmen der Öffentlichkeit erlebtes. Gerade aber hierin unterschieden sie sich von der ihnen nachfolgenden Generation.

Die 89er, die Jahrgänge also, die im deutschen Vereinigungsprozess groß wurden, gelten heute als realitätstüchtig, affirmativ gegenüber den Werten des Ellbogenkapitalismus, konkurrenzbewusst, erfolgsgestylt, ideologisch in ironischer bis aggressiver Distanz zum Utopismus der beiden vorhergegangenen Generationen. Dennoch mutet ihr Profil schemenhaft an, so als hätte ihr yuppiehafter Kern es nicht vermocht, die Vereinigungsgeneration im Ganzen zu prägen. Sie ist fast spurlos im Generationenloch verschwunden. Seit zwei Jahren stehen die jetzt 18- bis 25-Jährigen, die Generation der 99er, im Rampenlicht der professionellen Jugendforschung, der Politiker und last, but not least der Werbestrategen. Um sie geht es im Machtdiskurs der Jungpolitiker. Aber verhelfen sie dieser Generation tatsächlich zum Ausdruck?

Was bei einer Analyse empirischer Daten zur Generation der 99er am meisten frappiert: Der Untersuchungsgegenstand – die „Jugend" – wird immer weniger greifbar. Die einstmals klare Abgrenzung der Jugendphase als Zeitraum der schulischen und beruflichen Ausbildung, als Schonbezirk, verschwimmt. Ausbildungs- und Qualifikationsmaßnahmen erstrecken sich, vor allem im Osten Deutschlands, bis weit ins dritte Lebensjahrzehnt. Schwarzarbeit, Jobben und Aushilfe bei Familienbetrieben verzögern den Eintritt ins Erwerbsleben. Weil der Schritt zur finanziellen Selbstständigkeit immer schwieriger wird, werden Abhängigkeitsverhältnisse gegenüber den Eltern eingefroren, die Jugendlichen bleiben über Gebühr im Nest hocken, Heirat und Familiengründung werden hinausgeschoben. Auch der simple Bezug auf die Biologie, auf die Spezifika der Jugend, wird undeutlich in einer Gesellschaft, die zwar nicht von der Jugend, wohl aber von „Jugendlichkeit" beherrscht wird. So kommt es, dass die Attribute des Jungseins, seine Stile und Ausdrucksformen, in raschem Tempo von der jugendgeilen Erwachsenengesellschaft enteignet werden.

Unter dem Druck der Massenarbeitslosigkeit durchzieht die Sorge um die künftige berufliche Existenz das ganze Jugendalter. „Die gesellschaftliche Krise hat die Jugend erreicht", heißt es in der Studie „Jugend und Politik" des Jugendwerks der Deutschen Shell von 1997.[1] Die Erfahrungswelt der Arbeit bzw. der beruflichen Ausbildung und die Welt

---

[1] „Jugend 97. Zukunftsperspektiven, gesellschaftliches Engagement – politische Orientierungen", Opladen 1997 (Herausgeber: Jugendwerk der Deutschen Shell).

der Freizeit im Cliquenverbund driften auseinander. Stand einstmals die Jugendphase unter dem normativen Anspruch, die „Persönlichkeit" herauszubilden, so gestaltet sich heute die Identitätssuche immer schwieriger. Jugendliche wie Jugendbeobachter sprechen von der Bastelidentität, einer *bricolage*, die sich auch auf die einstmals festgefügte Geschlechterrolle erstreckt.

Nur auf diesem schwankenden materiellen Boden sind die empirischen Daten der Jugendforschung verstehbar. Aus ihnen ergibt sich das Bild einer Generation, die die Welt zwar mit Missvergnügen zur Kenntnis nimmt, sich aber so gut es irgend geht in ihr einzurichten versucht. Die Erwachsenengesellschaft wird als Gegenwelt zur eigenen, die Generationenbeziehung als „Macht- und Vernachlässigungsverhältnis" begriffen. Aber aus dieser Vorstellung der Gegenwelt folgt keinerlei aggressive Abgrenzung, vor allem nicht gegenüber den Eltern. Waren die Eltern in ihrer Jugendzeit feurige Rebellen, sind sie jetzt noch als Parteigänger von Rot-Grün Anhänger des schrittweisen Umbaus der Industriegesellschaft Richtung Ökologie, so wird dieses Engagement von den Jungen mit milder Ironie zur Kenntnis genommen, als Lichtjahre entfernt von der eigenen Lebenspraxis.

Scharf ausgeprägt ist die Ablehnung jeglicher institutionalisierter Politik. Auch das in Deutschland traditionell sehr ausgeprägte Vereinsleben, von Sportvereinen bis hin zu den Naturfreunden, unterliegt einem Prozess fortlaufender Auszehrung. Aus den ausführlichen, qualitativ angelegten Interviews geht hervor, dass ein Engagement in Umwelt-, Menschenrechts- oder multikulturell orientierten Gruppierungen hoch bewertet wird und auch gesellschaftliche Anerkennung bringt, vor allem aber „Spaß" machen muss. Wobei unter Spaß weniger Amüsement verstanden wird als Lebensfreude, Humor, Lockerheit, Produktivität durch die Erfindung neuer politischer Aktionsformen und selbstverantwortliche Arbeit unter Gleichaltrigen. Also alles Vorbedingungen, die bei den Jugendverbänden der politischen Parteien kaum anzutreffen sind. „Wenn du heute irgendetwas tust, dann tust du es nicht gegen die Gesellschaft, sondern weil du Spaß daran hast. Es gibt keine Trotzreaktion mehr gegen irgendwas", sagt eine junge Raverin im Interview der Shell-Studie. In der Antwort spiegelt sich der Verzicht auf die gesamtgesellschaftliche Perspektive ebenso wie ein individuelles Nutzen-Glücks-Kalkül. Aus diesem Kalkül folgt allerdings keineswegs die Tat, das Engagement in gesellschaftlichen Initiativen, die „Spaß bringen" könnten. Die Mitarbeit bei selbstbestimmten Basisinitiativen aller Art, Hauptkennzeichen der 78er

Generation, nimmt weiterhin ab. Gegenüber den hehren Zielen gibt es eine artige Verbeugung auf der Skala der Wertschätzungen, tatsächlich aber sind Fan-Clubs aller Art, vom Motorrad- bis zum Computerclub, auf dem Vormarsch. Die 99er Generation identifiziert sich nach wie vor prinzipiell mit postmateriellen Werten wie die Verteidigung der Umwelt oder der Menschenrechte. Doch folgen aus dieser Sympathie keine Taten.

Die Demokratie als Staatsform und die Ideale friedlichen Zusammenlebens auch unterschiedlicher Kulturen in der deutschen Gesellschaft werden hoch geschätzt. Allerdings existiert in den diversen Studien der vergangenen Jahre eine Leerstelle: Man erfährt sehr wenig über die Einstellungen zu den in Deutschland aufgewachsenen ausländischen Jugendlichen und umgekehrt zu den Haltungen der jungen Ausländer gegenüber den deutschen Altersgenossen. In letzter Zeit wird oft behauptet, insbesondere die türkischen Jugendlichen unterlägen zunehmend dem Einfluss fundamentalistischer (religiöser oder nationalistischer) Ideologien. Als Antwort auf die fehlenden Integrationsgebote seitens der deutschen Politik schotteten sie sich ab; darauf wiederum reagierten die deutschen Jugendlichen mit Angst und Ablehnung. Immerhin steht fest, dass auf der Ablehnungsskala bei den Umfragen nach wie vor Neonazis und Skinheads den ersten Platz einnehmen.

Gewalt als politisches Mittel wird verabscheut. Dieser Befund ist allerdings umstritten, denn eine Untersuchung, die speziell dem Ost-West-Verhältnis gewidmet ist, konstatiert im deutschen Osten eine erhöhte Gewaltbereitschaft, teils sogar Verständnis für die terroristischen Aktionen der neuen Rechtsradikalen.[1] Ansonsten aber scheinen sich die Einstellungen und Erwartungen der Jugendlichen in den beiden Teilen Deutschlands immer mehr anzunähern. Auch im Osten herrscht die Meinung vor, dass nolens volens jedermann der Schmied seines eigenen Glückes werden müsse und von kollektiver Aktion nichts zu erwarten sei.

Eine Unzahl sich überkreuzender Szenen, Stile und Ausdrucksformen durchzieht diese Generation der 99er, so dass es schwer fällt, sie zu einer Art Panorama zusammenzufügen. Auch eine klassenmäßige Differenzierung führt in die Irre, weil vormalige Ausdrucksmittel der Unterklasse, wie sie die Scater mit ihrem typischen Outfit oder die Rapper mit ihrem HipHop praktizierten, sich längst über alle sozialen Milieus hinweg

---

[1] Gerhard Schmidtchen, „Wie weit ist der Weg nach Deutschland? Sozialpsychologie der Jugend in der postsozialistischen Welt", (Im Auftr. des Bundesministeriums für Familie, Senioren, Frauen und Jugend), Opladen (Leske und Budrich) 1997.

verbreitet haben. All diesen sich vermischenden Stilen und Formen sind allerdings zwei Elemente gemeinsam: Sie verzichten auf Artikulation in der Form von Begründungen, sei's in Gestalt von Texten, sei's in kohärenter Rede. Und sie sind vollständig durchkommerzialisiert.

Gerade die Interpretation dieser beiden letzten Eigenschaften ist Gegenstand heftigen Streits unter Wissenschaftlern, aber mehr noch unter Politikern. Die 68er und 78er sehen in der „Diskursferne" ihrer Kinder und Enkel eine apolitische, angepasste und konsumverfallene Grundhaltung. Die Jungen sind für sie Konsumäffchen, Egomanen, die sich narzisstisch in Szene setzen. Joschka Fischer, der beim langen Marsch von der Revolution zum ökologischen Reformismus auf der Regierungsbank gelandet ist, attestiert den 99ern Laschheit und mangelndes Engagement für ihre eigene Zukunft. Trotz oder gerade weil die führenden Köpfe der beiden Protestgenerationen sich so trefflich mit den deutschen Verhältnissen arrangiert haben, fordern sie von den Jungen den politischen Aufbruch.

Die Kritiker und Mahner, die den Diskurs über die Jugend beherrschen und überwachen, sind freilich dieselben, die dank ihrer Machtstellung die Streitthemen festlegen, Distinktionen treffen, ein- und vor allem ausgrenzen. Sie behaupten die Definitionshoheit über das, was „politisch" ist. Diese angemaßte Diskurshoheit steht im Zentrum des Gegenangriffs derer, die die 99er verteidigen oder wenigstens ihren Habitus angemessen zu erklären versuchen. Für sie ist nicht die Jugend politikverdrossen, sondern die politischen Eliten sind jugendverdrossen. Gerade in der Weigerung, das politische Terrain zu betreten, sich politisch auszudrücken, zeige sich die Gegenwehr angesichts der allgegenwärtigen, allzuständigen politischen Suada der Altvorderen.

Gegen die Inszenierung des herrschenden Diskurses steht die Inszenierung des eigenen Körpers. In ihrem brillanten Essay „Electronic Vibration" sieht die Tänzerin und Soziologin Gabriele Klein[1] diese Inszenierung als eine der wenigen Felder an „auf denen sich die Jugendlichen vor den Nachahmungseffekten des Markts für die Erwachsenen schützen können". Vom „politischen Körper" der 68er über den „Naturkörper" der 78er führt der Weg zum „Kunstkörper" der 99er, den man nicht einfach hat, sondern an dem es ständig zu arbeiten gilt. „Der Leib", so resümiert Klein, „erscheint als Garant für das Eigene und Echte, als das letzte ma-

---

[1] Gabriele Klein, „Electronic Vibration: Pop-Kultur-Theorie", Hamburg (Rogner & Bernhard bei Zweitausendeins), 1999, siehe auch das Interview, „Körper machen Leute" in der *taz* vom 2. Juli 1999.

teriell fassbare Substrat, an das sich Erinnerungen ablagern und das die Gegenwart unmittelbar spürbar werden lässt."

Im Streit um die Berliner „Love Parade", die jährliche große Zurschaustellung der Körper, konzentriert sich der Gegensatz von politischem Anspruch und dem Wunsch authentischer Selbstdarstellung. Die Berliner Raver sind nicht identisch mit der 99er Generation. Aber die Hoffnung auf die Rückkehr zur Politik wird sich wohl mit dem Gedanken trösten müssen, dass auch Kunstkörper welken und einer neuen Generation Platz machen müssen – ein Schicksal, in das sich, nach allem, was wir über sie wissen, die Generation der 99er klaglos fügen wird. Bleibt die bohrende Frage, ob die Tendenz zur Entpolitisierung und zur schroffen Trennung der Lebenssphären von Arbeit und Freizeit sich in den nächsten Jugendgenerationen fortsetzen wird. Auch wenn die Erosion der Jugendphase und ihrer zeitlichen Grenzen andauert, spricht wenig dafür, dass den 99ern als Elterngeneration erspart bleiben wird, was bislang alle Väter und Mütter erdulden mussten: Abkehr, Abgrenzung und der Versuch des Neubeginns seitens ihrer Kinder. Und warum sollte nicht auf die Abkehr von den großen, gesellschaftlichen Lösungsversuchen seitens der 99er im Zeichen des Generationenkonflikts eine erneute Hinwendung zum „Ganzen" folgen? Um ein Wort von „Väterchen" Stalin zu variieren: „Die Generationen kommen und gehen, aber das Große Problem, die Zukunft der Arbeitsgesellschaft, bleibt bestehen."

Le Monde diplomatique vom Oktober 1999

Säuberliches Dafür und Dagegen

Kurze Geschichte eines deutschen Lasters: der Distanzierung. Die Staatsmacht grenzte Gegner aus. Die Ausgegrenzten übernahmen diesen Mechanismus

So lange es die Bundesrepublik Deutschland gibt, folgt jedem politischen Protest sein Schatten: der Zwang zur Distanzierung. Zur Zeit des Kalten Krieges hatte der Gewerkschafter von seinem kommunistischen Kollegen abzurücken, der Gegner der Atombombe tat gut daran, sich vom Friedensfreund mit östlichen Neigungen abzugrenzen. Damals funktionierte der Waschzwang, zu Zeiten der außerparlamentarischen Opposition in den 60er Jahren wurde es schwieriger, ihn durchzusetzen. Aber der kategorische Imperativ der Distanzierung blieb.

Seit den ersten, überaus harmlosen Sitzblockaden auf der geheiligten Kreuzung Westberlins, am Kranzler-Eck, vernahm man seitens der Regierung wie seitens der Presse die immer gleiche Litanei: Distanziert euch! Liebe übergroße Mehrheit der Protestler, die ihr wohl erzogen, bienenfleißig und dem Gemeinwohl zugetan seid, sagt euch einfach los von der kleinen, radikalen Minderheit. Dann werden eure Forderungen offene Ohren finden. So die Botschaft. Erstaunlicherweise funktionierte sie lange nicht. „Wir sind eine kleine, radikale Minderheit" avancierte, gerade bei Großdemonstrationen, zu einem Lieblingslogan der APO.

Warum? Warum klebten Linke aller Schattierungen, Liberale, Christen nicht zu vergessen, so zäh aneinander, warum ertrugen eine Reihe sanfter Professoren, ohne zu murren, die oft brachialen Aktionen auf dem Campus und später in der Innenstadt, statt sich der Fronde der Verteidiger von Recht und Ordnung, den Rettern der Wissenschaft anzuschließen? Sicher war Fürsorglichkeit im Spiel, das Bedürfnis, Bedrängte nicht allein zu lassen. Aber das entscheidende Motiv für die Weigerung, sich abzugrenzen, kam aus der Einsicht in eine verhängnisvolle Konstante der deutschen Geschichte.

Deutschland war schnell und spät zur Großmacht aufgestiegen, ebenso schnell erfolgte der Absturz bis zur schließlichen Katastrophe Nazideutschlands. Die Klassengegensätze und politischen Gegnerschaften hatten nie jene zivilisierte Form angenommen, die für die klassischen Demokratien des Westens charakteristisch war. In den Augen der deutschen politischen Elite galt der bewaffnete Arm der Staatsmacht als Inbegriff der Souveränität. Das Denken war vom Gewaltfetisch beherrscht.

Der wurde im Tempel „staatliches Monopol der Gewaltausübung" an-
gebetet. Jeder Kratzer an diesem Gewaltmonopol, zum Beispiel durch
rechtverletzende Aktionen des zivilen Ungehorsams, wurde deshalb als
Ungeheuerlichkeit empfunden.

In den Demokratien des Westens existierte eine lange Übung, radikale
Strömungen in die Gesellschaft einzubinden und, wenn möglich, schritt-
weise zu assimilieren. Weshalb beispielsweise die Kommunisten stets ins
Kontinuum der radikalen Demokraten gestellt, in Frankreich etwa als
Nachfahren der Sansculotten angesehen wurden.

Nicht so in Deutschland. Die innerstaatliche Feinderklärung zielte auf
ein säuberliches Dafür oder Dagegen. Der politische Gegner musste auf-
geben oder sah sich ausgegrenzt. Es war einfach politisch illegitim und
moralisch unanständig, sich außerhalb einer bestimmten, engen Band-
breite von politischen Überzeugungen zu bewegen. Die Berufung auf die
Normen des Grundgesetzes seitens der Machtelite war Schein. Denn die
christlich-abendländischen Werte, die man als Fundament der Verfassung
ansah, galten als jeder Rechtsnorm vorgelagert. Wer ihnen nicht genüg-
te, wurde zum „Verfassungsfeind", ein Terminus, der sich bezeichnenderweise im Grundgesetz nicht findet.

Je schärfer, je unangemessener die Staatsmacht auf die politischen Aktionen der Protestierenden reagierte, desto größer wurde die Gefahr,
dass der Mechanismus der Ausgrenzung von ihren Opfern übernommen
wurde. Statt die monströse Kriegserklärung der Machteliten ins Leere
laufen zu lassen, sie der Lächerlichkeit preiszugeben, erklärte man post-
wendend ebenfalls den Krieg. Der politische Gegner wurde nicht mehr
als Mensch respektiert, sondern auf seine Funktion als „Charaktermaske"
des Kapitals reduziert. Hinter dieser Maske aber verbarg sich nichts Ach-
tenswertes mehr.

Zwischen den Gründern der RAF und vielen Aktivisten der APO, darunter keineswegs nur den linken Radikalen, existierte anfangs nicht der
Abgrund, der heute gern beschworen wird. Soll, kann man sich „von
unseren Leuten" distanzieren und damit das Spiel der Mächtigen spielen?
Letzten Endes war es die RAF selbst, die Selbstherrlichkeit, mit der sie
Diskussionen über die Legitimität des Terrors verweigerte, ihre Methode, erpresserisch Solidarität zu erzwingen, die die Distanzierung zum
einzigen Ausweg machte.

War das der ehern vorgezeichnete Weg? Ich fürchte, ja. Den radikalen
Linken war eine andere Form der Distanzierung abhanden gekommen:
die Fähigkeit, sich selbst in der Distanz zu sehen, ein richtiges Verhältnis

zwischen „Engagement und Distanzierung" zu finden, wie es der Sozio-
loge Norbert Elias formulierte. Man sah sich innerhalb einer weltweiten
revolutionären Bewegung, die überall und gleichzeitig die Welt überrol-
lend, eine ununterbrochene Anspannung der Kräfte verlangte. Das war
anstrengend, aber lustvoll. Ein Sieg der politischen Imagination über die
realen Verhältnisse. Eine Pause? Auf keinen Fall! Undenkbar vor allem
eine Denkpause. Gerade die aber wäre bitter nötig gewesen.

Soll man sich, vor allem als Person des öffentlichen Lebens, von den
Elementen seines eigenen Lebens öffentlich distanzieren, die dem heutigen Blick als verwerflich erscheinen? Entgegen der Auffassung, wonach
die Biografie aus lauter unverbundenen Neuanfängen besteht, streben
wir alle nach so etwas wie einer Ich-Identität im Lebenszyklus.

Deshalb ist es ganz unsinnig, sich im Sinn eines Reinigungsrituals von
Teilen der eigenen Biografie einfach loszusagen. Wir sollen erklären, wie
alles zusammenhängt, was fortwirkt, was überwunden wurde. Dazu bedarf es nicht der kniefälligen Distanzierung, sondern der Selbstdistanz.
Auf sie hoffen wir weiterhin bei Fischer wie bei Trittin.

taz vom 27. Januar 2001

Das gute Leben günstig

Aristoteles im Schnäppchen-Angebot:
Die Lebensmittelmärkte von Kaiser's/Tengelmann
versprechen „das gute Leben – günstig". Der Slogan
offenbart: Werbetexter können subversiv sein

„Das simple Leben lebe, wer da mag. / Ich habe (unter uns) genug davon. Kein Vögelchen von hier bis Babylon / vertrüge diese Kost nur einen Tag." So Mackie Messer in Brechts Dreigroschenoper und so auch
ingrimmig mancher Kollege der *taz*, nachdem er zum tausendsten Mal
seine Mittagspause im Vertragslokal mit Pasta und Tomatensauce verdor-
ben hat.

Und das, wo doch das Gute so nahe ist, um die Ecke, dazu noch
flächendeckend in Berlin präsent. Vorbei geht's am Umsonst-Stand der
Berliner Zeitung und an zwei desinteressierten jugendlichen Schnorrern
plus Hund, schon öffnet sich die gläserne Pforte und Kaiser's/Ten-
gelmanns Reich umfängt uns mit dem Wahlspruch „das gute Leben –
günstig".

Na wenn schon, könnten wir, die der Reklame Überdrüssigen, antworten und vielleicht noch einen weiteren Vierzeiler hinzufügen, einen
von Kurt Tucholsky diesmal, mit dem er in den Zwanzigerjahren auf ein
Preisausschreiben der Firma Tengelmann reagierte:

„Ach lieber, guter Tengelmann / Was geht mich all Dein Kaffee an /
Und Deine Teeplantage / Ach leck … … … …"

Die plakatierten Sonderangebote, die niedlichen Bananen und Toma-
ten, die uns heute selbstlos und mit aufmunterndem Grinsen zum Verzehr auffordern, sie lassen uns kalt, während uns die Verheißung vom
guten Leben merkwürdig anrührt.

Genau dies zu erreichen war das Ziel von Mirko Vasata, dessen Werbe-
agentur Vasata & Schröder von Kaiser's mit der Erfindung eines verkaufs-
fördernden Slogans beauftragt worden war. Scharfsinnig hatte Vasata fest-
gestellt, dass ein hauptsächlich aus Frauen bestehendes Einkaufspublikum
auf keinen Fall mit aggressiven und dabei noch höchst umstrittenen Parolen traktiert werden dürfe. „Geiz ist geil" beispielsweise zielte auf die
Heerschar harter Männer, das vorwiegende Einkaufspublikum einer Firma, die nicht umsonst den Namen des gewalttätigen und dunklen Gottes
Saturn trägt. Geiz zählt zudem auch im nachchristlichen Verständnis zu
den Kardinaluntugenden. Ganz abgesehen davon, dass Sparpropaganda in

Zeiten der Stagnation für die Gesamtheit der Unternehmer nichts anderes bedeutet als sich ins eigene Fleisch zu schneiden.

Als nun Vasata die Idee vom „guten Leben" aufgriff, ließ er sich von der Überlegung leiten, wie auf sanfte Weise die „Konsumzurückhaltung" des Kaiser's/Tengelmann-Publikums überwunden werden könne, und stellte sich die Frage: Zu welchem Ziel konsumieren wir eigentlich?

Einfach, um einem dringenden, wiederkehrenden Bedürfnis abzuhelfen? Nein! Vasata antwortet: Um des guten Lebens willen. Er behauptet nicht, dass „das gute Leben" identisch sei mit gutem Essen und Trinken. Aber beides gehöre dazu. Freilich in Maßen, genau die Mitte haltend zwischen zwei gleich gefährlichen Lastern, dem Geiz und der Verschwendung. Die Produkte aber, die Kaiser's Vasata zufolge anbieten soll, können nicht billig sein, denn das würde der Gesundheit schaden, die zu erhalten schlicht die Voraussetzung des guten Lebens bildet. Aber „günstig" müssen sie sein, womit nicht nur der Preisvergleich angezielt ist. Denn in „günstig" schwingt die Gunst der Götter mit, die auf denen ruht, die das gute Leben führen.

Spätestens jetzt wird klar: Wir wechseln aus dem Reich der Warenästhetik in das der Ethik, und Vasata ist unser kundiger Fährmann. Wie dies?

Das „gute Leben" ist ein Zentralbegriff, den Aristoteles in seiner „Politik" wie in der zwecks Erziehung seines Sohnes verfassten „Nikomachischen Ethik" entwickelte. Die Basis seiner Überlegungen bildet ein System der Bedürfnisse, das uns allen eignet. Wir alle wollen essen, trinken, uns kleiden, spielen, unsere Sexualität ausleben. Wir alle suchen, obwohl wir ihrer ständig überdrüssig sind, nach Gemeinschaft, wollen mit-leiden, uns mit-freuen. Und wir wollen unser Leben planvoll gestalten, wozu uns die praktische Vernunft befähigt. Sie allein ist es, die uns dazu bringt, die Frage nach dem guten Leben zu stellen und sie – soweit möglich – auch in unserer Lebensführung zu beantworten. Denn wenn es keine unseren Bedürfnissen korrespondierenden Fähigkeiten gäbe, die wir *potenziell* in der Lage sind zu entwickeln, wäre es um unser Mensch-Sein schlecht bestellt.

Für Aristoteles ist das gute Leben eng verbunden mit der Muße. Muße ist keineswegs Nichts-Tun. Wir sind nach ihm aufgerufen, die Muße in Würde zu verbringen, an unseren Tugenden zu feilen, die sich anschließend im Alltagsleben bewähren sollen. Hier gilt es, unter Vermeidung der Extreme, stets das rechte Maß zu finden. Für Aristoteles ist ein erfolgreich gestaltetes gutes Leben unvereinbar mit dem Schicksal täglicher Plackerei.

Um sich den vornehmsten tugendhaften Tätigkeiten, dem Philosophieren und dem Dienst an der Polis, widmen zu können, bedarf es der
Sklaven und der Frauen, die sich um den Haushalt (griechisch: *oikos*)
kümmern. Wenig erfreulich, aber zur Zeit der athenischen Polis mit
ihrer demokratischen Fassade wenigstens ein ehrliches Eingeständnis:
Muße setzte Sklavenarbeit voraus.

Karl Marx, ein lebenslanger, linker Aristoteliker, war hier weniger
streng. Da er den Fortschritt der Produktivkräfte in Rechnung stellte,
konnte er Muße für alle als realistisches Projekt ansehen. Auch für ihn
siedelte das Reich der Freiheit jenseits der (vernünftig zu organisieren-
den) Werkeltagsarbeit. Aber neben Philosophieren und anregender Lektüre waren auch Jagen, Fischen, Musizieren und Spielen angesagt.

Praktizieren wir eigentlich Muße, wenn wir in Kaiser's / Tengelmanns
Supermarkt herumschlendern, stets bereit, dem Versprechen des guten
Lebens unsere schwachen Finanzressourcen zu opfern? Für Aristoteles
wäre das eine lächerliche Frage gewesen. In Ruhe und bedachtsam, um-
rahmt von interessanten Erörterungen und ab und zu von einem Schluck
Rotwein unterbrochen, sich über einen Rehbraten herzumachen, mag
gerade noch den Anforderungen der Muße genügen. Aber Einkaufen?
Treten wir bei Tengelmann etwa ins Reich der Wahlfreiheit ein, wo die
schönen, wahren und guten Produkte unserer begründeten Auswahl har-
ren? Keineswegs. Wir leiden nicht nur an mangelnder Kaufkraft, sondern ebenso an dem Widerspruch zwischen dem Versprechen vom guten
Leben und dem Zustand beziehungsweise der Präsentation dessen, was
uns oft genug hier erwartet. Und ist es nach den Lehren der Alten nicht
ratsam, unnötiges Leid zu vermeiden?

Und doch eröffnet dieser Widerspruch zwischen Vasatas Slogan und
der bitteren Realität den Raum für philosophische, also der Muße an-
gemessene Grübeleien. Die Vorstellung vom guten Leben zu Beginn des
Jahres 2004 unterscheidet sich beträchtlich von dem, was unsere Eltern
und Großeltern jemals zu erreichen hofften. Bedürfnisse sind nicht kon-
stant, sie folgen der Entwicklung der Produktivkräfte, dem gesellschaftlich produzierten, objektiv zur Verfügung stehenden Reichtum.

Der junge Marx pointierte den Ausgangspunkt dieser Entwicklung
folgendermaßen: „Für den ausgehungerten Menschen existiert nicht
die menschliche Form der Speise, sondern nur ihr abstraktes Dasein als
Speise, ebenso könnte sie in ihrer rohesten Form vorliegen, und es ist
nicht zu sagen, wodurch sich diese Nahrungstätigkeit von der tierischen
unterscheidet." Mittlerweile haben wir es zu einem beträchtlichen Un-

terscheidungsvermögen gebracht. Aber diesen unseren verfeinerten Bedürfnissen stehen keine Realisierungschancen gegenüber. Und wie bei Kaiser's/Tengelmann, so in der gesamten Gesellschaft.

Wir sehen schon, dass Vasata sich als subversiver Denker erweist. Denn das Versprechen des guten Lebens enthält einen Rückbezug auf objektive, gesellschaftlich vorgegebene Standards. Es misst das jeweils Erreichte an dem, was zu erreichen wäre, wenn es wirklich darum ginge, die in den Menschen zu einem gegebenen Zeitpunkt angelegten Fähigkeiten zu entwickeln.

Wer, wie Vasata, Aristoteles folgt, der kann sich nicht mit Geldtransfers für konsumschwache Bürger begnügen und dann glauben, der Gerechtigkeit sei Genüge getan. Das gute Leben umgreift alle Lebensbereiche. Und gehaltvolle Muße, nicht die erzwungene arbeits-lose Zeit, wäre heute für alle möglich.

taz vom 3. Januar 2004

Die stille Stadt Brilon

In der Heimat von Friedrich Merz
wollen alle ihre Ruhe – selbst die SPD

Am Tag, nachdem das Fax gekommen ist, sitzt SPD-Bürgermeister Franz Schrewe im Rathaus und hat Schnupfen. Schrewe ist ein breiter Mann in grauem Anzug, er schnäuzt sich in ein Stofftaschentuch und meint dann: „Ich halte lieber den Ball flach. Die Sprüche von Herrn Merz waren Wahlkampfgetöse. Die hätte er sich wohl besser sparen sollen. Er hat jetzt bei mir angerufen und wollte die Sache geraderücken. Dann kam das Fax. Na ja. Ich bin nicht so der Typ, der draufhaut. Ich will in Frieden hier meine Arbeit erledigen. Mehr sage ich dazu lieber nicht." Er packt sein Taschentuch weg.

Das Fax flatterte in die Stille der sauerländischen Kleinstadt Brilon. Das Fax kommt am Mittwochnachmittag. Friedrich Merz, der stellvertretende Fraktionsvorsitzende der CDU in Berlin, hat es geschrieben, und langsam schieben sich die Seiten aus dem Gerät, das im Rathaus der Stadt Brilon steht. Diese Presseerklärung könnte bedeuten, dass es mit der Ruhe in Brilon jetzt ein Ende hat.

Ihren Anfang nahm die Ruhe am 6. Januar, dem Dreikönigstag. An diesem Tag war der Bundestagsabgeordnete Friedrich Merz in einer Halle in seiner Heimatstadt Brilon vor den örtlichen CDU-Mitgliedern gestanden, der Auftritt des CDU-Spitzenpolitikers wurde auf Großleinwand projiziert. In seiner Rede sagte Merz, es gelte „das rote Rathaus in Brilon zu stürmen". Ihn erfülle es mit „tiefem Grausen", dass ein „roter Bürgermeister" in Brilon regiere. Dann führte er seinen Großvater an, der hier von 1917 bis 1937 Bürgermeister war. Am 26. September wird in Brilon ein neuer Bürgermeister gewählt, und Merz wollte dem lokalen CDU-Kandidaten Mut machen. Er sprach dann noch ein wenig über die Abschaffung der Gewerbesteuer und die EU-Osterweiterung.

Seine Worte fielen ins Nichts. Wegen dem Sturm aufs Rathaus und dem Großvater waren einige ältere Männer im Saal etwas blass geworden, betreten guckten sie auf die Schuhe, die Hände im Rücken verschränkt, erzählt ein Teilnehmer hinterher. Aber sie hielten den Mund. Damit begann das Schweigen in Brilon.

Es gab ein paar wenige im Ort, die sich über Merz' Rede aufregten. Ein Zivildienstleistender schrieb einen Leserbrief an die Lokalzeitung. In dem Brief empörte er sich, dass Merz sich eines Großvaters rühmte, der sich

offenkundig von der NSDAP hatte vereinnahmen lassen. Die SPD-Frak-
tion im Stadtrat beschwerte sich über die Wortwahl des Bundestagsabge-
ordneten und Fraktionsvize. Aber das Schweigen der CDU war stärker.

Es begann bei Reinhard Mainzer, CDU-Mitglied und stellvertreten-
dem Bürgermeister, der bis heute erklärt: „Ich gebe zu den Äußerungen
von Herrn Merz keine Stellungnahme ab." Auch die anderen CDU-Mit-
glieder im Stadtrat hielten es für klüger, nichts zu sagen.

Das Schweigen kam über die Redaktion der Lokalzeitung, die nicht
mehr von der Sache berichtete, obwohl bekannt wurde, was Historiker
aus dem Ort über den Großvater von Friedrich Merz herausgefunden
hatten: dass dieser während der NS-Zeit zumindest ein Mitläufer war.
Das Stillhalten erfasste auch die Rentner auf dem Marktplatz, die wink-
ten und riefen: „Das ist alles Blödsinn!" Sogar Bürgermeister Schrewe
wollte sich zu der Rede nicht äußern. Dabei hatte Merz ihn offenbar im
Blick gehabt bei seinem Satz vom „roten Rathaus". Das Schweigen hatte
sich eingenistet in Brilon.

Bis das Fax kam. Friedrich Merz hat eine Presseerklärung nach Brilon
geschickt. Auf drei getippten Seiten räumt er ein, dass sein Großvater bei
der NSDAP war und in die Reserve der SA eingetreten ist. Das ist ein
unerwartetes Eingeständnis, nachdem Merz erst am Tag zuvor in einer
Zeitung, fern in Berlin, den Großvater eine „beeindruckende Persönlichkeit" und einen „erfolgreichen Bürgermeister" genannt hatte. Doch
die Akten über seinen Großvater sind eindeutig, das zuständige Archiv in
Düsseldorf hat sie am Morgen herausgegeben.

Die Neuigkeit könnte sich in Brilon verbreiten. Die Menschen könnten darüber reden.

Brilon im Sauerland ist eine Kleinstadt mit 28.000 Einwohnern und
Fachhäusern wie im Bilderbuch. Der Höhepunkt des Jahres ist das Schüt-
zenfest im Sommer. Im Winter unterhalten sich die Leute von Brilon auf
der Straße über Fußball und das Fernsehprogramm. Im Stadtrat wird
über Bebauungspläne entschieden. Die Lokalzeitung berichtet über die
Verkehrsunfälle auf den örtlichen Bundesstraßen. Die sozialdemokrati-
sche Fraktion im Stadtrat ist sich noch nicht einig, ob sie auf das Fax von
Herrn Merz überhaupt reagieren soll.

Die Lokalzeitung hat unter der Überschrift „Merz wehrt sich gegen
die infame Ehrverletzung" die Presseerklärung von Friedrich Merz zu
einem Artikel verarbeitet. Auf der Straße tragen die Leute ihre Einkäu-
fe nach Hause, sie gucken erstaunt und sagen: „Friedrich Merz? Ja, den
kenn ich. Das ist ein netter Kerl!"

In „Starkes Bierbar" am Marktplatz stehen zwei Männer am Tresen. Mit der Ernsthaftigkeit von Menschen, die viel getrunken haben, halten sich die Männer an der Theke fest, einer brüllt los: „Ich sage offen und ehrlich meine Meinung, und ich sage, dass ist ein Haufen Dreck, der Friedrich Merz und seine Sprüche!" Sein Kumpel winkt ab. Er meint: „Das ist doch die beste Werbung, die er für unsere SPD machen kann. Da hat er mal wieder ein schweres Eigentor geschossen, der Friedrich Merz."

taz vom 23. Januar 2004

Das Geschäft mit dem Vertrauen

Wer den Vertrauensverlust als zentrales Problem deklariert, will schlicht die Logik der Profitmaximierung retten und über Verantwortlichkeit schweigen

Noch vor Kurzem hatte Jan Philipp Reemtsma in seinem Werk „Vertrauen und Gewalt" resümiert: „Unsere Gesellschaften sind vertrauensselig." Und jetzt?

Der Bankkunde vertraut nicht mehr seinem Kreditinstitut, die Banken haben im Verkehr untereinander jedes Vertrauen eingebüßt, und an allen Ecken der Gesellschaft kriecht Misstrauen gegen die Funktionsweise des gesamten Wirtschaftssystems und gegen die von ihm errichtete Vertrauensfassade hoch. Allerorten ist vom Verlust des Vertrauens die Rede und wie es, bitte, zurückgewonnen werden kann.

Die inflationäre Nutzung des Vertrauensbegriffs zur Beschreibung der Krise hat ideologische Gründe. Denn wer einen psychologischen Befund, den Vertrauensverlust, zum eigentlich krisenantreibenden Motor erklärt, kann es sich leicht ersparen, über dessen systemische Ursachen nachzudenken. Es reicht, die Gier der Banker anzuprangern, die bei ihren Risikogeschäften jede „Bodenhaftung" verloren hätten. Folgt man der „Berliner Rede" des Bundespräsidenten Köhler, so ist den Bankern das Bewusstsein für das „was man einfach nicht tut", abhandengekommen. Der gute alte Bankier ist zum Banker degeneriert, dem Geldwertstabilität, Respekt vor dem Sparer und langfristiges Denken schnuppe sind.

In der ständigen Rede vom Vertrauensverlust werden absichtsvoll die verschiedenen Bedeutungsebenen des Vertrauensbegriffs verwischt. Wir aber unterscheiden persönliche Vertrauensverhältnisse, beispielsweise im Freundeskreis. Diese Art von Vertrauen baut sich langsam auf, bedarf steter Erneuerung und funktioniert stabil.

Von dieser Art von Vertrauen ist das Zutrauen zu unterscheiden, das wir zum „normalen Gang" der Ereignisse haben. Zutrauen betrifft zum einen Ereignisse, auf die wir keinerlei Einfluss nehmen können, denen wir aber doch unterliegen, und solche, in die wir, wenngleich meist passiv, als Akteure involviert sind. Wenn wir generell in der Gesellschaft darauf setzen, dass der Laden schon laufen und der Normalfall eintreten wird, sprechen wir von Systemvertrauen.

Personales Zutrauen ist nicht so leicht zu erschüttern, während das Zutrauen in den Normalfall rasch verloren gehen kann. Von personalem

Vertrauen und dessen Verlust angesichts der Finanzkrise zu sprechen stellt ein Verdunklungsmanöver dar. Verantwortlichkeiten bleiben unbenannt. Vielmehr wird an einer Pseudopersonalisierung, einem Stereotyp gearbeitet. Sobald die vertrauenerschütternde Gewissenlosigkeit „der Banker" feststeht, braucht von der Krise des Systemvertrauens keine Rede mehr zu sein.

Der Köhler'sche Gegensatz von solidem, vertrauenswürdigem Bankier und gewissenlosem Banker ist sentimentaler Humbug. Noch stets war der Umgang mit Kunden im Bankgeschäft dem Primat der Profitmaximierung untergeordnet. Stets war das Risikogeschäft Bestandteil der Profitorientierung, und Spekulationsblasen sind keine Neuerscheinung, sondern begleiten seit der frühen Neuzeit den Aufstieg des Kapitalismus. Die Bankiers kalkulierten stets das Risiko, die heutigen Banker, die mit Risikopapieren handeln, kalkulieren ebenfalls. Ihr Problem bestand darin, dass ihre Kalkulationsgrundlage, der Value at Risk (VaR), einer Vorstellung der statistischen Normalverteilung von Risiken folgte, die sich als fehlerhaft erwies.

Die Banker folgten anerkannten Wissenschaftlern auf dem Gebiet der Wahrscheinlichkeitsrechnung, darunter Nobelpreisträgern. Sie vertrauten nicht dem Glück des Zockers, sondern dem Expertenwissen, das war ihr Problem. Sie wiegten sich bei der Wahl des VaR in einer falschen Sicherheit, die sie, wie Wolfgang Münchau in seiner hervorragenden „Kernschmelze des Finanzsystems" herausgestellt hat, ermutigte, noch riskantere Geschäfte einzugehen. Dieser Rückkopplungseffekt führte dazu, dass Risiken permanent unterschätzt wurden.

Der Rekurs auf die Bankerpsyche hat geringen Erklärungswert. Stets war das Hauptmotiv der Maximalprofit in möglichst kurzem Zeitraum. Mag der Entscheidungsspielraum der Banker beträchtlich gewesen sein, sie handelten im Interesse ihrer Bank. Es ist falsch, zu behaupten, erst das Jonglieren mit Risikopapieren hätte den Zusammenhang der Finanzsphäre mit der Realökonomie aufgelöst und die Banken in den Abgrund gerissen. Das immer risikoreiche Geschäft im Finanzsektor war stets Reaktion auf die Entwicklung der Realökonomie und die dort tendenziell fallende Profitrate.

Misstrauen und Vertrauen gehören, wie Remtsma in „Vertrauen und Gewalt" erläutert hat, zusammen, das eine ist ohne das andere nicht denkbar. In Alltag und in persönlichen Beziehungen zeigt sich diese Zusammengehörigkeit, diese Komplementarität. Wer durchgängig misstrauisch ist, kommt ebenso wenig zurecht wie jemand, der stets grenzenloses Vertrauen praktiziert. Beide extremen Verhaltensweisen gelten als irrational. Das Misstrauen der Kunden gegen ihre Banken und der Banken untereinander folgt hingegen nicht aus irrationalem Verhalten, kein Herdentrieb bestimmt es, sondern das rationale Kalkül der Profitsicherung.

Wie aber steht es mit dem jetzt um sich greifenden Verlust des Vertrauens ins kapitalistische Finanzsystem, also einem zentralen Bestandteil des Systemvertrauens? Als ob es nie die Doktrin gegeben hätte, nach der der Staat sich tunlichst aus der Ökonomie heraushalten sollte, tritt jetzt dieser Staat als vertrauenswürdiger Bankenretter auf. Ja, er greift sogar zum bislang verteufelten Mittel der Verstaatlichung. Dies als einen Schritt zur Bildung von Vertrauen ins Wirtschaftssystem anzusehen, gar als Verteidigungsbastion für die betroffenen Lohnabhängigen, wäre ein grober Irrtum, dem allerdings auch kaum jemand erliegt. Dass der Staat in unserem Wirtschaftssystem Verluste sozialisiert, um anschließend Gewinne wieder zu privatisieren, ist kein Geheimwissen. So etwas hört man an jeder Straßenecke.

Für die Zukunft hat die Koalition zwei Zaubermittel parat: Transparenz und Kontrolle. „Vertrauen" so schrieb dieser Tage die SPD-Präsidentschaftskandidatin Gesine Schwan, „bedarf stets auch der Kontrolle." Ein spätes Bekenntnis zu Lenin, von dem das Diktum „Vertraue, aber prüfe auch!" stammt.

Schon jetzt zeichnet sich ab, dass keine der vorgeschlagenen internationalen Kontrollmaßnahmen in die Tat umgesetzt werden wird. Auch verstaatlichte Banken werden der Logik der Profitmaximierung und damit den Risikogeschäften folgen müssen. In dieser Situation kann das massenhaft aufkeimende Misstrauen gegen das System zwei Formen annehmen. Die rechte, die sich in populistischen Redensarten gegen „die da oben" ergeht und antidemokratische Leidenschaften anstachelt. Und eine linke, die auf kämpferische Selbstorganisation setzt und dafür eintritt, dass die Lasten der Krise von denen zu tragen sind, die sie verursacht haben. Nur Gegenwehr schafft Selbstvertrauen, aus dem wieder Vertrauen entstehen kann. Zwar nicht ins Finanzkapital, wohl aber in die demokratischen Institutionen.

taz vom 11. April 2009

Die kleine Wortkunde (Döner-Morde)

Die geradezu kulinarische Bezeichnung „Döner-Morde" führt leicht zu Missverständnissen. Sollte der Döner das Mordwerkzeug gewesen sein, so wäre die Klassifizierung irreführend. Denn der Tod nach dem Verzehr von Döner kann höchstens als fahrlässige Tötung, nicht aber als Mord bezeichnet werden. Wenn überhaupt, kann nur der Dönerspieß als *instrumentum sceleris* dienen Noch schwieriger zu verstehen wäre, wenn beim „Döner-Mord" Döner das Opfer bezeichnen würde. Aber diese untaugliche Bedeutung führt auf die richtige Fährte. Die Opfer waren Dönerbudenbetreiber.

Falls das gemeint war, so wurden fälschlicherweise Opfer mit unterschiedlichen Gewerben unter die „Döner-Morde" subsumiert. Nicht alle Opfer waren Türken, es war auch ein Grieche dabei. Und selbst bei weitester Auslegung hätte sich ein ermordeter Blumenhändler nicht als Opfer bei den „Döner-Morden" unterbringen lassen. Aber bei dem Begriff ging es nicht um Logik, sondern um Vorurteilsproduktion. Es wurde suggeriert, bei der Herstellung und dem Verkauf von Döner hätten verbrecherische Organisationen die Hand im Spiel, sei es als Schutzgelderpresser, sei es als Killer bei der Konkurrenz um Marktanteile beim lukrativen Dönergeschäft. Klar, dass es sich bei diesen Verbrechern um Türken handeln musste. Zwar wäre die Polizei verpflichtet, in alle Richtungen zu ermitteln. Aber hier, im Umkreis der Döner, schien sich ein kriminogenes Milieu aufzutun. Hier galt es, die Kräfte zu konzentrieren.

Deshalb ist es auch nur konsequent, dass die polizeilichen Sokos, die in Bayern zur Aufdeckung der „Döner-Morde" gebildet wurden, die schönen Namen „Halbmond" und „Bosporus" trugen.

taz vom 16. November 2011

Die StaSi über Christian Semler

Protokolle eines Besuchs im Pergamon-Museum und einer „operativen Personenkontrolle": „Grundsätzlich ist davon auszugehen, daß es sich bei Semler um einen Feind der DDR und der anderen sozialistischen Staaten handelt und von dem subversive Handlungen ausgehen."

MINISTERRAT DER DEUTSCHEN DEMOKRATISCHEN REPUBLIK
Ministerium für Staatssicherheit

Hauptabteilung/Abteilung VIII/7/1		Berlin, den 22.7.1971
Bezirksverwaltung		VIII/7 /1971
Sachbearbeiter	Major Schultz	Schu/Hth 1542
Zimmer ..... Telefon	75/304	

Hauptabteilung/Abteilung	VI/LPK/OLZ
Bezirksverwaltung	Genosse Hubrig
Kreisdienststelle...........	
des Ministeriums für Staatssicherheit	

Beobachtungsbericht

Betr.   Semler, Christian – geb. am 23.12.1938
Wohnhaft   München
Decknamen   „1 0 1 312"   Reg.Nr. des Auftrages ....
Für die Zeit vom 14.7.1971 von 14.05 bis 19.24 Uhr
14.05 Uhr wurde „1 0 1 312" nach Verlassen der Güst Heinrich-
     Heine-Straße zur Beobachtung aufgenommen. Er ging die
     Heinrich-Heine-Straße bis zur Ecke Rungestraße und schaute
     sich dort an der Litfaßsäule das Kino- und Theaterprogramm
     an. Danach ging „1 0 1 312" weiter zum S-Bahnhof
     Jannowitzbrücke, kaufte sich eine Fahrkarte und fuhr um
14.24 Uhr mit der S-Bahn in Richtung Friedrichstraße.
14.28 Uhr stieg „1 0 1 312" auf dem S-Bahnhof Marx-
     Engels-Platz aus. Im Bahnhof schaute
„1 0 1 312" mehrere Plakate an. Anschließend ging er langsam über die
     Präsidentenstraße, Bodestraße, Kupfergraben zum Pergamon

Museum. „1 0 1 312" kaufte sich eine Eintrittskarte und betrat um
14.43 Uhr das Pergamon Museum. Am Verkaufsstand
     am Pergamon Altar kaufte sich
„1 0 1 312" das Buch „Griechisch-Römische Kunst in den
     staatlichen Museen zu Berlin". „1 0 1 312" interessierte
     sich hauptsächlich für die ostasiatische Abteilung. Er sah
     sich die Ausstellungsstücke sehr intensiv an und verglich
     sie mit Bild und Text in seinem gekauften Buch.
16.50 Uhr verließ „1 0 1 312" das Pergamon Museum und
     ging über Kupfergraben, Georgenstraße zum Imbiß
     am Bahnhof Friedrichstraße, den er um
17.01 Uhr betrat. Hier aß „1 0 1 312" zwei belegte Brötchen.
17.07 Uhr verließ er den Imbiß und betrat den
     Lebensmittelladen am Bahnhof Friedrichstraße.
     „1 0 1 312" schaute sich die Ware an und verließ
     danach den Lebensmittelladen. Anschließend betrat
     der den Bahnhof Friedrichstraße, kaufte sich eine
     Fahrkarte, betrat den Bahnsteig und fuhr um
17.14 Uhr mit der S-Bahn in Richtung Erkner.
17.19 Uhr stieg „1 0 1 312" auf dem S-Bahnhof Alexanderplatz aus,
     verließ den Bahnsteig und ging langsam zum Hotel „Stadt Berlin".
17.23 Uhr betrat er die Gaststätte „Cafeteria" im Hotel „Stadt Berlin".
     „1 0 1 312" kaufte sich eine Boulette, die er verzehrte.
17.32 Uhr verließ er die Gaststätte, ging langsam über
     den Alexanderplatz und betrat um
17.36 Uhr die Buchhandlung „Das Gute Buch". „1 0 1 312" interessierte
     sich hauptsächlich für Broschüren der Gesellschaftswissenschaften.
18.15 Uhr verließ er die Buchhandlung, ging langsam über
     den Alexanderplatz und betrat die Milchbar im Hotel
     „Stadt Berlin". Er nahm an der Bar Platz, trank eine
     Erdbeermilch und machte sich auf einem Zettel Notizen.
19.04 Uhr verließ er die Milchbar, ging langsam zum S-Bahnhof
     Alexanderplatz, kaufte sich eine Fahrkarte, betrat
     den Bahnsteig und fuhr mit der S-Bahn um
19.07 Uhr in Richtung Erkner.
19.10 Uhr verließ „1 0 1 312" die S-Bahn auf dem S-Bahnhof
     Jannowitzbrücke, ging die Brückenstraße, Heinrich-
     Heine-Straße zur Güst Heinrich-Heine-Straße.
19.24 Uhr verließ „1 0 1 312" über die Güst Heinrich-Heine-

Straße die Hauptstadt der DDR in Richtung Westberlin.
Hier wurde die Beobachtung von „1 0 1 312" beendet.

Personenbeschreibung vom Objekt „1 0 1 312"
männliche Person

Alter:	33-38 Jahre
Größe:	1,73 – 1,78 m
Gestalt:	kräftig
Gesicht:	ungepflegt
Nase:	breit
Haar:	dunkelblond
Bart:	Oberlippenbart
Augen:	kurzsichtig, Brillenträger
Sprache:	deutsch
Augenbr.:	wulstig
Bekleidung:	grüne Windjacke mit Pelzkragen, dunkelblaues Strickhemd, hellblaue Hose, hohe braune Wildlederschuhe

Leiter der Abteilung 7   Referatsleiter
i.V.   i.V. (unleserlich)
Schubert   Schultz
Major   Major

Anlage: 1 Foto und Negative

                              ***

Abteilung XXII/3   Berlin, 25.6.1984
                                                   wi-hü

Sachstandsbericht
Zur OPK „Chef" – Reg.-Nr. XV/7130/81

Der BRD-Bürger   Semler, Christian
                        13.12.38 in Berlin
                        5000 Köln 80, Bachstr. 31

wird in einer Operativen Personenkontrolle bearbeitet.

Bei dem Semler handelt es sich um den ehemaligen Vorsitzenden der 1980
aufgelösten maoistischen „KPD".

1. Bekanntgewordene feindliche Aktivitäten

Grundsätzlich ist davon auszugehen, daß es sich bei Semler um
einen Feind der DDR und der anderen sozialistischen Staaten
handelt und von dem subversive Handlungen ausgehen.
Als Chefideologe der „KPD" hatte er einen starken Einfluß auf
die politischen und ideologischen Aktivitäten. Der Hauptstoß
richtete sich gegen die sozialistische Staatengemeinschaft,
insbesondere gegen die DDR und die Sowjetunion, gegen die
Kommunistischen- und Arbeiterparteien Westeuropas.
Nach der Selbstauflösung der „KPD" im Jahre 1980 gründeten Semler
und weitere Hauptakteure der „KPD" in Köln ein „antiimperialistisches
Komitee". Dabei gingen sie ein Bündnis mit dem als faschistisch zu
bezeichnenden „Nationalrevolutionären" ein. Als Schwerpunkt ihrer
Aufgaben bezeichnete dieses „Komitee" den Kampf gegen die Sowjetunion.
Im Heft „Kommune" 7/83 des „KBW" schreibt S. einen Artikel
über den Papstbesuch in der VR Polen. S. bezieht in diesem Artikel
eine konterrevolutionäre Stellung. Die SU wird hierbei in großen
Maße diffamiert. S. spricht sich für kommende gesellschaftliche
Veränderungen, die nach seiner Auffassung notwendig sind, aus.
Es wurde herausgearbeitet, daß Semler die Politik der „Grünen",
insbesondere in bezug auf die Beziehungen zu den sozialistischen
Staaten, wie VR Polen, negativ beeinflußt. Einen sichtbaren
Ausdruck fand das in einem Artikel des „Arbeiterkampfes", Organ
des „KB" vom 7.5.1984, „Die Grünen bereiten Osteuropa-Reise vor",
dem er im Auftrage des Arbeiterkreises „Abrüstung – Frieden –
International der Bundestagsfraktion der „Grünen" stellte. ...

3. Zur Person

S. ist der Sohne der Schauspielerin Herking, Ursula und dem
führenden Direktor der Bizonen-Wirtschaftsverwaltung
und CSU-Mitbegründer Dr. Semler, Johannes.
Die Eltern sind verstorben und sollen S. ca. 14 Millionen DM als
Erbe hinterlassen haben. Ein Teil der Erbschaft soll er der „KPD"
geschenkt haben. Einen anderen Teil soll er ohne Wissen der „KPD"
auf ein Nummernkonto in der Schweiz eingezahlt haben.
Nach dem Abitur absolvierte Semler ein Jurastudium, das er

1961 mit dem Staatsexamen abschloß. Danach studierte er
noch die Fächer Geschichte, Philosophie und Slawistik. Ob er
diese Fächer ebenfalls mit dem Staatsexamen abschloß, ist nicht
bekannt. Nach diesem Studium war S. bis 1970 Assistent an der
Freien Universität von Westberlin am „Otto-Suhr-Institut".
Von 1970 bis 1980 war er in den verschiedensten
Funktionen innerhalb der „KPD" tätig.
Seinen Lebensunterhalt bestreitet er wahrscheinlich
durch journalistische Arbeiten.
Der S. ist nicht verheiratet und lebt wahrscheinlich mit
der BRD-Bürgerin (geschwärzt) zusammen.
...

5. Reisetätigkeit
Vom 1.1.1980 bis 1.6.1984 reiste Semler 7mal auf VTA in die Hauptstadt
der DDR – Berlin – ein und reiste 23mal im spezifischen Transit.
...

Im Bearbeitungszentrum reiste Semler 2mal in die VR
Polen, wo er mit hoher Wahrscheinlichkeit mit führenden
Funktionären der verbotenen „Solidarnocs" zusammentraf.

6. Zielstellung der weiteren Bearbeitung
Erarbeitung von Erkenntnissen, die dessen Stellung und Funktion
bei den „Grünen" bzw. der „AL" sowie anderer linksextremistischer
Organisationen des Operationsgebietes belegen.
Eine wirksame Aufklärung, Bearbeitung und Kontrolle des Semler,
um rechtzeitig beabsichtigte Aktivitäten und feindlich-negative
Handlungen zu erkennen und vorbeugend zu verhindern.
In der Aufklärung der Kontaktpersonen des Semler und
ihrer Verbindungen in die DDR sind diese auf operative
Nutzbarkeit zu prüfen. Es ist herauszuarbeiten, ob es sich bei
den DDR-Verbindungen um Stützpunkte dieser Gruppierung
handelt. Diese sind in gesonderte OPK zu bearbeiten.

Willer
Unterleutnant

Ostmitteleuropa – 1988 bis 2008

L'Ancien Régime et le Compromis

Ostmitteleuropa am Vorabend seiner bürgerlichen
Revolution

„Es geht in Polen nicht mehr darum, eine neue Zeitschrift zu gründen,
einen unabhängigen Klub oder eine weitere Basisinitiative; es geht nicht
mehr nur darum, die Wahrheit zu sagen – die weiß sowieso jeder. Wir
brauchen jetzt Politik, einen gangbaren Weg, um uns das Regime vom
Hals zu schaffen."

Der dies mit sanfter Stimme vorträgt, ist kein fundamentalistischer
Revolutionsrhetoriker, sondern der nüchterne Włodek Goldkorn, polnischer Journalist mit italienischem Pass. Wir befinden uns auf einer
Tagung des Ost-West-Netzwerks im Mailänder „Stelline", das einst ein
lombardischer Habsburger den Waisenkindern gestiftet hat. Als nächs-
ter wird ein kaum zwanzigjähriger Abgesandter der unabhängigen ungarischen Jugendorganisation Fidesz die Versammelten mit der Frage
konfrontieren, ob man Kandidaten für die Wahlen aufstellen solle. Sein
Landsmann, der Historiker Baba, ist verhindert. Er gehört einer Dele-
gation an, die mit der Regierung verhandelt. Gestern Staatsfeind – morgen Minister? So weit haben es die tschechischen Freunde noch nicht
gebracht. Sie können nicht mal anrufen, da überwiegend festgenommen
oder in Untersuchungshaft. Aber wer hätte wenige Monate vorher die
Prognose gewagt, dass Tage hintereinander Tausende von Jugendlichen
am Wenzelsplatz der Polizei trotzen und vor dem altstädtischen Rathaus,
dem ehrwürdigen Denkmal kommunaler Freiheit, die anrückende Poli-
zeieskorte mit „Swoboda"-Rufen empfangen?

Es ist noch nicht lange her, dass die unabhängigen Gruppierungen
Ostmitteleuropas ihre Tätigkeit als gesellschaftliche Selbstverteidigung
gegenüber dem Parteistaat beschrieben und dass Bürgerrechtler wie
Václav Havel ihr Eintreten für die Menschenrechte als Ausdruck indi-

vidueller Autonomie, als bewusste Übernahme von Verantwortung für „den Anderen", als „Versuch, in der Wahrheit zu leben" verstanden. Die parallele Polis – sei sie um eine gewerkschaftliche oder eine bürgerrecht-liche Achse entstanden – verstand sich als Gesellschaft in nuce gegen den Staat. Jetzt sind die unabhängigen, demokratischen Gruppierungen des Ostens ausnahmslos mit der „Machtfrage" konfrontiert – allerdings auf höchst unterschiedliche Weise. In Ungarn und Polen scheinen die Partei-führungen bereit, politische Konkurrenz zuzulassen, vorausgesetzt, eine Koalition kommt zustande, die eine Bestandsgarantie für die herrschen-de Machtoligarchie enthält. Das gleiche gilt für Slowenien. Aber auch in der DDR, wo ein restriktiver Pluralismus unterm Kirchendach geduldet wird, und in der ČSSR, wo die Grenzen eines „gesellschaftlichen" Plu-ralismus noch nicht einmal abgesteckt sind, verlagert sich der Schwer-punkt der Auseinandersetzungen auf die politische Ebene.

Die Führungsschichten der ostmitteleuropäischen Parteistaaten wanken unter dem Gewicht sich akkumulierender Krisen. Die ökono-misch-soziale Krise verstärkt die ohnehin vorhandene Legitimierungs-krise. Je mehr Rechte die Herrschenden in Budapest und Warschau jetzt zugestehen, desto begehrlicher werden die Leute. Da man in der Region schon wirtschaftlich bessere Tage erlebt hat, ist der jetzige Niedergang besonders unerträglich. Die Angst vor den Wirkungen dieses Mecha-nismus, der zwar nicht bei den Klassikern des Marxismus-Leninismus, wohl aber bei Tocqueville nachzulesen ist, bestimmt auch die Politik der Machthaber in Prag und Berlin-Ost. Noch rühmen sie die Stabili-tät ihrer Wirtschaftsführung wie ihrer Herrschaftsinstitutionen, aber der Ton ist hysterisch, und die Repressionsmaßnahmen sind fahrig und widersprüchlich. Bedeutungsschwere symbolische Handlungen, wohin man blickt. Imre Nagy soll ein würdiges Begräbnis erhalten, der run-de Tisch im Palais des Warschauer Ministerpräsidenten wird aufgestellt. Die Führungen in Ungarn und Polen setzen auf Integration, Honecker auf Abgrenzung, die ČSSR-Nomenklatura wagt weder das eine noch das andere. Von der Sowjetunion ist kein erlösendes Wort zu erwarten. Die Ungleichzeitigkeit der Entwicklung in Ostmitteleuropa in Rechnung ge-stellt – das Ancien Régime der Partei-Staaten steuert in die offene Krise.

Kann diese Krise durch einen erneuten Gesellschaftsvertrag abgefan-gen werden? Kann das Ancien Régime sich so transformieren wie die englische Aristokratie in der „Glorious Revolution"? Oder steht zwei-hundert Jahre nach dem Sturm auf die Bastille die demokratische Revo-lution in Ostmitteleuropa auf der Tagesordnung?

„La révolution est finie" hatte zumindest für unsere Breitengrade
Francois Furet den ersten Teil seiner historiographischen Abhandlung aus
dem Jahre 1978 betitelt. Sein Angriff galt damals dem Versuch, zwischen
der Jakobiner-Herrschaft der Jahre I-III, der Pariser Kommune, der Oktoberrevolution und den zukünftigen sozialistischen Revolutionen im
Westen eine Art unterirdischer Beziehung zu etablieren, eine Entelechie
zu behaupten, innerhalb derer sich der Gehalt des revolutionären Prozesses schrittweise offenbare und materialisiere. Heutzutage kann auf
Beweisführungen dieser Art verzichtet werden. Ein Besuch im Pariser
Warenhaus „Printemps" genügt. Ich streife ein T-Shirt mit einem hüb-
schen 1789er-Aufdruck über und weiß: Die Revolution ist zu Ende. Wie
aber steht es in jenen Ländern Europas, deren kommunistische Führungen einmal behauptet hatten, die Errungenschaften der Französischen
Revolution seien in der sozialistischen aufbewahrt und gleichzeitig auf
eine neue Stufe – die der sozialistischen Demokratie – gehoben?

Soweit sich die politischen Meinungen in der Region überhaupt ar-
tikulieren können, laufen die Forderungen und Pogramme fast unisono
auf die Errichtung eines demokratischen Verfassungsstaats nach „westli-
chem" Muster hinaus. Fast ebenso einhellig wird auf der Einführung der
Marktwirtschaft bestanden. Gegenstand des Streits wie auch Motor der
Parteibildung sind die Fragen der Selbstverwaltung, der sozialen Sicherung und der zukünftigen Gestalt eines „Sozialstaats". Ungeachtet der
Tatsache, dass die Erfüllung der demokratischen Forderungen identisch
mit der Entmachtung der herrschenden Oligarchien ist, wird die politische Diskussion in Ostmitteleuropa weitgehend von der Vorstellung einer friedlichen, in Etappen verlaufenden Reform bestimmt. Die Idee des
Gesellschaftsvertrags, wie sie 1980 auf der Danziger Lenin-Werft geboren wurde, wirkt weiter. Die ursprüngliche Konzeption dieses Vertrags,
wonach die Regierungen ihr Machtmonopol einschränken, die Regierten
aber die Organisationsformen „der Gesellschaft" autonom bestimmen,
wird jetzt freilich modifiziert. Die „Gesellschaft" rückt in den Staatsapparat auf, revitalisiert die bisher toten Strukturen (Parlament, Gerichte),
der spätfeudale sozialistische Absolutismus trachtet danach, sich in einen
konstitutionellen umzuwandeln. Kann diese Operation gelingen?

Forschungen, die der Mentalität im Vorfeld der Französischen Revolution gewidmet sind, stimmen darin überein, dass sich in der zweiten
Hälfte des 18. Jahrhunderts das festgefügte religiöse Weltbild ebenso zer-
setzte wie der Glaube an die Natürlichkeit der Herrschaftsformen. Der
Dritte Stand klinkte sich aus der ständischen Ordnung aus, um sich dann

als die eigentliche Nation zu proklamieren. Da das Ancien Régime für die
Bürger keine verantwortungsvolle Mitarbeit in regionalen wie zentralen
Vertretungskörperschaften vorsah, gewannen – so die Klage Tocquevil-
les – die abstrakten und radikalen Projekte der „Schriftsteller" bald die
Herrschaft über den Dritten Stand. Statt den zentralen absoluten Staat
abzubauen, hätten die Reformen zu einer immer stärkeren Zentralisie-
rung der Staatsmacht geführt, die dann die Revolution als eigentliches
Erbe übernommen habe. Die Freiheit aber, so Tocqueville, hätte erst spät
die Geister ergriffen und sich nach Ausbruch der Revolution rasch wieder verabschiedet.

Gleich dem Gottesgnadentum im vorrevolutionären Frankreich hat
die den realen Sozialismus begründende Ideologie in Ostmitteleuropa
fast jede Bedeutung verloren. Es geht im öffentlichen Bewusstsein nicht
mehr darum, an Stelle des degenerierten Sozialismus den „wahren" zu
setzen. Der sozialistische Reformationsgedanke, die Rückkehr zu den
Quellen Marx und Lenin, hat sich mit der Niederschlagung des Prager
Frühlings erschöpft. Das bedeutet nicht, dass diese sterbende Ideologie
keine Spuren in der kollektiven Mentalität und im Alltagsverhalten hinterlassen hätte. Im Gegenteil. Aber solche Haltungen – Egalitarismus,
Misstrauen gegenüber Privateigentum, die Forderung nach staatlichen
Sicherungen – sind nicht mehr Ausdruck einer sozialistisch geprägten
Vorstellungswelt. Der herrschenden Machtoligarchie geht es im tagtägli-
chen Urteil nicht besser als der Aristokratie im vorrevolutionären Frankreich. Der Kredit, der ihren Modernisierungsprojekten – z. B. im Polen
der siebziger Jahre – noch eingeräumt wurde, ist verbraucht. Sie, die alle
Entscheidungen an sich gezogen hatte, trifft jetzt die Verantwortung für
jede fehlende Schraube und jedes verrottete Leitungsrohr. Sie wird aus
der „Gesellschaft" ausgegrenzt. Écrasez l'infâme!

Wie soll mit einem solchen Partner ein funktionierender Vertrag geschlossen werden? Wird der Respekt vor den nach wie vor systemlo-
yalen Unterdrückungsorganen (an eine sowjetische Intervention wird
gegenwärtig kaum gedacht) die Völker Ostmitteleuropas daran hindern,
die Kompromisslinie zu überschreiten und statt Demokratisierung und
Liberalisierung Demokratie und Freiheit zu fordern? So wenig in der
Französischen Revolution „das Volk" der Aristokratie gegenüberstand, so
wenig steht in der ostmitteleuropäischen Wirklichkeit die „Gesellschaft"
der „Macht" gegenüber. Zwar sind unter realsozialistischen Produkti-
onsverhältnissen virtuell alle Werktätigen Lohnarbeiter. Zwar haben die
zehn Millionen Mitglieder der Gewerkschaft Solidarność uns darüber

belehrt, dass dieser Gesamtarbeiter zu einem mehr als bloß statistischen Leben erwachen kann. Aber dieser durchgängige ökonomisch bestimmte Antagonismus zur Staatsmacht wirkt nicht in jeder Situation vereinheitlichend und stärkend. Vor allem die Krise in Polen zeitigt verheerende desintegrierende Wirkungen. Die Anstrengungen in der Second Economy, mit der sich die Menschen oft buchstäblich am Leben erhalten, das tägliche *do ut dcs* in den Beziehungsnetzen, die Unmöglichkeit, auf der Basis normaler Arbeit das Leben vernünftig zu planen, zehren die politischen Energien auf. Ein wiedererstandener Marat, der die wahren Patrioten zum Kampf gegen die Schieber und Raffer aufriefe, würde nur ein resigniertes Lächeln ernten. (Konsequenterweise wurde er in einer berühmten Inszenierung des Marat/Sade von Peter Weiss auf der Warschauer Studiobühne als durchgedrehter Dogmatiker gezeichnet.)

Der Aufstieg der Bourgeoisie unterm Ancien Régime wie der Aufstieg der Arbeiterbewegung nach 1848 stand unter der Vorherrschaft rationaler, in der Aufklärung verankerter gesellschaftlicher Projekte. Der Hass gegen die Machtoligarchien in Ostmitteleuropa, die Sehnsucht nach zivilisierten Lebensverhältnissen einschließlich eines demokratischen Verfassungsstaates entbehrt der unwiderstehlichen gesellschaftlichen Dynamik, die einstmals durch den Fusionsprozess der emporstrebenden Klasse und einer vereinheitlichenden Weltanschauung ausgelöst worden war. Vielleicht verdankt sich der in den politischen Führungsgruppen der demokratischen Opposition vorherrschende Geist des Kompromisses und der schrittweisen Reform nicht nur der Zurückhaltung angesichts der bewaffneten Macht. Er könnte auch einer Haltung vorsichtigen Experimentierens entspringen, einer tastenden Bewegung, einer Suche nach partiellen Lösungen, einem Bewusstsein, dass Opfermut und Energie nicht die unerschöpflichen Quellen darstellen, als die sie die von der Idee der Tugend des Volkes besessenen Patrioten von 1793/94 angesehen hatten.

Wie aber will sich die spätfeudale Nomenklatura aus der Systemkrise retten? Lassen wir uns durch die legitimistisch auftrumpfenden Posen Honeckers nicht beirren. Dass er am Gottesgnadentum (noch) festhalten kann, ist das Resultat einer Zwangslage. Die schiere Existenz der Bundesrepublik schluckt jede Alternative. Ansonsten aber gilt als Haupttendenz: 1789 überspringen und bei 1830 landen. In den Vorstellungen der Machteliten spukt die Idee des Juste-milieu, wo die durch ausländisches Kapital hochgepäppelten Betriebe miteinander konkurrierend den Markt saturieren, wo Tausende wagemutiger Kleinkapitalisten dem

Schlachtruf *Enrichez vous* folgen, wo sie selbst als technokratisches Management einer Gesellschaft präsidieren, in der jeder dem persönlichen Besten nachjagt. Nicht wenige der jetzigen Planungsbürokraten sehen sich in der Nachfolge der Schüler Saint-Simons an der Spitze neuer Finanzimperien. Noch einmal will die Machtelite als Modernisierungselite neues Leben gewinnen. Wer von den Parteikadern auf diesen Zug nicht aufspringen kann oder will, darf als loyale Arbeiteropposition figurieren oder in Veteranenklubs den guten alten Zeiten des Absolutismus nachtrauern. Dieses Projekt wird von einer zunächst kaum merklichen, inzwischen aber mit reißender Geschwindigkeit vor sich gehenden Bereinigung des ideologischen Terrains begleitet. Die ungarische Revolution gilt jetzt als Volksaufstand, der jedoch zu seinem Ende hin mehr und mehr konterrevolutionäre Charakteristika aufgewiesen habe. Auch diese Einschränkung kann noch gedehnt werden. Ein dreißigjähriges Tabu ist innerhalb weniger Wochen gebrochen, die Lebenslüge des Kádár-Regimes aufgedeckt, sein eigener Nimbus zerstört.

Die Linksradikalen hatten nach 1914 der Sozialdemokratie attestiert, sie sei nichts als ein stinkender Leichnam. Jetzt sieht es so aus, als ob der Kadaver der realsozialistischen Parteien wie Lazarus aufstehen würde, vom Geist der Sozialdemokratie wiederbelebt. Jaruzelski proklamiert die Vereinigte Arbeiterpartei als eine „Föderation der Linken" und widerruft damit die Geburtsurkunde der Bolschewiki von 1903 und die kanonischen Texte Lenins zur Organisationsfrage. Allenthalben strebt man ideologisch zurück zu jener Konstellation, als das Verhältnis von Kommunisten und Sozialdemokraten noch nicht im Sinn der Zwangsfusion entschieden, ja sogar der Wunsch nach freiwilliger Vereinigung von der Basis an die Führungen herangetragen wurde. Zu der Zeit zwischen 1944 und 1948 also, der Periode der Koalitionsregierungen unter Einschluss kleinbäuerlicher und bürgerlicher Parteien wie der Kleinen-Landwirte-Partei in Ungarn oder der Bauernpartei in Polen. Sozialistische Theoretiker wie Jaroslav Šabata, jetzt noch verfemter Ex-Reformkommunist in Brünn, haben die neue sozialistische Synthese gleichzeitig als Überwindung der Spaltung Europas und der Spaltung der Arbeiterbewegung, der *dwojdomost* gedeutet. Eine Kleinigkeit trennt freilich die realsozialistischen Sozialdemokraten in spe von den sozialistischen Demokraten: Sie haben das Problem des Machtverlusts noch nicht ins Auge gefasst. Empfang und Vergabe von Privilegien – das ist bis jetzt die durchgehende Struktur der realsozialistischen Parteien, das verbindet immer noch den ersten Sekretär mit dem kleinsten Abteilungsleiter eines Provinzbetriebs. Verlust

der Macht bedeutet deshalb bis jetzt Verlust der *raison d'être* der Partei.
Mit der Frage konfrontiert, wie die Partei sich mit einer Wahlniederlage
abfinden würde, antwortete der polnische Premier Rakowski lakonisch:
Wir werden die Wahlen gewinnen. Will man diese Äußerung rational
deuten, so besagt sie, dass Rakowski an den Erfolg einer Koalitionsregie-
rung von langer Dauer glaubt, innerhalb derer die weiter an der Macht
teilhabende realsozialistische Partei ihre spätfeudalen Charakteristika ab-
legen und sich gleichzeitig ihren Beuteanteil einer moderneren Macht-
und Privilegienstruktur sichern kann. Vorausgesetzt, die Teilnahme an
der „sozialistischen Gemeinschaft" bliebe unangetastet, stünde dann einem Regierungswechsel nichts mehr im Weg. Ein revolutionärer Prozess
ohne jähe Sprünge und unvorhergesehene Wendungen – ganz nach dem
Geschmack der hiesigen Sozialdemokraten.

  Als ich einmal in einem Warschauer Café mit Jan Strzelecki, dem bedeutenden und auf so trostlose Weise ums Leben gekommenen Soziologen, zusammenhockte und ihn fragte, was er zu konsumieren wünsche,
antwortete er lachend: „Freiheit!" Darin steckte ein Bekenntnis und auch
ein wenig Selbstironie. Das Freiheitspathos im Ostmitteleuropa der achtziger Jahre ist überwältigend – und irritierend, speziell für die Linke in
der Bundesrepublik, deren politisches Bewusstsein sich an der Kritik der
„freien Welt" geschärft hat. Dieses Pathos ist gleichzeitig archaisch und
höchst zeitgemäß. Es fordert die Menschenrechte und den Rechtsstaat
von der zerfallenden absoluten Gewalt. Insofern ist es „vorkonstitutio-
nell". Es zieht aber gleichzeitig die Bilanz aus den totalitären Verwüstun-
gen unseres Jahrhunderts. Insofern ist es weit von einem naiven Liberalismus entfernt. Die Konzeption der menschlichen Würde, wie sie unter
dem Einfluss des katholischen Personalismus zur herrschenden Ideologie
in Polen geworden ist, umgreift auch die Würde des Arbeitens, die Freiheit (wie es schon fast umgangssprachlich in Polen heißt), „ein würdiges
Leben zu führen". Dieses Bestehen auf der Menschenwürde als Kern der
Freiheit verbindet paradoxerweise die katholischen Arbeiter Polens mit
den Anhängern der Befreiungstheologie, die als kommunistische Agentu-
ren wütend bekämpft werden. Rakowskis Brecht-Variation „Erst kommt
das Fressen, dann kommt die Moral" versucht gerade, diese Vorstellung
der „Würde" als substanzlos zu entlarven. Die Antwort darauf nahm Solidarność schon unter dem Kriegsrecht vorweg. Auf Plakaten, Postkarten
und Kalendern des „zweiten Umlaufs" drehte sie den Spruch einfach um.
Auch in den Kreisen der ostmitteleuropäischen demokratischen Opposition, die einer naturrechtlichen Begründung der Freiheit nicht folgen

wollen, finden sich kritische Reflexionen zum naiven Liberalismus. Der tschechische Philosoph Václav Bjelohradsky, dessen Einfluss auf die Bürgerrechtler der Charta 77 bedeutend ist, sieht die europäische Zivilisation von zwei Gefahren bedroht: Fragen der Legitimität gesellschaftlichen Zusammenlebens werden auf die rein private Ebene abgeschoben, werden psychologisiert, während die Legalität ihren Sitz in den Staatsapparaten hat, die die undurchsichtige Komplexität verwalten. Bjelohradsky spricht von einem Prozess der „Banalisierung", der das Bewusstsein der Freiheit erdrückt, und Václav Havel begreift, ihm folgend, die realsozialistischen Erfahrungen als Menetekel. Man könnte auch in der uns vertrauten Theoriensprache vom Druck der allgemeinen Medien Macht und Geld auf die Residuen der Lebenswelt sprechen. Für viele Streiter der Charta 77 konstituieren die Elemente der neu entstehenden *civil society* eine lebensweltliche Struktur, eine *communitas,* die jene gemeinschaftlichen moralischen, ästhetischen und religiösen Erfahrungen erst möglich macht, die Legitimität begründen und ein Spannungsverhältnis zur Welt der Legalität herstellen können.

Obwohl sich in Ostmitteleuropa jetzt über den Kampf um die Menschenrechte hinaus das Problem öffentlicher Freiheit, der *constitutio libertatis* stellt, ist auffällig, wie sehr Freiheit noch mit gesellschaftlicher Selbstverteidigung identifiziert wird. Im 81er Programm von Solidarność verschwand der Staat „irgendwie" zwischen den Institutionen der Selbstverwaltung. Vergeblich wird man nach einem Denken Ausschau halten, das der in der *Nation une et indivisible* verkörperten *volonté générale* die alleinige Souveränität zuspricht und damit die Erklärung der Menschen- und Bürgerrechte von 1789 nachvollzieht. Zwar findet sich im emphatischen Begriff der Gesellschaft ein Nachklang der *volonté générale,* aber gänzlich ohne die geforderte Selbstreinigung von Egoismen und Gruppeninteressen, mithin ohne den Begriff der Tugend, ohne den das Konstrukt Rousseaus schlechterdings nicht begreifbar ist. Teilweise wirken im geschichtlichen Bewusstsein Elemente einer vorbürgerlichen Freiheitsauffassung; der Freiheiten der Adelsrepublik in Polen, die übrigens Montesquieu als zum baldigen Untergang verurteilte Anarchie analysierte; der radikale Demokratismus der Hussiten in Böhmen, aus dem Tomáš G. Masaryk seine Mythologie der geschichtlichen Bestimmung Böhmens zu Demokratie und Freiheit wob. Eine nicht geringe Rolle spielt auch die multikulturelle und multinationale Vorgeschichte der Territorien, die heute das Staatsgebiet Polens, der ČSSR und Ungarns bilden. Zur Zeit des Mittelalters blühten hier bedeutende Königreiche, aber zur Zeit der Französischen Revolution gab es in der Region keinen einzigen selbständigen Staat mehr. Sehr zum Nachteil der Völker gewann im Verlauf des 19. Jahrhunderts in den nationalen Befreiungsbewegungen unter dem Einfluss der deutschen politischen Romantik der „völkische" Nationalismus die Oberhand über den liberalen, der bis zur 48er-Revolution die Geister beherrscht hatte. Die 1918 wiederbegründeten Nationalstaaten blieben in Wirklichkeit multinational und wandelten sich mit Ausnahme der Tschechoslowakei zu autoritär-korporativistischen Gebilden. Selbst die demokratische ČSR war nicht in der Lage, den Nationalstaat mit der Existenz unterschiedlicher Völkerschaften auf ihrem Staatsgebiet zu versöhnen. Eigentlich schuf erst die *tabula rasa* des Zweiten Weltkriegs die Voraussetzung für ethnisch unvermischte Nationalstaaten bzw. für die tschechisch-slowakische Föderation. Auf der Grundlage gewaltsamer Purifizierung entstand dann der Nationalstaat als Zwangsstaat des realen Sozialismus. Im Gegensatz zu der Mehrzahl westlicher Völker sind die östlichen nicht einfach Bürger ihrer Staaten. Sie hatten keine Gelegenheit und keine Neigung, sich mit öffentlichen Institutionen zu identifizieren bzw. diese sogar als Ergebnis der *volonté générale,* mithin als ihr eigenes Werk anzusehen.

Die nach 1945 in Ostmitteleuropa errichteten Parteidiktaturen sahen sich alle in der jakobinischen Tradition. Sie folgten damit dem Selbstverständnis der Bolschewiki, die nach Lenins Worten nichts anderes waren als „mit der Organisation des klassenbewussten Proletariats unzertrennlich verbundene Jakobiner". Jakobinisch war die Konzentration der Gewalten im Namen des allgemeinen Willens der Nation, war die Fiktion der Homogenität der Bürger, ein Körper, den es nur noch galt, von Verrätern und Spionen zu säubern, war mithin der Terror als notwendiges Instrument revolutionärer Politik. Dieser Ideologie, der die Praxis der an die Macht gelangten kommunistischen Parteien folgten, koexistierte mit einer zweiten, die ihr diametral widersprach: dem libertär-staatsfeindlichen „Modell" der Pariser Kommune. Während in den Volksdemokratien jede gesellschaftliche Selbsttätigkeit von dem allgegenwärtigen, hochzentralisierten Staatsapparat abgewürgt wurde, feierten die Machteliten diesen Prozess als den Sieg all dessen, für das die Kommunarden und vor ihnen die Sansculotten ihr Leben gelassen hatten. Wie die Jakobiner die Volksgesellschaften entweder manipulierten oder auflösten, so verfuhren die an die Macht gekommenen Kommunisten mit allen Organisationen, die aus dem Prinzip der Selbsttätigkeit lebten. Die Liquidierung der Sowjets durch die Bolschewiki stand am Anfang, das Verbot der Ge-

werkschaft Solidarność ist der vorläufige Schlusspunkt. Noch 1956, zu
Zeiten der ungarischen Revolution, sahen die Arbeiter in der Rätebewegung eine in der Kommune-Tradition begründete, libertär-kommunisti-
sche Alternative zum Partei-Staat. Für die Streikenden der Lenin-Werft
existierte 1980 dieser Bezugsrahmen nicht mehr. Sie sprachen – parado-
xer- und traurigerweise – von der realsozialistischen Machtelite als „der
Kommune". Es handelt sich hier nicht darum, aus dem Trümmerschutt
der Arbeiterbewegung die Tradition des freiheitlichen Kommunismus zu
rekonstruieren. Die Kommune, d. h. eigentlich das „Kommune-Modell"
von Marx, negierte systematisch die Notwendigkeit von Politik, politischen Institutionen und verfassungsgemäßen Garantien. Kommune und
Rätebewegung könnten nie den Verfassungsstaat ausmachen, sie könnten
aber Basis sein für die *constitutio libertatis.* So hat es noch Hannah Arendt
gesehen, die stets die Gründerväter der amerikanischen Verfassung und
die Räterevolutionäre von 1956 zu Kronzeugen der Freiheit aufrief.
Heute ist für die ostmitteleuropäischen Demokraten eine Verbindung
zwischen den Institutionen des demokratischen Verfassungsstaats und
den Organisationsformen der Selbsttätigkeit nur noch schwer vorstell-
bar. Freilich bezeugen die Forderungen nach betrieblicher Selbstverwaltung, Dezentralisierung und kommunaler Selbstregierung, die noch vor
wenigen Wochen integraler Bestandteil des Solidarność-Pakets für die
Verhandlungen am runden Tisch waren, dass die Problemstellung „als
solche" weiterexistiert. Nur bildet sie nicht mehr das Spannungsfeld innerhalb einer politischen Theorie der Freiheit, für die die Traditionslinie
von Rosa Luxemburg über Hannah Arendt bis zu Agnes Heller einsteht.

„Die Zeit ist gekommen, sich in die Politik einzumischen." So beginnt
das Dokument „Demokratie für Alle", mit dem die „Bewegung für bürgerliche Freiheiten" sich im November letzten Jahres an die tschechos-
lowakische Öffentlichkeit wandte. Dieser simple Satz enthält ein Programm. Die Grenzlinie der gesellschaftlichen Selbstverteidigung soll
überschritten werden. In den zwölf Kapiteln dieses Dokuments, eines
gemeinschaftlichen Produkts liberaler, konservativer und sozialistischer
„Kräfte", werden die Konturen einer künftigen demokratischen Republik
umrissen. Die Stärke dieser Erklärung liegt nicht in den einzelnen Lö-
sungsvorschlägen – sie sind alles andere als originell. Wirklich neuartig
ist die Einsicht, dass die demokratische Opposition auf die Systemkrise
des realen Sozialismus mit einem Projekt der constitutio libertatis antworten muss, und zwar unabhängig davon, wo die jeweils gültige Kompromisslinie der Machtelite verläuft. Die Lösung dieser Aufgabe kann

allerdings nicht in jener heiteren und entspannten Atmosphäre erfolgen, in die Philosophen am Ausgang des Ancien Régime miteinander kommunizierten. Die dramatische Verschlechterung der Lebensbedingungen, der zivilisatorische Niedergang zwingen der Machtoligarchie und der demokratischen Opposition eine komplizierte, unaufschiebbare Reformarbeit auf, die natürlich von der gegebenen Misere ausgehen und sich in einer Kette von Kompromissen verwirklichen muss. Niemand hat diese Schwierigkeiten schärfer gesehen als der ungarische Beszelö-Kreis um Janoš Kiš. Bereits 1987 wurde von dieser Vereinigung, die sich mittlerweile als „Freie Demokraten" konstituiert hat, vorgeschlagen, innerhalb eines konkreten Reformprojekts Verfassungselemente mitzuverhandeln, die über die Sicherung der Bürger- und Menschenrechte hinausgehen. Die Vorstellung der Gruppe lief darauf hinaus, einer verselbständigten Gesetzgebung und Rechtsprechung das Amt eines starken Staatspräsidenten gegenüberzustellen, der für die Kontinuität der Außen- und Verteidigungspolitik im Rahmen des Warschauer Vertrags verantwortlich wäre. Dieser Präsident wäre von der realsozialistischen Partei zu nominieren und würde einvernehmlich gewählt werden. Das Präsidialsystem böte der Machtelite hinreichenden Schutz und Gelegenheit zur ideologisch-organisatorischen Anpassung, wäre aber kein Fremdkörper innerhalb eines zukünftigen demokratischen Verfassungsstaats. Wie stark der Problemdruck in Richtung solcher Lösungen ist, zeigt die Neigung des Generals Jaruzelski, innerhalb einer abgeänderten Verfassung just diesen Posten zu bekleiden. Also doch 1789, aber ohne 14. Juli, 4. August und – horribile dictu – 21. Januar 1793?

22. Februar 1988

Freibeuter, Nr. 39 (1988)

Reisen in politischer Absicht

Ein paar Lektionen historischer Normalität

Yorick sitzt in einer „Desobligeante", die im hintersten Winkel des Fuhr-
parks eines Gasthofs zu Calais abgestellt ist, zieht den taftenen Vorhang
zu und beginnt, die Vorrede für sein Reisetagebuch zu schreiben. In der
Kategorientafel sämtlicher Reisender, die er sofort mühelos zu Papier
bringt, hat er eine Unterkategorie für sich selbst reserviert – den sen-
timentalen Reisenden. Der Pfarrer Yorick, Lawrence Sternes Geschöpf
und Alter ego, wird uns weder mit Abenteuern noch mit gelehrten Ab-
handlungen über Frankreich, sein Reiseland unterhalten. Gesten, Blicke,
abgerissene Gespräche werden für ihn das Material einer sublimen Beobachtung sein, die nur einen Gegenstand kennt: ihn, Yorick selbst.

Yorick möchte zwar mehrfach die Menschheit umarmen, aber er
weiß genau, dass diesem Versuch allzu deutliche Grenzen gesetzt sind.
Er kultiviert seine Empfindsamkeit. Er ist sentimentaler Reisender, aber
kein Kitschier.

Dies unterschied ihn von uns, den Aktivisten der marxistisch-leninis-
tischen Organisationen, die wir in den siebziger Jahren – mit Einladun-
gen ausgezeichnet – die VR China bereisten. Denn die Absolvierung der
ausgedehnten Routen und Besuchsprogramme diente uns nur zu einem
einzigen Ziel, der emotionalen Kräftigung, der Selbstvergewisserung.
Unsere Reiseberichte waren, wenngleich nicht unterhaltsam, so doch
mit einer Unzahl von Fakten und Details ausgestattet. Aber letztlich
ging es ums Pathos, um Teilhabe am Weltdrama. Die Kulturrevolution –
„Weiterführung des Klassenkampfs unter der Diktatur des Proletariats"
– schien uns das Versprechen einzulösen, das Marx mit den großartigen
Entwürfen des „Bürgerkriegs in Frankreich" gegeben hatte. Abschaffung
des Staates, Aufhebung der Klassen und der Arbeitsteilung, Kommune.
Diese erhabene Grundstimmung prägte unsere Wahrnehmungen und bestimmte den Stil unserer Auftritte. Aber wir hatten Pech – genau wie
unsere revolutionären Großväter in den zwanziger und dreißiger Jahren.
Als wir in China eintrafen, rechnet man mit den Utopisten, unseren Ge-
sinnungsbrüdern, ab. Wir verstanden alles, unterstützten alles, schüttel-
ten dem Volkskommune-Bauern wie dem ZK-Sekretär die Hand – aber
die Gefühle blieben lau. Wir wollten einfache Reisende sein und unsere
Mahlzeiten mit einfachen Leuten teilen. Man steckte uns in Staatskaros-
sen und wir mussten an den Trinksprüchen für die Bankette feilen. Wir

wollten in der Gleichheit der Armut die Keime neuer menschlicher Beziehungen entdecken – jetzt wurden wir belehrt, dass die Verhältnisse einfach rückständig seien und dass es gelte, vom Westen (von „unserem" Kapitalismus!) zu lernen. Wir kehrten zurück, gescheiter, aber arm. Es begann die Zeit der Abrechnungsliteratur, der „zweiten Rückkehr" aus China. Sie wiederholte André Gides Selbstkorrektur aus den 30er Jahren, wie wir die Begeisterungsliteratur, die den Besuchen in die frühe Sowjetunion gefolgt war, wiederholt hatten. Damit schloss sich der Zyklus der Nachahmung.

Milan Kundera hat einmal die Haltung, Katastrophen als bloße Rückschläge eines historischen Prozesses zu Freiheit und Brüderlichkeit zu interpretieren, als den Kitsch des langen Marschs bezeichnet. Nicht die Utopie ist kitschig (sie hat die Funktion einer regulativen Idee), sondern die erhabenen Menschheitsgefühle, die Schrecken und Leid „aufheben". Mit der Gestalt seines Protagonisten Franz, der nach Thailand reist, um an einer grotesken Ärztedemonstration vor den verschlossenen Grenzen Kambodschas teilzunehmen, zeichnet er in „Die unerträgliche Leichtigkeit des Seins" die Beharrlichkeit des kitschigen Seelenzustands nach, der sich noch durchhält, wenn das Scheitern einer großen Hoffnung offenkundig geworden ist.

Franz steigt einfach um. Von der Solidarität mit dem Volk von Vietnam gegen die USA-Imperialisten zur Solidarität mit dem Volk von Kambodscha gegen die vietnamesischen Imperialisten. Kundera lässt ihn in Bangkok einen sinnlosen und lächerlichen Tod sterben. „Ihr wechselt einfach eure Götter aus" flüsterte mir 1980 eine alte Freundin aus den Zeiten des SDS ins Ohr. Sie wusste, dass ich soeben die Vereinigung „Solidarität mit Solidarność" mitbegründet hatte. Nicht wenige Aktivisten dieses Komitees, die sich bald darauf als Transporteure von Hilfsgütern, Spenden und Druckmaschinen auf den Weg nach Polen machten, waren tatsächlich der Meinung, die sozialistische Revolution sei in einem sozialistischen Land ausgebrochen. Sie waren begeistert vom Schwung der Masseninitiative und den Erfolgen der Selbstorganisation, verständnisvoll gegenüber dem Abscheu, der den „Roten" entgegengebracht wurde, und hörten nicht hin, wenn die Rede auf Ronald Reagan kam. Ein Jahr währte nach der Proklamation des Kriegsrechts noch die revolutionäre Reisetätigkeit – dann versickerte sie. Einige wandten sich aufs Neue oder erstmals dem politischen Ferntourismus zu, aber die meisten entdeckten die Schönheit des Appenin oder der deutschen Mittelgebirge. Man konstatierte die Krise der internationalen Solidarität.

Im Gegensatz zu den meisten meiner Freunde bin ich bis heute von
der üblen Angewohnheit des Reisens in politischer Absicht nicht losge-
kommen. Seit zehn Jahren bereise ich die Region, die man jetzt wieder
Ostmitteleuropa nennt. Ich kann nicht einmal für mich in Anspruch nehmen, kultureller Wehmutstourist zu sein, der auf den Ruinen des untergegangenen Kakanien einer vertanen historischen Alternative nachtrau-
ert. Noch immer bin ich fasziniert von den Bildern der „Grands Jours",
von der heiteren Zuversicht, wie sie zuletzt auf dem Tiananmen zu sehen
war, ehe die Panzer kamen. Noch immer hoffe ich insgeheim, dass das
Engagement und die Opfer so vieler seit dem Oktober 1956 nicht vergeblich gewesen sind.

Kürzlich erteilte Adam Krzemiński, scharfsinniger Redakteur der
polnischen *Polityka,* einigen Freunden und mir nach einer Veranstaltung
in Westberlin etwas Nachhilfeunterricht. „Ihr habt die Polen wegen der
Solidarność geliebt, wegen des Muts und der Selbstlosigkeit, die Ihr in
eurem eigenen Land so schwer findet. Aber damit ist es jetzt vorbei. Wir
werden jetzt genauso wie Ihr – nur noch etwas hässlicher. Das ist gut so.
Jeder wird sich selbst der Nächste sein, jeder wird versuchen, sich selbst
aus dem Sumpf zu ziehen. Es gibt keinen anderen Weg." Trotz guter Absichten gelingt es dem polnischen Journalisten nicht, uns zu schockieren.
Wir sind abgehärtet, wir haben die Lektionen historischer Normalisie-
rung gelernt. Wenn wir uns jetzt in ein überfülltes Abteil des Zugs nach
Warschau klemmen, wird Lawrence Sterne eine neue Subkategorie für
uns erfinden müssen. Aber unsere Reise wird weiterhin eine *sentimental
journey* sein.

Freibeuter, Nr. 41 (1989)

Hurenmetaphorik

Kritik an der Behandlung Ostmitteleuropas
in der grünen Wahlplattform

Bei der Lektüre der Präambel zur Wahlplattform, die am letzten Wochen-
ende von der Bundesversammlumng der Grünen verabschiedet wurde,
fühlt man sich in den Gottesdienst frommer protestantischer Sektierer
versetzt. Eine schwer erträgliche Mischung aus Selbstgerechtigkeit und
Wüten wider die Hure Babylon durchzieht den Abschnitt, der vom Zusammenbruch des realen Sozialismus handelt. Haben „die Grünen" wirklich, wie es im Text heißt, die oppositionellen Bewegungen in Osteuropa
unterstützt, oder war es eine kleine Minderheit, die sich oft genug dem
Vorwurf eines platten Antikommunismus ausgesetzt sah? Die Verfasser
beklagen, dass der rechte Glaube, das „humanistisch-emanzipatorische
Ideal des Sozialismus" historisch in die Despotie umgeschlagen sei. Ein
paar Überlegungen zu den dunklen Seiten, die dieser Utopie von Anfang
an anhafteten, wäre nicht übel gewesen, und das durchaus im Interesse
künftiger linker Politik.

Nach der Selbstvergewisserung folgt die Strafpredigt: Die Bundesre-
gierung praktiziere keine humane Solidarität und Hilfe, sie habe nur die
obszöne Überzeugungskraft der DM anzubieten, mit der sie schamlos
und in der Pose des Zuhälters die osteuropäischen Gesellschaften zur
Prostitution, zum Verkauf ihrer selbst treibe. In dieser puritanischen Hu-
renmetaphorik geht buchstäblich alles unter, was zur Klärung der kom-
plizierten Lage in Ostmitteleuropa beitragen könnte. Noch einmal: die
Gesellschaften dieser Länder benötigen dringend westliches Kapital zur
Instandsetzung ihrer kaputten Infrastruktur und zur Modernisierung ihrer völlig veralteten Industrie. Die Grünen können Druck machen für
Schuldenerlass und günstige Konditionen fordern für künftige Kredite.
Sie können ökologisch sinnvolle Projekte fördern und Ratschläge geben,
wenn man sie fragt.

Bei „Alternativen für drüben", die die Verfasser der Präambel in Aussicht stellen, sollten die Grünen sich besser zurückhalten. Der in der
Präambel geäußerte Verdacht, die osteuropäischen Gesellschaften ließen
sich – wenn auch unter dem Zwang der Verhältnisse – zur Prostitution herbei und seien kollektiv Opfer westlicher Manipulation, zeugt von
Überheblichkeit, Unwissenheit und ist eine Unverschämtheit gegenüber
den Völkern dieser Region. Ausgerechnet diejenigen, die im Gegensatz

zu den Intellektuellen etwa Polens und der Tschechoslowakei die gesellschaftliche Dynamik in den beiden Deutschlands völlig falsch beurteilten, die sich mit ihrer sterilen Zweistaatlichkeitsdogmatik um allen politischen Kredit gebracht haben, sie treten schon wieder als Prediger auf.
Runter von der Kanzel!

taz vom 3. April 1990

Normalität als gesellschaftliche Aufgabe

Zur Unterzeichnung des deutsch-polnischen Freundschaftsvertrages

Im alten polnisch-ermländischen Städtchen Morąg steht ein Denkmal, errichtet für einen deutschen Philosophen: Johann Gottfried Herder. „Freund der slawischen Völker", ist auf dem Sockel zu lesen. Eine traurige Inschrift. Wie muss es um das Verhältnis der Deutschen zu ihren östlichen Nachbarn bestellt gewesen sein, dass die Stifter des Denkmals es für angebracht hielten, der Freundschaft Herders so feierlich zu gedenken?

Unter denen, die sich diesseits und jenseits der Oder ein Menschenalter lang für die polnisch-deutsche Verständigung abmühten, löst die Unterzeichnung des Freundschaftsvertrags keine Begeisterung aus, oft nicht einmal Genugtuung. Zu offensichtlich wurde der Abschluss der Verträge für die deutsche Seite als Preis der deutschen Einheit angesehen. In zu trostloser Erinnerung sind die Windungen und Wendungen unserer Regierung, ihre innenpolitischen Rücksichtnahmen. Von einer sinnfälligen symbolischen Handlung, die wichtig gewesen wäre bei diesem so symbolanfälligen Volk, keine Spur. Menschlich überzeugende Gesten fehlten sowieso. Dafür der Empfang der ersten visumfrei reisenden Polen an der „Brücke der Freundschaft" durch eine Horde von Rechtsradikalen, der niemand Einhalt gebot, nicht die Polizei und erst recht nicht die Regierungsvertreter, die trotz notorischer Publicity-Geilheit ausgerechnet diesen Termin ausließen. Es ist wahr, die ökonomischen Imperative zwingen Polen dazu, die Zusammenarbeit mit Deutschland um jeden Preis zu suchen. Aber genauso wahr bleibt, dass Politik nicht in Schuldenerlass und wohldosierten Almosen aufgeht. Es wird Jahrzehnte brauchen, ehe die vielbeschworene „Normalität" etwa des deutsch-französischen Verhältnisses auch das deutsch-polnische bestimmen wird. Aber man kann diese gesellschaftlichen Prozesse fördern. Nicht nur durch langfristige Projekte wie das gemeinsame Jugendwerk, sondern sofort und unkompliziert. Beispielsweise materiell, indem das Verbot befristeter Ferienarbeit für osteuropäische Touristen gelockert wird. Oder kulturell, indem unsere Regierungen die Arbeit der polnischen Vereinigungen in Deutschland unterstützen, statt sich ausschließlich zum Schirmherrn der Oppelner Schlesier aufzuschwingen. Oder psychologisch – und sei es nur, indem der impertinenten deutschen Überheblichkeit, der Besserwisserei und Belehrungssucht öffentlich entgegengetreten wird oder indem man sich

– wenn auch nur einen Augenblick lang – anstecken lässt von der Großzügigkeit, der Leichtigkeit, dem liederlichen Charme unserer östlichen
Nachbarn. Aber das geht über die Kraft unserer Biedermeier.
　Verständigung muss von unten wachsen – das ist ebenso trivial wie
wahr. Bedenkt man allerdings die Stimmungen, die hierzulande den Polen entgegenschlagen, so möchte man fast zu der Schlussfolgerung gelangen, unsere Regierung sei hier trotz allem ihrem Volk voraus. Und dennoch: Lasst uns auf die hochgestimmten kleinen Freundeskreise setzen,
die sich von Szczecin bis Görlitz der Völkerverständigung widmen – und
auf den *common sense* der Grenzbewohner, die wöchentlich einmal nach
Polen hinüberfahren, um billig einzukaufen. In den Kommunen östlich
der Oder regieren viele neue Bürgermeister, zumeist ehemalige Aktivisten der Solidarność, die die historischen Aufrechnungen satt haben. Man
beginnt sich mit einer lokalen und regionalen Geschichte zu identifizieren, die nicht polnisch ist – aber eben auch nicht „rein" deutsch. Der Entschluss der brandenburgischen Landesregierung, die neue Universität in
Frankfurt/Oder als eine multikulturelle Institution mit Schwerpunkt
Ostmitteleuropa zu konzipieren, ist deshalb eine Pioniertat gesellschaftlicher Verständigung. Johann Gottfried Herder, den die Nationalisten
vergeblich zu schlucken versuchten, wird sich im kleinen Mohrungen,
das heute Morąg heißt, darüber freuen.

taz vom 18. Juni 1991

Großer Beginn, trauriger Abgang

Lech Wałęsas Amtszeit als Präsident Polens endet.
Der Ko-Architekt von Polens neuer Demokratie
war später, als skrupelloser Taktiker der Macht,
hauptsächlich mit ihrem Abriss beschäftigt

Unerwartet taucht er auf, ergreift umstandslos das Wort, redet staccato,
ohne sich ein einziges Mal zu verhaspeln, bittet, droht, reißt die nötigen Witze – und wiegelt ab. Lódz, Sommer 1981, Büro der regionalen
Solidarność-Leitung: Der Hungermarsch von 50.000 Frauen durch die
Petrikauer Straße ist schon unterwegs; wie soll die Revolution sich noch
selbst begrenzen? Einige Wochen später, auf dem Kongress der Solidarność in Gdansk, wird der berühmte Aufruf an die Arbeiter Osteuropas
verabschiedet, für ihre Rechte und Freiheiten zu kämpfen – und damit
Breschnew direkt ins Gesicht gespuckt. Wałęsa, Chef der Solidarność
und ehemaliger Elektriker, arbeitet verzweifelt daran, die Verbindung
zwischen der sich radikalisierenden Gewerkschaft und der sich zersetzenden Staatsmacht unter Strom zu halten. Dann der Kurzschluss am
13. Dezember 1981: Kriegszustand, Internierung, und hinter dunklen
Gläsern verkündet General Jaruzelski im Fernsehen „Noch ist Polen
nicht verloren."

   Lech Wałęsa hatte im August 1980 einen Traum wahr gemacht, von
dem die Revolutionäre im Westen sich längst verabschiedet hatten: eine
sich selbst organisierende, selbst verwaltende Bewegung der ArbeiterIn-
nen im Bündnis mit der demokratischen Intelligenz. Es war Wałęsas enge
Beziehung zu den Arbeitern nicht nur an der Lenin-Werft, sondern in
der ganzen Küsten-Dreistadt, es war seine Fähigkeit, zu improvisieren,
zuzuhören, Beschlüsse notfalls umzuwerfen, die den ursprünglich engen
Rahmen des Streiks sprengte, zur Bildung des überbetrieblichen Streik-
komitees führte und zur Übernahme demokratischer Forderungen in
den Streikkatalog. Es war die Zusammenarbeit mit den „Experten" der
katholischen und linksdemokratischen Intelligenz – Mazowiecki, Geremek, Strzelecki –, die den Erfolg der Verhandlungen mit der polnischen
Staatsmacht und die Zulassung der ersten freien Gewerkschaft im Realsozialismus möglich machte.

   Wer diese Tage, die die Welt des Realsozialismus erschütterten, wer
Wałęsas Rolle in diesem bewegenden Schauspiel vergisst oder mindert,
wird niemals gerecht über jenen Mann urteilen können, der jetzt unter

so schäbigen Umständen das Präsidentenpalais verlässt. Wałęsa selbst ist
es gewesen, der seinen Mythos zerstört und der der polnischen Demokratie, zu deren Gründern er doch gehörte, schweren Schaden zugefügt
hat. Während in den 80er Jahren noch seine flexible, dabei aber prin-
zipienfeste Haltung wesentlich zum Erfolg des „runden Tisches" 1989
beitrug, zeigte schon das Jahr 1990 den PolInnen einen Wałęsa, dessen
Ambitionen und dessen Sendungsbewusstsein in keinem Verhältnis zu
seinem politischen Gestaltungsvermögen standen.

Nötig wäre gewesen, das Solidarność-Lager über die ersten Jahre einer bitteren, opferreichen Übergangsperiode zusammenzuhalten. Aber
mit seinem „Krieg an der Spitze" sprengte Wałęsa dieses Lager auseinander und trug dazu bei, dass der notwendige Prozess der Parteibildung
unnötig forciert wurde und in jeder nur denkbaren Sackgasse landete.
Sicher trägt die demokratische Intelligenz, die die ersten beiden Soli-
darność-Regierungen stellte, ihre Mitschuld an dieser Katastrophe. Allzu
arrogant, allzu selbstsicher, ohne die Mitwirkung der „Betroffenen" zu
suchen, ließ sie die Walze der wirtschaftlichen Sanierung los. Die Arbei-
terInnen waren ihr nur noch hinderliche Objekte der Umgestaltung, sie
galten als selbstsüchtig, konservativ. Wałęsa hingegen ließ die Menschen
an einem magischen Versprechen teilnehmen. Er, der es liebte, von sich
in der dritten Person zu reden, wollte „die Dinge in Ordnung bringen".
„Beschleunigung" der Reform – aber in welcher Richtung? – wurde zu
seinem Zauberwort. Damals sagte er: „Ich weiß nicht, ob ich wirklich ein
Führer bin. Ich weiß nur, dass ich das Gefühl für die Dinge in den Kno-
chen habe. Wenn die Herde schweigt, weiß ich, was ich zu sagen habe."

Während des Präsidentenwahlkampfs von 1990 spielte er auf infame Weise mit antisemitischen Emotionen: „Jeder soll sagen, wer er ist.
Die Linken sollen sich als Linke bekennen, die Juden als Juden." Dieser
Satz zielte auf seinen Konkurrenten Mazowiecki, dem es einfach zuwider
war, das Gerücht zu dementieren, er stamme von jüdischen Vorfahren ab.
Wałęsa hatte es erreicht, dass der Präsident noch vor einer verfassungsge-
benden Nationalversammlung gewählt wurde. Einmal im Amt, drang er
auf die Errichtung eines strikten Präsidialsystems. Diese fatale, von ihm
zu verantwortende Zeitplanung brachte es mit sich, dass die wichtigsten
Verfassungsfragen zum Spielball taktischer Machtkalküle verkamen.

Das verabschiedete Verfassungsteilstück, die „kleine Verfassung", legte
er extensiv zugunsten der präsidialen Vollmachten aus. „Falandisierung
des Rechts" nannten die Polen den Versuch, mit Hilfe des skrupello-
sen Rechtsprofessors Falandysz die Kontrolle über die „Ministerien der

Macht" (Äußeres, Inneres und Verteidigung) und über das Fernsehen an sich zu reißen. Ihren Höhepunkt erlebte diese Arbeit der Aushöhlung mit Wałęsas Versuch, das Budget 1994 zu vereiteln, um danach den Sejm auflösen zu können. In seinem Tadelsantrag sagte damals der alte Weggefährte Bronislaw Geremek: „Die Demokratie ist in Gefahr, und die Ursache dieser Gefährdung sind Sie, Herr Präsident." Und Karol Modzelewski, auch er demokratischer Oppositioneller seit den 60er Jahren, schrieb: „Der Rechtsstaat ist bereits untergraben. Das Belvedere (damals der Präsidentensitz) und die Regierung betrachten Polen als Spielplatz, bei dem der gewinnt, der am unfairsten spielt."

Die Kanzlei des Präsidenten verkam zu einem überdimensionierten Hofstaat, wo Kazimierz Wachowsky, Wałęsas ehemaliger Fahrer, nach Belieben waltete. Der Präsident verhandelte mit Gott in einer Kapelle, die im Präsidentenpalais ausschließlich für ihn eingerichtet wurde. Das wurde nicht goutiert. Ebenso wenig wie das ständige Geharke, das sich der Präsident mit der seit Ende 1993 amtierenden Linksregierung lieferte. Seine Popularitätskurve sank ins Aschgraue.

Wałęsa schien am Ende, rappelte sich zum Erstaunen der Welt wieder auf und unterlag schließlich doch im Kampf um eine zweite Amtszeit. Dem Land hat er ein schweres Erbe aufgebürdet. Indem er für den Fall von Kwasniewskis Sieg die „Rückkehr der Kommune" beschwor, hat er die Gesellschaft in eine sterile Polarisierung getrieben. Die demokratischen Institutionen aber hat er geschwächt zurückgelassen.

taz vom 23. Dezember 1995

Kartoffelernte

**Wie ein Satireartikel der taz, der Polens Präsident
als „Kartoffel" bezeichnete, zu einer polnischen
Realsatire wurde**

Jede Satire, die etwas taugt, lebt von Übertreibungen, fiktionalen Be-
hauptungen, von Unverschämtheit und von Manövern am Rande des
guten Geschmacks, vor allem, wenn es um Staatsmänner geht, also Leute, die sich von Amts wegen wichtig nehmen. Satiren sollen von ihren
Opfern ertragen, aber von ihren Lesern goutiert oder – je nach Gusto
– angewidert beiseite gelegt werden. So die Spielregel auch im Fall der
Satire, die in der *taz* über den polnischen Präsidenten Lech Kaczynski
verfasst wurde.

   Wer hätte jemals zu hoffen gewagt, dass der Kartoffel-Satire eine
zweite, viel größer dimensionierte folgen würde, diesmal mit dem polnischen Staatspräsidenten höchstselbst als Autor? Die Realsatire Kaczynskis
als Reaktion auf die *taz*-Satire hatte wirklich durchschlagenden Erfolg,
zog mehrere Wochen mit ständig neuen Überraschungen die Aufmerksamkeit des Publikums auf sich. Immer noch ist eine Fortsetzung zu er-
hoffen – wenn alles klappt, mit einem Prozess gegen die *taz* wegen Beleidigung eines ausländischen Staatsoberhaupts.

   Glaubt man der regierungsoffiziellen Propaganda, so reiht sich die
taz-Satire in einen Generalangriff ein, den die deutschen Medien seit
Monaten nicht gegen die Zwillinge an der Macht, sondern gegen die
polnische Nation führen. Dies mit dem Ziel, alte Vorurteile wiederzu-
beleben und neue zu säen. Angestrebt werde ein Umsturz historischer
Urteile, statt der Täter- wollen die Deutschen jetzt die Opferrolle übernehmen. Den Polen werde ein engstirniger, nur auf den eigenen Vorteil
bedachter Nationalismus unterstellt. Dies mit dem Ziel, das Land innerhalb der Europäischen Union nach Kräften zu ducken und zu isolieren.

   Was den „antipolnischen" Kurs der *taz* anbelangt, liegt die Haltlosig-
keit eines solchen Vorwurfs auf der Hand. Die *taz* hat während der So-
lidarność-Zeit 1980/81 die Freiheitsbewegung konsequent unterstützt.
Das war keineswegs einfach, denn für viele Linke galt damals: der Freund
meines Feindes (des amerikanischen Präsidenten Reagan) ist mein Feind.
1990/91 verfochten wir gegenüber dem Zögern des Bundeskanzlers
Kohl die Forderung, den Grenzvertrag unverzüglich zu unterschreiben.
Wie wir auch später anlässlich der Entschädigung der Zwangsarbeiter

die Belange der „östlichen", also auch der polnischen Zwangsarbeiter mit Nachdruck vertraten. Überflüssig zu sagen, dass wir den Eintritt Polens in die EU begrüßten. Wir handelten so, weil wir die polnische historische Erfahrung im 20. Jahrhundert für wichtig ansahen, wichtig für uns Deutsche, wichtig für Europa. Natürlich gab und gibt es in unserer Zeitung unterschiedliche Auffassungen innerhalb der Spannweite demokratischen, ökologisch und sozial orientierten Denkens. Aber es setzte sich doch die Auffassung durch, dass das polnische Exempel uns Lehren bietet. Es geht um ein unbedingtes Freiheitsbewusstsein, das seine Kraft aus dem Kampf gegen den Totalitarismus zog, um die Fähigkeit zur gesellschaftlichen Selbstorganisation, um den gelungenen unblutigen Übergang zur Demokratie, um die Vision eines geeinten, demokratisch und sozial verfassten Europa, wie es einst Marcin Król mit der Parole „Aut Europa, aut nihil" zusammengefasst hat. Aus all diesen Gründen haben wir in den polnischen Ereignissen stets mehr gesehen als eine „nachholende Revolution". Der Crash-Kurs in Polen zur Durchsetzung von Markt und Privateigentum samt seinen sozialen Härten begegnete auch in unserer Zeitung vielen Bedenken, aber es bestand doch auch die Hoffnung, dass zukünftig eine neu begründete demokratische Linke die Fehlentwicklungen korrigieren werde. Stattdessen erleben wir jetzt, wie angesichts der Diskreditierung der Postkommunisten und der Schwäche linksdemokratischer Positionen in Polen eine Koalition von Konservativen, Nationalklerikalen und Populisten die soziale Frage aufgreift. Sie hat keinerlei realistische Lösungen im sozialen Bereich anzubieten, stattdessen versucht sie mittels einer Art kompensatorischer Strategie, Bedrohungsängste zu schüren und sich zum Verteidiger der polnischen Nation zu stilisieren.

Nach innen als Retter vor den Postkommunisten und deren Satelliten einschließlich der liberalen Politiker. Nach außen als Schutzwall vor den expansionistischen, herrschsüchtigen und arroganten Deutschen. Da die nationalistische Politik dem Primat der Innenpolitik folgt, ist es schwer, ihr mit einer realistischen Einschätzung des polnisch-deutschen Verhältnisses entgegenzutreten.

Natürlich ist dieses Verhältnis gegenwärtig auf staatlicher Ebene Belastungen ausgesetzt, was keineswegs nur auf das Konto der polnischen Seite geht. Der polnische Protest gegen das Projekt der Ostsee-Pipeline ist ebenso einsehbar wie die Einwände, die nach wie vor von polnischer Seite gegen das „Zentrum gegen Vertreibungen" und dessen Unterstützung durch die Bundeskanzlerin vorgebracht werden. Aber charakteristisch für

die Haltung der Kaczynski-Regierung ist doch, dass diese Streitpunkte nur
Material abgeben für eine allseitige Strategie der Abgrenzung. Wo in Streit-
punkten Kompromisse möglich wären, werden diese zurückgewiesen.
Bei gemeinsamen, bislang erfolgreichen Projekten wie der Universität
Viadrina oder dem Jugendwerk wird gemauert. Und auf der symbolischen politischen Ebene wird auf Konfrontation gesetzt. Hier, in dieser
systematisch betriebenen Abgrenzungsstrategie der Kaczynski-Brüder,
liegt der Problemkern.

Darf eine deutsche Zeitung sich überhaupt derartige Einschätzungen
erlauben? Eigentlich steht nicht die Berechtigung einer Satire in Frage,
sondern die Legitimität jeder grundlegenden Kritik von Seiten Deutscher.
Wer diese Legitimität verneint, vergisst indes, dass die Kritik an den
Kaczynskis kein spezifisch polnisch-deutsches Problem ist und ihre Wur-
zel auch nicht in spezifisch deutschen Verhältnissen findet.

Sowohl bei der Regierungsbildung in Österreich unter Einschluss
des rechten Populisten Haider wie auch bei den Versuchen des italienischen Premiers Berlusconi, die Medien und die Justiz seines Landes
„gleichzuschalten", kam es zu europäischen Protestbewegungen, an denen sich auch zahlreiche Deutsche beteiligten. Es handelt sich hierbei
um einen Vorgriff auf eine europäische Öffentlichkeit, die bislang nur in
Ansätzen existiert. Gleiche Tendenzen der Europäisierung bzw. Interna-
tionalisierung sehen wir auch in der ökologischen, der globalisierungs-
kritischen und in der Friedensbewegung anlässlich des Irakkrieges.

Entscheidend für die kritische Orientierung der *taz* gegenüber den
Kaczynskis wurde deren Haltung zur Homosexualität und zu der Gleichheitsparade in Warschau. Es wurde in der polnischen Öffentlichkeit oft
nicht richtig verstanden, dass es sich hier nicht nur um das Recht der
Schwulen und Lesben auf öffentlichen Ausdruck ihrer sexuellen Orientierung handelte, sondern im Kern um die Verteidigung der Meinungs-
und Informationsfreiheit. Dies ist auch der Grund, warum sich nicht nur
Schwule, sondern auch viele „Heteros", darunter auch Mitarbeiter der
taz an der letzten Gleichheitsparade in Warschau beteiligt haben. Für die
Haltung der deutschen Öffentlichkeit wurde der Ausspruch eines führenden polnischen Politikers wichtig, der vorschlug, die Teilnehmer der
Warschauer Gleichheitsparade den Gummiknüppel spüren zu lassen.
Schließlich wisse man, dass Homosexuelle feige seien. Solche Aussprü-
che wurden nicht nur im alternativen Milieu als faschistisch empfunden.

Ein weiterer Stein des Anstoßes war die Haltung der Kaczynski-Brüder
zur Todesstrafe. Da ihre Wiedereinführung mit dem Acquis communitaire

der Europäischen Union unvereinbar wäre, sprechen die Befürworter „nur"
von ihren persönlichen Ansichten. Aber gerade solche Ansichten sind es,
die das Bild der polnischen Regierung im westlichen Ausland verdüstern.
Auch die positive Äußerung des Vorsitzenden der Bauern-Krawall-Partei
„Samoobrona", Lepper, zum Hitler'schen Arbeitsbeschaffungsprogramm
gehört in diesen Komplex. Der Mann ist immerhin stellvertretender Mi-
nisterpräsident und es scheint ihm egal zu sein, welchem Ziel eigentlich
die Hitler'sche Wirtschafts- und Sozialpolitik vor 1939 diente.

Besonders beunruhigt ist nicht nur unsere Zeitung, sondern die deutsche wie die westliche Öffentlichkeit angesichts des Eintritts der „Liga
polnischer Familien" in die Regierungskoalition. Die Jugendorganisation
dieser Partei, die „allpolnische Jugend", hat sich in der Vergangenheit
durch Überfälle auf alternative Gruppen hervorgetan. Das Bild der
„Liga" wird in unserer Wahrnehmung vom Geist des Nationalismus und
Antisemitismus geprägt, mag sich deren Vorsitzender Roman Giertych
auch taktisch von allzu offenherzigen antisemitischen Äußerungen der
Vergangenheit distanzieren.

Die gegenwärtige polnische Regierung sieht sich als Speerspitze des
Kampfs gegen eine deutsche Geschichtsrevision. Nach ihr sollen die
Ursachen der Vertreibung der Deutschen nach 1945 verschleiert, also
Ursache und Wirkung vertauscht werden. Dieser Einschätzung liegt
eine doppelte Fehlwahrnehmung zugrunde. Es wird von einem revanchistischen Machtblock ausgegangen, der jetzt die Gewichte in der
deutschen Öffentlichkeit verschiebe. Speziell der Führung des „Bundes
der Vertriebenen" und Erika Steinbach wird eine zentrale Machtpositi-
on zugeschrieben, während in Wirklichkeit der BdV in der deutschen
Innenpolitik mehr und mehr an Einfluss verliert und die Organisation
selbst von tiefen Widersprüchen durchzogen ist. Wie wenig die polnische
Regierung daran interessiert ist, die realen Verhältnisse zur Kenntnis zu
nehmen, zeigte sich anlässlich der Ausstellung des „Zentrums gegen Vertreibungen", „Erzwungene Wege". Was hier polnische Regierungsoffizi-
elle an Kritik der Ausstellung vorzubringen hatten, entsprach in keiner
Weise dem, was tatsächlich gezeigt wird. Das Urteil stand von vorneher-
ein fest, so dass die Urteilenden sich gar nicht der Mühe unterziehen
mussten, die Ausstellung zu besuchen.

Die *taz* war und ist gegen das „Zentrum gegen Vertreibungen", sie hat
in ihrer Rezension der Ausstellung „Erzwungene Wege" eine Reihe von
konkreten Einwänden vorgebracht, die sich allerdings an der Auswahl der
Dokumente wie den Erklärungstexten festmachten. Unsere Zeitung

sieht den Begriff der „Geschichtspolitik" als ein ideologisches Konstrukt an, als Versuch, die Geschichte propagandistisch für die je eigene Politik auszuschlachten. Geschichtspolitik in diesem kritisch
gemeinten Sinn finden wir in der Ausstellung „Erzwungene Wege",
aber auch in den Reaktionen, die von offizieller polnischer Seite auf
sie erfolgten. Allzu durchsichtig wird hier auf der Klaviatur der Opfer-
konkurrenz gespielt und versucht, den Vertriebenen ein Schweigegebot
über ihr Schicksal zu diktieren. Dieser Versuch schlägt natürlich fehl und
stärkt nur die geschwächte Position Erika Steinbachs.

Dem nationalistischen Abgrenzungsdiskurs der gegenwärtigen polnischen Regierung sind allerdings Grenzen gesetzt – durch die Entwicklung zivilgesellschaftlicher Initiativen, Institutionen und durch zahlreiche
Einzelne, die mit ihren deutschen Partnern oft seit langem zusammen-
arbeiten, einer ideologischen Ausrichtung „von oben" nicht bedürfen
und sich auch nicht einschüchtern lassen. Es gibt zu zahlreiche und zu
vielfältige Erfahrungen der Polen mit Deutschen und der Deutschen mit
Polen, als dass diese über den Leisten der Kaczynskis geschlagen werden könnten. Unsere Zeitung will auch künftig einen kleinen Beitrag
leisten, diese Netze zu festigen.

Gazeta Wyborcza vom 9. Februar 2006

Jaroslav Šabata zum 70. Geburtstag

Jaroslav Šabata (1927–2012) war führender Politiker des Prager Frühlings, Demokrat und Sozialist. Wegen seines Widerstands gegen die sowjetische Okkupation verbrachte er sieben Jahre in Haft. Er gehörte zu den Gründern der Bürgerrechtsbewegung Charta 77 und war einer ihrer Sprecher. In den 80er Jahren unterhielt er enge Beziehungen zu den Aktivisten der blockübergreifenden Friedensbewegung. Als Initiator des Prager Appells bezeichnete er die damals kaum vorstellbare deutsche Vereinigung als notwendigen Schritt zur Überwindung der europäischen Spaltung.

Wenn wir an Jaroslav denken … fällt uns zuerst jenes poststalinistische Hotel an der Peripherie Brünns ein, wo wir ihn irgendwann zu Beginn der achtziger Jahre zum ersten Mal trafen. Das „Woronesch", ein Prachtbau von schäbiger Eleganz, verdankte seinen Namen der Niederlage der Wehrmacht im gleichnamigen Kessel. Aus irgendeinem Grund war Jaroslav der Meinung, es sei abhör- und observationssicher.

Wir kannten Jaroslav Šabatas Namen schon aus unserer maoistischen Zeit, aus den siebziger Jahren. Im Zentralorgan unserer Partei prunkte sein jugendliches Foto (die Redaktion hatte ihn mit seinem Schwiegersohn verwechselt) über einem Artikel, in dem mit den neuen Unterdrückungsmaßnahmen des „sowjetischen Sozialimperialismus" in der ČSSR abgerechnet wurde. Damals luden wir häufig demokratische Emigranten aus dem „Ostblock" ein, die, etwas befremdet über rote Fahnen und Mao-Poster, ihre demokratische Botschaft in unseren Reihen verbreiteten. Eine erfolgreiche Zersetzungsarbeit, wie sich später herausstellte.

Nach Brünn waren wir über Polen gekommen, was zwar geografisch ein Umweg, aber politisch der kürzeste Weg war. In der Zeit der legalen Existenz von Solidarność und erst recht danach hatten wir zum deutschen Unterstützerkreis der Gewerkschaft gehört. Uns interessierte das Verhältnis der Charta 77 zur Solidarność, ihre Ähnlichkeit wie ihre Unterschiedlichkeit als Bürgerbewegungen.

Jaroslav war ein schlechter Esser, sein im Gefängnis ruinierter Magen spielte nicht mit. Aber während er noch in seiner geliebten Svičkova herumstocherte, ging er schon zum Angriff über. Die Solidarność, bei all ihrem Glanz und ihrer Größe, hinke eine ganze Generation hinter

der Charta her. Warum? Das Konzept der Gegengesellschaft sei perspek-
tivlos, es verbaue den Weg zu einer Koalition, die die Herrschaft der
Realsozialisten wirklich ablösen könne. Was hätte Solidarność getan, um
die Hunderttausende von Parteimitgliedern zu integrieren, die sich ihr
angeschlossen hatten? Jaroslav grinste freundschaftlich, er schaute uns an
mit jenem charismatischen Blick, über den Milan Kundera im „Buch des
Lachens und des Vergessens" halb-ironisch, halb gefangen berichtet hatte.
Die Machtfrage, ach ja. Wir hörten das nicht mehr so gern, wir waren,
die polnische Erfahrung im Blick, Fans der „sich selbst begrenzenden Revolution".

An jenem Vormittag im „Woronesch" bekannte sich Jaroslav als lei-
denschaftlicher „Chartist". Gerade auf dem Boden der Menschen- und
Bürgerrechte, gerade durch die Koalition heterogener politischer Kräfte
lasse sich ein Programm des friedlichen Übergangs verwirklichen. Hatte
Tomáš Garrigue Masaryk nicht von der demokratischen, sozialen, sich
selbst verwaltenden Republik gesprochen? War es jetzt nicht möglich,
jene verhängnisvolle Spaltung des revolutionären Denkens, die „Doppelhäusigkeit" zu überwinden, die Polarisierung Šmeral gegen Masaryk, die
Trennung der Wege nach 1918?

Jaroslav entwickelte die Idee des „demokratisch-sozialistischen
Blocks". Das wichtigste seien die unabhängigen Demokraten in der
Charta. Dann aber gelte es, denen in der Kommunistischen Partei einen
Ausweg zu zeigen, die die Reform wollten. „Klingt etwas nach der Neuauflage altbackener kommunistischer Bündnisstrategien", warfen wir
ein. Jaroslav lachte, „die meisten Revolutionäre kehren irgendwann heim
zu ihren Frauen, wir aber bleiben bei den Beschlüssen des VII. Weltkon-
gresses!"

„Habt Ihr schon mal den Namen Gorbatschow gehört?", fragte uns
Jaroslav, „ein interessanter junger Mann." Hatten wir nicht. Jaroslav, der
scheinbar Isolierte, hatte nicht nur von ihm frühzeitig Notiz genommen.
Er kannte sie, die heimlichen Wühler im Moskauer Institut für weltwirt-
schaftliche Beziehungen, die Ambarzumovs, die Daschitschews, sie alle,
die ein paar Jahre später dem staunenden westlichen Publikum das „Neue
Denken" vorführen sollten. Er wusste, wie sein Antipode Mlynář, dass
es in der Sowjetunion „losgehen" würde. Aber anders als Mlynář (oder
Dubček) wollte er nicht abwarten.

Wir erlebten an jenem Vormittag in Brünn einen Menschen, dem jeder Provinzialismus fremd war, auch der tschechische. Der nicht fragte,
worin die tschechische Identität gründe, obwohl ihm diese Frage kei-

neswegs gleichgültig war. Gerade war er dabei, seinen Dialog mit jenem Teil der „blockübergreifenden" westlichen Friedensbewegung zu führen, der auch wir, die Besucher aus Deutschland, uns zuzählten. Gerade war er dabei, die Idee des reichen, „unteilbaren" Friedens zu entwickeln, der die Menschenrechte einschließen müsse – und die Aufhebung der Teilung Europas, auch eine Erscheinungsform der „Doppelhäusigkeit". Man müsse die europäische Frage „radikalisieren". Eine vertraute, aber doch so fremd gewordene Formel in den Ohren ehemaliger Linksradikaler.

Und dann: Deutschland. Die Notwendigkeit der deutschen Einheit hatten wir früher, in einer absoluten Minderheitsposition, innerhalb der revolutionären Linken vertreten: „Für ein unabhängiges, vereintes, sozialistisches Deutschland". Was aber Jaroslav darlegte, war kein wie immer geartetes, verschwommenes Postulat, sondern eine strategische Position. Nicht gegen, sondern *mit* einer (reformierten) Sowjetunion, nicht außerhalb, sondern *innerhalb* eines europäischen Einigungsprozesses, nicht als Ergebnis einer sozialistischen Revolution, sondern eines Demokratisierungsprozesses. Es war diese Position, die Jaroslav 1985 nach langer, geduldiger Überzeugungsarbeit im „Prager Appell" verankerte, die auf das geballte Unverständnis fast aller seiner Freunde im Westen stieß – und die sich 1989 und 1990 in allen Punkten bewahrheiten sollte.

Jaroslav Šabata, der „heiße" Pragmatiker, der Stratege (meist ohne Truppen). Unablässig bemüht, alte Fronten aufzubrechen und neue Koalitionen zu schmieden. Der immer die Vereinigung der demokratischen Kräfte im Blick hat und dennoch in Kauf nimmt, zwischen allen Stühlen zu sitzen, isoliert zu werden, die geballte Polemik auf sein Haupt zu ziehen. Ein Nonkonformist mit politischen Führungsqualitäten. Einer, der es nicht lassen kann. So haben wir ihn damals erlebt, im „Woronesch", so ist er noch heute.

November 1998

Kunst, Macht, Intrige

Königsnarren, Narrenkönige

**Von politischer Leidenschaft, Intrige und Verrat im
Zentrum der Macht: Shakespeares Königsdramen
spielen auch im Schloss Dunsinan bei Belgrad oder
in Bonn. Doch verratsrelevante Geheimnisse werden rar.
Ein Nachruf auf Spitzel und Spione**

Slobo war zwar macht- und geldgeil, aber zur Königswürde fehlte ihm
noch ein Quentchen Skrupellosigkeit. Diesen unerlässlichen Charakter-
zug brachte Miriana Marković ein, seine liebe Gattin. Eine ganze Weile ging es steil noch oben, aber jetzt, ganz recht, wir befinden uns auf
Schloss Dunsinan unweit Novi Beograd, und der Raketenwald rückt nä-
her. Gleich wird verdunkelt, und wir hören Slobo Macbeth klagen: „Out,
out brief candle, life is but a walking shadow, a poor player." Ungefähr
das ist gemeint, wenn wir eine politische Situation als „shakespearehaft"
bezeichnen.

Entgegen dem ersten Anschein sind politische Leidenschaften, sind
Intrige und Verrat, sind Aufstieg und Fall höchster Würdenträger nicht
nur auf den Balkan beschränkt. Auch auf den sanften Höhenzügen zwischen Saarbrücken und Bonn können wir dergleichen erleben. Daher
entspringt es nicht nur historisch-distanziertem Interessse, wenn, gleich-
sam als Hintergrundmusik zum Zyklus der Volksbühne, jetzt von Macht
und Verrat in Shakespeares Königsdramen die Rede sein soll.

Diese Dramen laufen schon seit alters her unter dem Namen „Histori-
en", einer Gattung, die um die Wende des 17. Jahrhunderts kurz aufblüh-
te, um dann vom Erdboden zu verschwinden. Es sind dies Werke, in der
die Zeit der Bürgerkriege, also die englische Katastrophengeschichte des
15. Jahrhunderts, abgehandelt wird, um über das große zeitgenössische
politische Thema sprechen zu können: Stabilität und Chaos in den Staats-
geschäften. Für eine kurze Zeitspanne wurde, worauf der Literaturwis-

senschaftler Robert Weimann überzeugend hingewiesen hat, die Bühne zu einem öffentlichen Diskursraum, in dem der Aufbau wie der drohende Untergang staatlicher Autorität gezeigt werden. Denn in den großen Dramen der Epoche zerfallen die vormals festgefügten Rollen, der König kann zum Narren werden und umgekehrt, die Bedeutung einer Person ist nicht mehr an ihren Platz in der (Bühnen-)Hierarchie gebunden.

Shakespeare hat an diesem Prozess entscheidenden Anteil. Er hat ihm zwei Zyklen gewidmet, die Lancaster- und die Yorck-Tetralogie, benannt nach den beiden sich bekämpfenden Lagern in den „Rosenkriegen". Alle acht Stücke des Zyklus sind Jugendwerke des Dramatikers. Er wird aber auch später, unter zunehmend verdüsterter Perspektive, auf den Themenkreis von Macht, Loyalität und Verrat zurückkommen, bis er im „Lear" seinen furchterregenden Abschluss findet.

Die Historiker belehren uns heute darüber, dass es im elisabethanischen Zeitalter nicht ganz so friedlich, so harmonisch zuging, wie die Zeitgenossen uns glauben machen wollten. In den Pamphleten, in den offiziösen Schriften der Zeit finden wir alle Ingredienzen des „elizabethan world picture", die Entsprechung der hierarchischen göttlichen Ordnung in der Natur und in der Menschenwelt, vermittelt durch die aus der Antike überlieferten Analogien. Die zwischen dem menschlichen Körper beispielsweise und dem Staat, wobei der Herrscher natürlich die Stelle des Kopfes einnimmt. Oder die zwischen dem Monarchen und der Sonne, die mit ihren Strahlen alles durchdringt. Aber, wie der Shakespeare-Kenner Ulrich Suerbaum schreibt, „die Kehrseite des allgemeinen Ordnungsglaubens ist eine panische Angst vor dem Verfall der Ordnung. Obrigkeiten müssen wachsam sein und den Anfängen wehren. Sie tun es, indem sie mit Inbrunst den Teufel an die Wand malen."

Überall lauert der Verrat, er ist „infection", denn, wie es in einer zeitgenössischen Quelle heißt, „der Ursprung des Verrats liegt in der Einbildung des Herzens. Und dieses Herz, so vollständig erfüllt von verräterischer Einbildungskraft, bricht sich Bahn in schurkischen und verräterischen Reden und von dort zu schrecklichen und heimtückischen Taten." Vorsicht: „Wahrheit und Lüge reisen stets zusammen, aber die Lüge kommt zuerst an, ohne dass man sie an äußeren Zeichen erkennt."

Der Shakespeare der „Historien" hat nicht nur die Chroniken, die vom 15. Jahrhundert, von der Zeit der Unordnung handeln, studiert, er ist auch gewitzt in der Problematik von Loyalität und Verrat. Lehrer wie Schüler der Londoner Rechtsschulen, der „law inns", gehören zu seinem treuen, oft ungebärdigen Publikum. Deshalb kennt er (im Gegensatz zu

uns) die Rechtsquellen zur Ahndung des Verrats. Vor allem das berühmte Statut 25, Edward III, st.5, c2 von 1352. Hochverräter ist, wer die
bewaffnete Hand gegen den König oder seine nächsten Angehörigen er-
hebt, wer gegen ihn Krieg führt oder den Feinden des Königs anhängt.
Dies im Unterschied zum „petty treason", der eintritt, wenn ein *servant*
seinen *master*, eine Ehefrau ihren Ehemann, ein niedriger Kleriker einen höheren erschlägt oder dasselbe einem Richter während der Aus-
übung seiner Amtsgeschäfte widerfährt. Strafbar ist nicht nur die Tat bzw.
der Versuch, sondern schon „to compass or to imagine the King's (the
Queen's) death". Trotz ersten Anscheins ein sehr eingeschränktes Gesetz,
denn es bestraft weder lästerliche Reden gegen die Majestät noch den
Versuch, sie in ihren Rechten einzuschränken, als Hochverrat. Seit die
Tudors mit Heinrich VII. an die Macht gekommen waren, wurde ständig an neuen Gesinnungsparagraphen gebastelt. So beging „erweiterten"
(constructive) Hochverrat auch, wer durch Beleidigungen und dergleichen
des Königs Gram hervorrief und dadurch sein Leben verkürzte, ein Tat-
bestand, von dem Shakespeare in der Yorck-Tetralogie Gebrauch machte. In diesen vier ersten Stücken der „Historien" wird kräftig drauflos
verraten, schließlich geht es um zwei rivalisierende Königsfamilien, und
der rechtzeitige Wechsel der Loyalitäten ist überlebensnotwendig. Die
Magnaten nehmen für sich das Recht in Anspruch, gegen die königli-
che Lehnsgewalt zu rebellieren, wie es vor Erlass des Hochverratsstatuts
Eduard III. häufig geschehen war.

Verräter dieser Art bedienen sich jetzt biblischer Rechtfertigungen
oder rekurrieren auf einen Gewissensentscheid, beides im Vorgriff auf
künftige, protestantische Haltungen. Aber das ist nur Tarnung, in Wirklichkeit geht es, wie Shakespeare uns zeigt, um nichts als Machtentfal-
tung.

Zur Machtgier gesellt sich die Landgier. Magnaten ringen mit Magnaten, Barone mit Baronen um Landbesitz. Die Mächtigen halten sich Pri-
vatarmeen, die nur ihnen verpflichtet sind und auch im Bürgerkrieg eingesetzt werden. Diese Verwilderung des alten Lehnswesens nennt man
in der englischen Geschichtsschreibung Bastard-Feudalismus. „Rioting"
(Landfriedensbruch) und gewaltsames Eindringen bzw. widerrechtliche
Besetzung fremder Grundstücke füllen die Akten der Friedensrichter bis
weit in die Tudor-Zeit. Ihnen gesellt sich später die gewaltsame Aneig-
nung von Gemeindeland durch die Feudalen mittels Einhegungen *(enclo-
sures)* hinzu. Beides zusammen bildet den materiellen Hintergrund der
allgemeinen Anarchie im Staate, die Shakespeare so eindringlich schil-

dert, um die Ordnung der Tudor-Zeit in desto hellerem Licht erstrahlen zu lassen.

Welche der Mächtigen in Shakespeares Yorck-Tetralogie auch zu den Waffen greifen, das Lager wechseln und die Majestät verraten, sie bewegen sich doch in der Welt des Feudalismus und rütteln nicht an deren Legitimationsgrundlagen. Genau dies aber ist das Ziel der „minor sort", des aufrührerischen Pöbels. Bauern- und Handwerkeraufstände erschüttern von John Bulls Erhebung um die Wende des 15. Jahrhunderts bis zur Revolte Jack Cades unter Heinrich VI. die sowieso schon zerrüttete Gesellschaftsordnung. Shakespeare, der Humanist und Lebenskünstler, hasst die aufrührerischen Unterschichten, verspottet sie, nimmt ihren Führern jede Individualität. Aber in diesen minderwertigen Charakteren scheint doch das ganz andere der Revolte durch. Nicht die aufständischen Bauern begehen Verrat an der Krone, sondern die Krone hat die Grundlagen des Gemeinwohls aufgekündigt. „Kein glückliches Leben mehr in England, seit die Edelleute aufkamen" – intuitiv begreifen Shakespeares plebejische Aufrührer, dass die Welt der Bildung und der Bücher, die sie im Namen der Rückkehr zu den paradiesischen Ursprüngen vernichten wollen, tatsächlich ihre Unterdrückung zementiert. „Wissen ist Macht" – aber ganz anders, als es die Humanisten meinten.

Zu Shakespeares Lebzeiten wird die englische Gesellschaft von gegeneinander anschlagenden Wellen der Entsakralisierung und des erneuten Versuchs der Heiligung aufgerührt. Darüber wird nicht nur innerhalb der Kirchenhierarchie, sondern auch auf den Straßen Londons gestritten. Und dieser Streit hat unmittelbare Auswirkungen auf den Charakter des Königtums. Wenn der Monarch die Sonne ist, „sol invictus", dann ist sein Amt geheiligt, dann gehen von seiner schieren Präsenz unbezwingbare Kräfte aus. Wie aber, wenn der natürliche Leib des Monarchen, sein Fühlen und Denken als Mensch, in Widerspruch gerät mit seinem unsterblichen königlichen Körper? Kann er seine Individualität auch jenseits seiner königlichen Rolle behaupten?

In Shakespeares Richard II., dem Auftaktwerk der Lancaster-Tetralogie, verzweifelt der König angesichts des Verrats von Henry Bolingbroke, des künftigen Henry IV. „Ihr irrtet Euch die ganze Zeit in mir. Wie Ihr leb' ich von Brot, ich fühle Mangel, ich schmecke Kummer und bedarf der Freunde. So unterworfen nun, wie könnt Ihr sagen, dass ich König bin?" Richard dankt ab, bleibt aber im geschlossenen Kosmos der königlichen Repräsentation. Er sieht seine Machtentsagung selbst als Verrat. Erst sein später Nachfahr Lear wird in der äußersten Erniedrigung eine neue Würde finden. Damit ist der Bannkreis von Macht und Verrat durchbrochen.

Ein solcher Bannkreis hat auch unser Jahrhundert beherrscht. Die Rede ist von der großen Verratsbewegung, die erst zu den absoluten Gewissheiten der Ideologien hin- und dann wieder von ihnen wegführte. Verrat wurde zuerst geübt an der aus den Fugen geratenen bürgerlichen Welt und ihren Wertvorstellungen. Am Stand des Intellektuellen, am ewigen kraftlosen Prozess des „Verstehens" im Gegensatz zum glasklaren „Entweder-Oder". Es folgt der Eintritt in die Kirche der Gewissheiten. Die wiederum, als ihr Versprechen auf Rettung sich als hohl erweist, verraten wird. Der Verrat im 20. Jahrhundert gewinnt Evidenz nur in dieser Doppelgestalt.

Heute lesen wir diese Geschichtserzählung mit ebenso großer Bewegung wie Distanz. Die weltumspannenden ideologischen Glaubensgemeinschaften haben sich fürs Erste verabschiedet. Kein fortschrittlicher Spion wird heute um des Friedens willen die neueste Raketentechnik der jeweils schwächeren Macht verraten. Geheimnisse wie Geheimnisträger werden rar. Sollte man wenigstens sich selbst gegenüber loyal sein? Gilt noch die Idee einer durchgehaltenen Identität im Lebenszyklus, oder zählen nur noch immerwährender Abbruch und Neuanfang? Vielleicht sollten wir noch mal bei Shakespeare nachschlagen. Aber Vorsicht: Nicht nur wir lesen Shakespeare, Shakespeare liest auch uns!

taz vom 22. Mai 1999

Sieger über das Blau des Himmels

Kasimir Malewitschs radikale künstlerische Autonomie

Was ist ein Klassiker? Einer, den man zitiert, ohne sich mit ihm zu beschäftigen. Kasimir Malewitsch ist der Klassiker der gegenstandslosen Malerei, also eingemeindet und abgehakt. Umso überraschender der Eindruck nach dem Rundgang durch die Malewitsch-Ausstellung im Deutschen Guggenheim Berlin. Man glaubte, dem Avantgardisten ein quasi antiquarisches, höfliches Interesse schuldig zu sein. Quadrat, Kreuz, Kreis, das kennen wir. Und dann werden wir überwältigt von der unmittelbaren Wirkung, vom Zugriff der Bilder. Man erwartete, sich in einer Art diskursivem Raum zu bewegen, wo Grundelemente von Farbe und Form auf analytische Weise vorgeführt werden. Stattdessen springt auf uns als Betrachter etwas von dem über, was Malewitsch als „Geist der gegenstandslosen Empfindung" bezeichnet hat.

Eins wird in der Ausstellung klar, Malewitsch war kein Ingenieurs-Künstler, kein Reduktionist. Piet Mondrian, sein Freund, mit dem er oft in einem Atemzug genannt wird, erscheint eher als Antagonist denn als Weggenosse. Es geht nicht um Geometrie, sondern um Gefühle, um „reine" Gefühle. Malewitsch ist kein Chemiker, als den ihn Viktor Schklowski schon 1919 bezeichnet hat, sondern Alchimist. Aber ein seltsamer Alchimist, der auf der Trennung der Elemente beharrt, um sie dann – auf spannungsreiche, dynamische Weise – zueinander in Beziehung zu setzen.

Das erste Gemälde, vom Eingang her als „Blickfang" postiert, ist das „Schwarze Quadrat auf weißem Grund", allerdings nicht in der Urfassung von 1915, sondern in der von 1927, angefertigt für die große Ausstellung in Berlin. Sorgfältiger Farbauftrag, genaue Messung – das Programmbild des Suprematismus. Ganz im Gegensatz zur nicht mehr transportfähigen Orginalfassung von 1915, die heute in der Moskauer Tretjakow-Galerie hängt und wo der rasche, ungeduldige Farbauftrag der Zeit nicht standgehalten hat. Um das Schwarze Quadrat sind Hauptwerke des Suprematismus aus der Zeit vor der Oktoberrevolution gruppiert. Diese Bilder überraschen durch ihre tänzerische Farbigkeit. Aber auch dort, wo nur mit Grundelementen und Farben gearbeitet wird, gibt es keine langweilige Statik, erst recht keine vorgegebene Perspektive. Formen springen vor, ziehen sich zurück, weisen Unregelmäßigkeiten auf, fransen an den Rändern aus. Wie es der Malewitsch-Kenner Gerd Steinmüller schon vor langer Zeit ausgedrückt hat: „Die weiße Bildfläche und die Farbformen sind weder auf kompositorische oder konstruktive Weise miteinander vermittelt noch gar in eins gesetzt, noch in nur rein zufälliger Weise aufeinander bezogen, noch gänzlich voneinander ablösbar … Sie stehen in einem Spannungsverhältnis, das eine Vielzahl von Stadien zwischen Identität und Differenz, zwischen Ordnung und Kontingenz durchläuft."

Matthew Drutt, dem auch ein instruktiver Katalog zu danken ist, hat sich dafür entschieden, die Ausstellung allein der suprematistischen Phase im Werk von Malewitsch zu widmen. Lediglich einige der bekanntesten Bilder aus dessen kubo-futuristischer Phase sind am Beginn des Parcours zu sehen. Ihr Ende wird durch zwei Werke veranschaulicht, die für Malewitschs Rückkehr zur figurativen Malerei am Ende der 20er-Jahre stehen. Zudem ist es Drutt gelungen, Werke nicht nur aus den russischen Hauptmuseen in St. Petersburg und Moskau, sondern auch aus einer Reihe von Provinzmuseen auszuleihen. Er konnte sich ferner auf den Bestand des Amsterdamer Stedelijk stützen, dessen umfangreiche Sammlung den Grundstock für die berühmte Ausstellung des Jahres 1989 bildete und die jetzt durch den Fonds des engen Malewitsch-Vertrauten Chardschijew-Tscharga bereichert wird. Hinzu treten Werke aus der Sammlung Ludwig, der Galerie Gmurzynska, des Museum of Modern Art und einiger anderer Leihgeber. Schon die Aufzählung dieser Galerien verweist auf die verschlungenen Wege, die Malewitschs Werk seit seinem Tod genommen hat, auf Erwerbungen oft am Rande oder jenseits der Legalität, die bis in unsere Tage die Gerichte beschäftigen. Vergessen wir nicht, dass das Schicksal der Bilder – vor allem derer, die Malewitsch 1927 mit nach Berlin nahm und dort bei dem Kurator der Ausstellung Hugo Häring beließ – in der Nazizeit und während des Krieges mit dem Schicksal progressiver Ausstellungsmacher verbunden war. Die in der Sowjetunion verbliebenen Werke verschwanden vernichtungssicher im Depot – allerdings bei weitem nicht alle. Wenigstens sind die Bilder und das grafische Werk heute nicht weltweit zerstreut und zum größten Teil in öffentlichem Besitz, also zugänglich.

Drutts Entscheid, sich auf Malewitschs gegenstandslose, seine suprematistische Schaffensphase zu beschränken, bietet den Vorteil der Konzentration wie auch einer bis jetzt nicht gesehenen Vollständigkeit. Die Auswahl hätte sicher auch den Intentionen des Künstlers entsprochen, denn Malewitsch hat die Überwindung des „Brotkorb-Realismus", also die Abbildung der umgebenden sichtbaren Realität, als Quintessenz seines Beitrags zur Kunst angesehen. Selbst eines seiner letzten Bilder, ein

in holbeinscher Manier gemaltes Selbstporträt, ziert am rechten unteren
Ende das Schwarze Quadrat.

Drutts Auswahl begegnet allerdings auch einigen Bedenken. Ein erstes bezieht sich auf die innere Einheit von Malewitschs gesamtem Werk.
Seine Ursprünge in der Ikonenmalerei wie in der russischen Volkskunst
waren im vergangenen Jahrzehnt Gegenstand zahlreicher Erörterungen,
wie der Katalogband „Kazimir Malevich e le sacre icone russe" verdeutlicht. Dort kann man vergleichen, kann verstehen lernen, wie nicht die
religiöse Orthodoxie, wohl aber deren Formensprache das Werk Malewitschs geprägt hat. Das gilt auch und vor allem für seine letzte, die
figurative Periode, die keineswegs Anpassung an das Kunstdiktat des
„Sozialistischen Realismus" war. Erst der ganze Malewitsch verdeutlicht
uns Bruch wie Kontinuität, während die Einschränkung auf die suprematistische Phase zwar für eine leichte Anschlussfähigkeit an die westliche
Avantgarde sorgt, aber die spezifisch russischen Quellen seiner Kunst
und Philosophie verdunkelt. Ein zweiter Einwand betrifft die Tatsache,
dass Malewitsch kein Egomane war wie Wassili Kandinsky, sondern aufs
malerische Kollektiv ausgerichtet, ein eminenter Lehrer, ein Kunst-Re-
volutionär mit Anspruch auf gesellschaftliche Umgestaltung, auf Revolutionierung des Sehens und Gestaltens: „Der Umsturz der alten Welt soll
in eure Handflächen eingeritzt sein" war einer seiner Lieblingsslogans,
als er in Witebsk die Gruppe „Unowis" (Bekräftiger der neuen Kunst)
gründete. Indem Malewitschs Wirken aus diesen ästhetischen wie politischen Zusammenhängen gelöst wird, gerät er allzu sehr zum Einzel-
kämpfer, wird er in den Rahmen des überkommenen Maler-Genie-Ste-
reotyps gepresst.

Malewitsch war ein radikaler Verfechter künstlerischer Autonomie.
Gleichzeitig aber sah er sich als Missionar einer Botschaft des neuen Sehens und einer von den Fesseln der „Dingwelt" befreiten künstlerischen
Energie. Wie viele Avantgardisten erlag er dem Irrtum, dass die ästhetische Revolution der politisch-sozialen gleichlaufen könne und müsse,
und stürzte sich nach der Oktoberrevolution in vielfältige Organisations-
aufgaben, in die Reorganisation des Museumswesens wie der künstlerischen Ausbildung. Den meisten der Bolschewiki hingegen war der oft mit
einem Absolutheitsanspruch verbundene Eifer der Avantgarde verdäch-
tig. Ihr Kunstgeschmack neigte eher dem kritischen Realismus eines Ilja
Repin zu als dem radikalen Bruch mit der Tradition. Die den Avantgardisten und Malewitsch verhasste bürgerliche Kultur erschien ihnen im
rückständigen Russland als unüberschreitbarer Horizont. Deshalb war

das Bündnis der neuen Staatsmacht mit der Avantgarde auf wenige Jahre
beschränkt, war taktisch motiviert, um unter dem Zeichen des Sozialistischen Realismus offener Feindschaft zu weichen.

Dennoch war Malewitsch untergründig mit einem bedeutenden
Strom innerhalb des bolschewistischen Denkens verbunden. Er begriff
seine Malerei als Ausdruck kosmischer Harmonie, das Weiß galt ihm als
das Universum, zu dem man intuitiv gelangen könne, wenn man das Blau
des Himmels durchstoße. Nicht umsonst gleichen viele seiner – mittlerweile untergegangenen – Plastiken, die „Architektone" und „Planiten",
von denen einige in der Guggenheim-Ausstellung nachgebaut sind, den
Weltraumstationen unserer Tage. Diese Art von utopischem Denken,
die sich nicht mit der revolutionären Umgestaltung der Erde zufrieden
gab, sondern nach den Sternen griff, die Begrenztheit der Zeit überwinden wollte, ja sogar die künftige Unsterblichkeit des kommunistischen
Menschen postulierte, sie geisterte, sehr zum Kummer von Lenin, durch
die Reihen der linken Bolschewiki. Selbst Malewitschs Chef, dem Volkskommissar Anatoli Lunatscharski, waren solche weit ausholenden Phan-
tasmen nicht fremd. Der „Kosmismus" nistete auch in den Köpfen der
sowjetischen Weltraumpioniere, feierte unter Chruschtschow, wo sich
die baldige Errichtung des Kommunismus und der Vorstoß ins Weltall
zum ideologischen Komplex verbanden, ein kurzes Revival, um dann
für immer zu erlöschen. Auch vom Weiß der hohen Wände des Berliner
Guggenheim-Museums geht keine geheime, kosmische Botschaft aus. Es
ist nur umgebauter Teil des Gebäudes der Deutschen Bank.

taz vom 5. Februar 2003

Die Macht, sie hat Namen und Gesicht

Vom Nutzen Shakespeares anlässlich des plötzlichen Verschwindens Oskar Lafontaines

„Die Macht hat alles Shakespearehafte eingebüßt." So resümierte der polnische Autor Adam Zagejewski die trostlose Szenerie im Polen der 80er Jahre. Und die Klage des Dramatikers, traf sie nicht in noch viel schärferer Form auf das politische Leben in den parlamentarischen Demokratien des Westens zu? Wo haderte noch ein Staatsmann mit sich und der Welt wie der arme König Richard II. nach dem Verlust der Krone, um zum Schluss, in tiefster Machtlosigkeit, zu einer großartigen Apotheose königlicher Macht zurückzufinden? Wo blühte noch Verschwörung und Verrat, wo konnte man noch die lapidare Regieanweisung lesen „Enter three murderers" oder die Zeitbestimmung „Vier Uhr nachts", die absolut nichts Gutes verhieß?

Waren die schrecklichen Zeiten nicht Gott sei Dank endgültig vorbei, die der große Shakespeare-Kenner Jan Kott, auch er ein Pole, in drei Sätzen zusammengefasst hatte: Die einen machen Geschichte und fallen ihr zum Opfer. Die anderen glauben, Geschichte zu machen, und fallen ihr zum Opfer. Die Dritten machen keine Geschichte und fallen ihr zum Opfer?

Gerade haben wir, Anhänger der Bürgergesellschaft und Künder eines zwar langwierigen, aber desto wohltätigeren Prozesses demokratischer Zivilisierung, den noblen Abgang Helmut Kohls von der Königsebene beklatscht. Und nun dies: Fernab aller Öffentlichkeit wird eine Intrige zum Sturz des mächtigen Barons La Fontaine de la Sarre gesponnen. Im Kronrat kommt es zum Eklat, der König droht – eine Finte! – mit Abdankung, falls die Magnaten, seine Freunde, nicht von der Kopfsteuer ausgenommen werden. La Fontaine sieht sich von den seinen verlassen. Er eilt auf seine Güter zurück. Umgeben von wenigen Getreuen, entsagt er (vom Mittwoch zum Donnerstag, um vier Uhr nachts!) allen Ämtern. Vorhang, Ende des ersten Akts.

Lernten wir nicht, dass die Macht sich heutzutage in Dispositiven verbirgt, in den Disziplinen des Wissens und der rationalen Herrschaftsausübung? Dass sie ihre Individualität verloren hat? Werch ein Illtum! Macht wie Ohnmacht, Treue wie Verrat, sie haben Namen und Gesichter. Und welche! Die der Paladine, die, teils stockend, teils gewandt, die Nachrufe auf den noch lebenden Oskar herunterhaspeln. Und das Gesicht des

Kanzlers. Steinern, gefasst die Miene, verkündet der Schurke kurz und bündig dem Publikum, eigentlich sei gar nichts passiert und binnen 24 Stunden würden alle Nachfolgeprobleme gelöst. Wir, die Millionen Shakespeare-Fans, wissen natürlich, am Schluss des Dramas wird ihn die Hybris ereilen, und das Rad der Fortuna wird über ihn hinwegrollen.

Jetzt fällt uns wieder das Drama aus dem Jahr des Herrn 1974 ein und damit die Szene aus dem vorletzten Akt. Sie spielt in Bad Münster-eifel, fernab von London und dem königlichen Parlament. Willy Brandt, bedrängt vom Erzverräter Lord Warwick in der Rolle Herbert Wehners, schmeißt die Brocken und entsagt der Krone. Dieweil sein Nachfolger, Herr Schmidt, fernab in den Vereinigten Staaten weilend, von nichts ge-hört und nichts gesehen hat. Erich Honecker, König von Frankreich und von zweifelhafter Legitimität, ist bestürzt. Das hat er nicht gewollt, als er den Verräter Guillaume in die Umgebung des Monarchen schleuste. Zu spät! Die Arbeit des Spions hat sich – auch dies ein shakespearisches Mo-tiv – gegen seine Auftraggeber gewendet. Den treuen Dienern Brandts aber bleiben nur die Tränen – und weitermachen bis zum bitteren Ende der Dynastie.

Oh, that Shakespearian rag! Wie schal die Turbulenzen in Castorfs Richard II., zu sehen derzeit im Berliner Prater, gegenüber dieser um so viel grandioseren, Gemüt wie Verstand erhebenden Inszenierung. Und welche Lehren hält schon nach dem ersten Akt das Drama für uns bereit. Zum Beispiel diese: Zwar bestimmt die Ökonomie unser aller Geschick, aber es sind doch die Menschen, die Geschichte machen.

taz vom 13. März 1999

Weltentwurf

Die Kartografie der Surrealisten

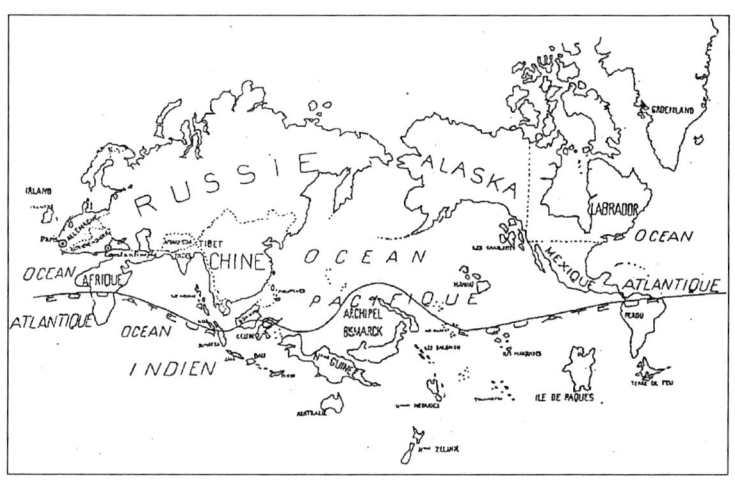

Die surrealistische Weltkarte von 1929.
Bild: S. Klengel, „Amerika-Diskuse der Surrealisten", Metzler 1994

Im Juni 1929 erschien in der belgischen Kulturzeitschrift *Variétés* eine
der surrealistischen Bewegung gewidmete Sondernummer. Unter den
Beiträgen namhafter surrealistisch gesinnter Künstler und Schriftsteller
hauptsächlich französischer Provenienz stach eine Weltkarte ins Auge, die
mit „Die Welt zur Zeit der Surrealisten" untertitelt war. Es fehlte ein Au-
torenvermerk. Aber Zeitgenossen wie späteren Autoren zufolge stammte die Karte von Yves Tanguy, einem bretonischen Zeichner und Maler,
der dem Surrealismus schon 1924, zur Zeit des ersten, von André Breton
verfassten surrealistischen Manifests, verbunden war. Ebenso eindeutig
bezeugt ist, dass Tanguy die ästhetischen wie die politischen Positionen
seiner Freunde vollkommen teilte. Diese Weltkarte kann demnach als
eine Art gemeinsames Manifest der surrealistischen Gruppe angesehen
werden. Und sie war in der Tat eine Provokation, stellte sie doch die
übliche Sicht auf unsere Welt radikal infrage.

Konventionelle Weltkarten bedienten sich der Technik des Aufrisses
der Welt in zweidimensionaler Ausdehnung. So war es Usus seit 1569, als
Geradus Mercator seine Karte gezeichnet hatte. Im Zentrum der Weltkarten lag dabei stets Europa. Die Fläche des „alten Kontinents" wurde

vergrößert dargestellt, ebenso der Nordatlantik und – später – die Vereinigten Staaten (USA). Kartografisch war dies die Folge einer Technik, die die polnahen Regionen vergrößert. Gleichzeitig gehorchte aber diese Zuschneidung der Welt politischen wie ökonomischen Zwecken. Die wesentlichen Handelswege waren eingezeichnet, auch die großen Umschlagplätze für Güter. Was sich dieser Logik nicht einpassen ließ, etwa kulturelle oder soziale Aspekte, wurde als häufig exotische Marginalie an den Kartenrand verschoben.

Bei diesem Stand der Dinge war es nur konsequent, dass der Nullmeridian 1884 durch das englische Greenwich gezogen wurde, also durch das Zentrum der damaligen Kolonialmacht Nummer eins. Diese Sicht auf die Welt wurde in der „westlichen Hemisphäre" jedem Schulkind eingebläut und galt deshalb dem öffentlichen Bewusstsein als objektiv, als geografische Realität.

Hinter der geografischen Aufblähung Europas, damals noch Zentrum des Kolonialismus und Imperialismus, stand der Mythos vom europäischen Kontinent als Inbegriff der globalen Zivilisation. Es war diese Anmaßung, die die Surrealisten zur vollständigen Umkehrung der eurozentrischen Geografie veranlasste. Ihre Karte war eine Antwort darauf, besser: eine Illustration der Sichtweise, die der Dichter Paul Valéry 1919 in dem Aufsatz „Die Krise des europäischen Bewusstseins" angeregt hatte.[1] Valéry hatte gefragt, ob Europa zu dem wird, was es seiner Meinung nach in Wirklichkeit sei: „eine kleine Spitze des asiatischen Kontinents".

Was auf der Karte der Surrealisten zu sehen war, stellte die eingeschliffenen Erwartungen auf den Kopf. Infolge der euro-atlantischen Fixierung war auf den herrschenden Weltkarten ein Großteil des Pazifischen Ozeans und seiner Inselwelt verschwunden. Auf der surrealistischen Karte lag der Pazifische Ozean hingegen genau in der Mitte, während Europa, auf eine Winzigkeit reduziert, kaum am linken Rand der Karte zu entdecken war.

Die Größenverhältnisse der Länder und Kontinente sind einer radikalen Redimensionierung unterworfen. Die Vereinigten Staaten fehlen vollständig, England schrumpft zu einem kaum sichtbaren Punkt gegenüber dem dominierenden Irland zusammen.

Dass Frankreich auf der Karte gänzlich fehlt, ist die Antwort der Surrealisten auf den überbordenden französischen Nationalismus der Nach-

---

[1] Paul Valéry, „Die Krise des Geistes". Drei Essays, Frankfurt am Main (Suhrkamp/Insel) 1956.

kriegszeit. Schon Jahre vor der Kartenproduktion hatten die Surrealisten mit dem Ruf „Es lebe Deutschland!" eine Festveranstaltung nachhaltig gestört, zu der auch der reaktionär-nationalistische Dichter Paul Claudel eingeladen war.

Die ausdrückliche Einzeichnung Deutschlands auf der Weltkarte verdankte sich diesem gleichen Impetus, ebenso die Heraushebung des nicht mehr existierenden „Österreich-Ungarn" als Antwort auf die missratene nationalistisch orientierte Nationenbildung in Ost- und Südosteuropa.

Deutschland war auch aus zwei anderen Gründen dem Herzen der Surrealisten nahe. Breton und seine Freunde waren Kenner der romantischen deutschen Philosophie und Literatur, die der Poesie einen privilegierten Platz bei der Erkenntnis der Welt eingeräumt hatte. Und Breton selbst hatte sich mit der Philosophie Hegels beschäftigt, wobei ihn besonders die Verflüssigung starrer begrifflicher Gegensätze und der Gedanke einer Synthese anzog, die er freilich im Gegensatz zu Hegel zwischen der Welt des Rationalen und Irrationalen zu vollziehen hoffte.

Das sowjetische Russland und das revolutionäre China (1929 entstehen die ersten Sowjets in Südchina) kamen auf der Weltkarte groß heraus. Im Januar 1927 entschloss sich Breton, in die Kommunistische Partei Frankreichs einzutreten. Er, der lebenslange Polarisierer und Streithammel, nahm mit diesem Schritt eine Spaltung der Pariser Surrealisten in Kauf. Allerdings währte diese Liaison nur kurze Zeit, denn 1932 wurde Breton wieder ausgeschlossen – und dies aus gutem Grund. Denn er hatte politisch klarsichtig gefordert, die Partei habe die Rolle der menschlichen Subjektivität im Klassenkampf anzuerkennen und den Begriff der Freiheit ins Zentrum zu rücken.

Aber Breton kann seine Annäherung an die PCF nicht ohne Reservatio mentalis vollzogen haben. Wie anders ist erklärbar, dass auf der Weltkarte von 1929 nicht nur Paris, die Weltstadt der surrealistischen Bewegung (nach der Karte auf deutschem Territorium gelegen), sondern auch Konstantinopel eingezeichnet ist? Die Insel Prinkipo bei Istanbul war seit Februar 1929 das Exil von Leo Trotzki, mit dem Breton ein Jahrzehnt später das berühmte Manifest über eine unabhängige revolutionäre Kunst verfassen sollte.

Frappierend ist auch die Großzügigkeit, mit der Weltregionen bedacht werden, die zwar dünn bevölkert sind und über keine großen Reichtümer verfügen, dafür aber über eine indigene, vom „Westen" möglichst unberührte Kultur. Alaska, Labrador, Grönland und Mexiko dominieren den

Rest von Nord- und Mittelamerika. Die Inselwelt Ozeaniens erscheint gewaltig groß, als wollte sie es mit ganzen Kontinenten aufnehmen.

Aus ihrer Kritik am Pseudoobjektivismus der herrschenden Kartografie ziehen die Surrealisten den Schluss, ihre Wunschvorstellungen, ihre Imagination ins Recht zu setzen. Ihre Karte spiegelt ihre ästhetischen und politischen Präferenzen im Jahr 1929. Einige Jahre später werden andere Länder ihre Begeisterung wecken – und ihr politisches Engagement: Die Surrealisten entdecken in den 1930er Jahren die präkolumbianischen Hochkulturen und Breton selbst geht so weit, Mexiko zum surrealen Land „par excellence" zu erklären. Die mexikanische „Landnahme" auf der Weltkarte wird mit reichem Inhalt gefüllt.

Warum ist Afrika so klein geraten? Ein Grund dafür dürfte darin liegen, dass im Europa der 1920er Jahre der Handel mit afrikanischen Skulpturen und Kultgegenständen grassierte und nicht wenige europäische Künstler die Formensprache der afrikanischen Völker nachahmten. Von diesem bürgerlichen Hype wollten sich die Surrealisten wohl absetzen.

Kurze Zeit nach der Erstellung der Weltkarte gingen die Surrealisten ein enges Bündnis mit jenen afrikanischen und karibischen Schriftstellern und Künstlern ein, die die Strömung der „Negritude" begründeten. „Negritude" war genau aus dem Stoff gemacht, den die Surrealisten bei den indigenen Völkern suchten: die Sehnsucht nach Kulturen jenseits des überkommenen logozentrischen europäischen Systems.

André Bretons Pariser Wohnung in der Rue Fontaine Nr. 19 – keineswegs in einem „besseren" Viertel gelegen – war ein Dschungel, in dem man nur auf schmalem Pfad zur zentralen Feuerstelle, Bretons Schreibtisch, gelangen konnte. Hier stand, umgeben von Kunstwerken indigener Völker, ein Uli, eine Holzskulptur aus dem damaligen Neuirland (heute Papua-Neuguinea). Sie verkörperte in ihrer Zweigeschlechtlichkeit, in ihrer Funktion als Teil des Ahnen- und Totenkults die Sehnsucht der Surrealisten nach einem weiteren Begriff von Wirklichkeit.

Zwar war keiner der Surrealisten Ende der 1920er Jahre selbst in die Südsee aufgebrochen, aber Breton, Max Ernst und ihre Freunde studierten – und sie sammelten unermüdlich. Breton seit seinem 18. Lebensjahr. Ihr Wunsch war es, Unbewusstes abzubilden, die Erfahrung einer „poetischen Realität" zu erlangen. Kinder und „Primitive!" hatten sich ihrer Meinung nach die Fähigkeit zum „magischen Sehen" bewahrt. Die Surrealisten kultivierten das Bild einer harmonischen Einheit von Mensch und Natur gerade auch in den ozeanischen Gesellschaften.

Nach Max Ernst besitzt der „primitive Papua den Schlüssel zu allen
Geheimnissen der Natur und gelangt mühelos zur vollständigen Übereinstimmung mit ihr".[1] Von den Riten der Osterinsel war Max Ernst, der
sich schon früh mit dem Totemismus auseinandergesetzt hatte, besonders
beeindruckt. Er war es auch, der nach dem Zweiten Weltkrieg als Einziger der Surrealisten die Osterinsel besuchte und mit seinem Gemälde
„Rosa Vogel" sein Schutztotem verewigte. Die Riten der Osterinsel hatten es den Surrealisten so angetan, dass sie das Eiland auf der Weltkarte
zur halben Größe Afrikas aufblähten.

Die Surrealisten konsumierten ethnologische Schriften, darunter
auch James Frazers „Der goldene Zweig"[2], ein Werk, das für die Menschheit ein einheitliches, magisches Frühstadium postuliert hatte. Sie kriti-
sierten aber gleichzeitig die Ethnologen der Südsee, deren kühler Blick
auf ihren Forschungsgegenstand ihnen als zu distanziert vorkam. Die
Surrealisten wollten sich in die Welt der Seelen, Geister und Dämonen
einleben, sie wollten Träume und Mythen als Bestandteil der Wirklichkeit anerkennen.

Ein direkter Einfluss ozeanischer Kunst, etwa durch die Nachahmung
formaler Elemente, ist deshalb bei den Surrealisten kaum anzutreffen –
anders als im Fall beispielsweise der deutschen Expressionisten. Es ging
ihnen nicht um die archaischen Formen, sondern um die Evokation einer psychischen Verfassung. Im Nachhinein, 1948, schrieb André Breton:
„Ozeanien! Was für einen Nimbus hat dieses Wort im Surrealismus beses-
sen. Es war einer der großen ‚Schleusenwärter' unseres Herzens."[3] Oze-
anische Kunst sollte die Schleusen zu unbewussten Emotionen, Ängsten
und Begierden öffnen.

Im Rückblick bietet der Pazifik des Jahres 1929 einen geradezu idylli-
schen Anblick. Nur kurze Zeit später wird der japanische Imperialismus
angreifen und dem westlichen Kolonialismus sein Ende bereiten. Japan
allerdings ist auf der surrealen Weltkarte 1929 schon auf das ihm zukom-
mende Maß geschrumpft.

Man wird die leidenschaftliche Parteinahme der Surrealisten für die
Sache der ausgebeuteten und unterdrückten Völker nur verstehen, wenn
man sie vor dem Hintergrund ihrer Vernunftkritik sieht. Hierin unter-

---

[1] Max Ernst, zitiert nach: William Rubin, „Primitivism in the 20th Century Art", NY
1984, The Museum of Modern Art, Bd. 2, S. 553.
[2] James Frazer, „Der goldene Zweig", Hamburg (Rowohlt) 1989 (Nachdruck).
[3] André Breton, zitiert nach: „Die Poesie der Dinge. Surrealistisches Sehen und die Kunst
der Südsee", Katalog, Berlin 2006, S. 38.

scheiden sie sich grundlegend von ihrem Lehrmeister Sigmund Freud, der vom Es zum Ich wollte. Für die Surrealisten war der umkehrte Weg der richtige. Dabei erschien ihnen die herrschende Kartografie nur als Sonderfall eines Denkens, das um die Dimension des Traums, um die Manifestationen des Unbewussten, um das weite Reich des „Irrationalen" verkürzt war.

Leben und Tod, das Reale und das Imaginäre, hoch und niedrig sollten nicht mehr als sich ausschließende Gegensätze begriffen werden. Ihre Kritik der Vernunft war gemeint als Kritik an den konzeptionellen Kategorien, die stets zum Vorteil der herrschenden Klasse funktionieren. Denn für die Bourgeoisie ist es überlebenswichtig, gesellschaftliche Verhältnisse als quasi unumstößliche Naturgegebenheiten darzustellen.

Weiß sein bezieht sich bei den Surrealisten nicht auf die Hautfarbe, sondern schließt diskursive Praktiken ein, mittels derer die sozialen Hierarchien aufrechterhalten werden sollen. Es geht um den Status der Farbe. Die Surrealisten verstehen den Begriff des „Weißen" als eine zum Naturverhältnis verwandelte gesellschaftliche Konstruktion. Zum Weißen wird man gemacht. Weshalb die Europäer von den Surrealisten spöttisch als „farblose Menschen" bezeichnet werden.

„Glaubt ihr wirklich", schreibt Paul Eluard 1925, „dass selbst der stoischste Sklave ewig die stumpfsinnigen Grausamkeiten ertragen wird, die die weiße Dekadenz ihm auferlegt?"[1] „Weiße Dekadenz" ist hier kein reaktionärer Topos der Kulturkritik. Denn nach Eluard gibt es „nur zwei Rassen auf der Welt – die Unterdrücker und die Unterdrückten". Die Surrealisten greifen den französischen Kolonialstaat an, konsequenterweise aber auch ein Massenbewusstsein, das sich vom Bild des „größeren Frankreich", vom Frankreich der „fünf Kontinente", einlullen lässt.

Zwei Jahre nach der Publikation der surrealistischen Weltkarte (auf der natürlich keine Kolonialgebiete verzeichnet sind) fand von Mai bis November 1931 in Paris die große Kolonialausstellung statt, die sieben Millionen Besucher anzog, darunter viele republikanisch und demokratisch gesinnte Menschen, die dem Mythos der zivilisatorischen Mission Frankreichs erlagen. Diese Ideologie verschmolz mit dem Exotismus und der Pracht unterschiedlicher Kulturen der unterworfenen Völker zu einem schillernden Amalgam.

Aber die gestern noch als exotisch wahrgenommenen Kolonialvölker

---

[1] Paul Eluard, „La suppression de l'esclavage" in: *La Révolution Surrealiste*, Nr. 3, April 1925, zitiert nach: Wolfgang Asholt und Hans T. Siepe, „Surrealisme et Politique — Critique du Surrealisme", Amsterdam 2007, S. 170/171.

rückten nach dem Ersten Weltkrieg dem „Mutterland" bedrohlich nah.
Als Arbeiter und Studenten tauchten viele Kolonisierte vor allem in Paris
auf. Und in einer Reihe ostasiatischer und arabischer Kolonien formierte
sich bereits eine Unabhängigkeitsbewegung. Neben den Kommunisten
waren es vor allem die Surrealisten, die gegen die Ausstellung kämpfen.
Sie sahen in Frankreich „die solideste Festung der Unterdrückung auf der
Welt", wie es der Surrealist Pierre Unik ausdrückte.

1931 organisierten die Surrealisten im ehemaligen sowjetischen Pavil-
lon der dekorativen Künste eine Gegenausstellung: „Die Wahrheit über
die Kolonien" – konzipiert und zusammengestellt von Louis Aragon,
Paul Eluard und Yves Tanguy.[1] Ein großer Besucherandrang war ihr nicht
beschieden, aber sie verdeutlichte noch einmal die Motive, die auch der
Weltkarte von 1929 zugrunde lagen. Die Surrealisten begnügten sich
hier nicht damit, die besondere Spiritualität indigener Kultobjekte auf-
zuzeigen. Vielmehr wollten sie auch in der christlichen Religion den
„Aberglauben", die magische Dimension sichtbar machen. Also wurde
der Blick der „Weißen" auf die Kolonisierten thematisiert: Wir sehen die
Abbildung mit der Unterschrift „Europäische Fetische": Rechts die Jung-
frau Maria mit dem Kind, links eine barbusige Schwarze, in der Mitte ein
bekehrter Eingeborener, der dank des eingebauten Mechanismus dem
Spender zugewandt dankend den Kopf senkt, wirft man ein Geldstück in
seine Schale. Christliche Religion und Magie stehen für die Surrealisten
auf gleicher Ebene. Die Schale mit der Aufschrift „Merci" ironisiert die
Wohltaten der zivilisierten Welt. Umgeben von Kunstgegenständen der
„Primitiven", lesen wir auf einem Spruchband den Satz „Ein Volk, das
andere unterdrückt, kann selbst nicht frei sein", ein Leitmotiv des antikolonialen Kampfs von Karl Marx und Friedrich Engels.[2] Die Weltkarte
von 1929 – ein Spaß, eine Provokation, ein Glaubensbekenntnis – eine
Aufforderung zum Handeln.

Le Monde diplomatique 11.1.2013

---

[1] Zwei Abbildungen aus der Gegenausstellung finden sich in Le Surrealisme au service
de la révolution, Nr. 4, 1931, abgedruckt in: Raymond Spiteri und Donald LaCoss (Hg.),
„Surrealism, Politics und Culture". Studies in European Cultural Transition, Bd. 16, Ash-
gate, Aldershot and Burlington, 2003.
[2] Vgl. Friedrich Engels, „Eine polnische Proklamation", in: MEW, Bd. 18, S. 519 ff.

Die Möse im Kabinett

Seit 1995 in Paris wieder öffentlich zu sehen: Gustave Courbets Gemälde „L'Origine du Monde". Davor liegt eine Geschichte der Skandalisierung und Abwehr, der rhetorischen Ver- und liebhaberischen Enthüllung

Auf der großen Retrospektive des Jahres 1977 im Pariser Grand Palais war das Werk nicht zu sehen. „Es ist einfach kein gutes Bild" befand Hélène Toussaint, die für die Ausstellung verantwortliche Kunsthistorikerin. Doch das Publikum sollte nicht nur vor Kunst unter Niveau bewahrt werden. Das beweisen zwei Vorfälle, die sich im Frühjahr 1994 in den französischen Provinzstädten Besançon und Clermont-Ferrand zutrugen. Dort erzwang die örtliche Polizei die Entfernung eines Buches, auf dessen Umschlag das Werk reproduziert war, aus den Vitrinen zweier Buchhandlungen. Gegenstand dieser polizeilichen wie kunsthistorischen Schutzmaßnahmen ist „L'Origine du Monde", ein Gemälde des großen Realisten Gustave Courbet aus dem Jahr 1866. Dargestellt ist ein weiblicher Akt, bei dem, wie der zeitgenössische Kunstkritiker Maxime du Camp schrieb, „durch eine außerordentliche Schwäche des Gedächtnisses der Künstler, der nach lebendem Modell gearbeitet hatte, vergaß, Füße, Beine, Schenkel, Bauch, Hüften, Brust, Hände, Arme, Schultern, Nacken und Kopf darzustellen".

Der Flexibilität des französischen Fiskus ist es zu danken, dass das anstößige Werk – dessen Ruhm dem medialen Ansturm nackten Fleisches mühelos widerstanden hat – ab kommenden Montag in der Salle Courbet des Musée d'Orsay für jedermann/frau zugänglich sein wird. Hinter dickem Glas und beschützt von einem Wachmann in doppelter Funktion. Er soll Ikonoklasten abschrecken und die Reaktionen des Publikums beobachten. Vorausgegangen ist ein Deal der Finanzbehörden mit den Erben des französischen Psychoanalytikers und Philosophen Jacques Lacan: das Bild gegen die Erbschaftssteuer. Lacan hatte „L'Origine du Monde" in den fünfziger Jahren erworben, wahrscheinlich über eine russisch-deutsche Connection. Das Werk hatte nach 1945 zunächst als verschollen gegolten, nachdem es der vorherige Besitzer, ein franco-ungarischer Aristokrat, nach Budapest mitgenommen hatte. Lacan erwies dem aus Angst und Verlangen gemischten Abwehrsyndrom seine ironische Reverenz. Er bestellte bei dem Maler André Masson, einem Mitglied der Familie, eine Verhüllung gleichen Formats (46 mal 55), eine Art zusammenschiebbares Faltbild, auf dem die Umrisse des Originals gezeichnet waren und auf dem zu lesen stand: „Bild zur Verhüllung des Ursprungs der Welt."

Schon der Auftraggeber von „L'Origine du Monde" hatte den Gegenstand seiner Begierde versteckt: hinter einem grünen Tuch sagen die einen, hinter einer Winterlandschaft samt eingeschneitem Schloss sagen die anderen – ein Tabernakel also.

Der Käufer war Khalil Bey, ein türkischer Exdiplomat, der fest entschlossen war, sein riesiges Erbe in seiner Wahlheimat Paris durchzubringen. Dabei half ihm seine Mätresse Jeanne de Tourbey, deren Schönheit ebenso notorisch war wie ihre Geldgier. Khalil Bey war aber nicht nur der Verschwender, kaltblütige Spieler und Erotomane, als den ihn die auf die „Geheimnisse des Orients" versessene Journaille porträtierte. Er war ein gebildeter, reformorientierter, ironischer Mann, der auf die hochmütige Frage eines französischen Diplomaten, ob ihm nicht die Verhältnisse in Paris gänzlich anders als die in Konstantinopel erschienen, antwortete: „Durchaus nicht, wir sind genauso rückständig wie Sie." Und Khalil Bey war Sammler, mit exquisitem Geschmack und zahlungskräftig. Kein Wunder, dass auf der Auktion, die dem (durchs Spiel verursachten) finanziellen Ruin Khalils folgte, von Delacroix bis Courbet die bedeutendsten Maler der ersten Jahrhunderthälfte, oft mit ihren Meisterwerken, vertreten waren.

Als Khalils Geliebte Jeanne de Tourbey sich ihren Orientalen angelte, brachte sie als Mitgift einen ganzen Rattenschwanz von Verehrern ein. Künstler und Intellektuelle, unter ihnen Sainte-Beuve, der berühmte Kritiker, Philosoph und Anhänger des technokratischen Utopisten Saint-Simon. Sainte-Beuve wiederum war in den 60er Jahren in den Bannkreis Gustave Courbets geraten. Ihn faszinierte das nie verwirklichte, Ideen der mexikanischen Maler-Revolutionäre vorwegnehmende Projekt Courbets, die neu entstandenen großen Bahnhöfe in „Moderne Tempel der Malerei" zu verwandeln. Ansichten der Städte, die von den Zügen passiert wurden, sollten abwechseln mit Porträts ihrer berühmten Söhne und Töchter, mit „pittoresken, moralischen, industriellen und metallurgischen Themen", wie Sainte-Beuve begeistert an einen Freund schrieb. So war es Sainte-Beuve, der Courbet schließlich bei Khalil Bey einführte.

Courbet stand zu diesem Zeitpunkt im Mittelpunkt ästhetischer Kontroversen, deren Kern aber politisch war. Er hatte zu Beginn der 60er Jahre mit seiner „Rückkehr von der Konferenz" – einem Bild, das bezechte Kleriker auf dem Nachhauseweg zeigte – den konzentrierten Hass der Ultramontanen auf sich gezogen. Sein Realismus wurde von der Kunstkritik deshalb so schroff angegriffen, weil die Handwerker, Fischer, Bettler und Huren, die er malte, nicht verkleidete Idealgestalten waren, sondern tatsächlich – PlebejerInnen. Er galt als Kleckser, seine Malweise als infantil. Nach dem Urteil von Delécluze, einem damals berühmten Schüler des Revolutionsmalers David, waren seine „Badenden" so hässlich, dass „nicht einmal die Krokodile sie aufgefressen hätten". Aber obwohl Courbet sich unter dem Einfluss des utopischen Anarcho-Sozialisten Proudhon nachhaltig den „Elenden" zuwandte, erschöpfte sich seine Malerei keineswegs in der von Proudhon propagierten Frühform des sozialistischen Realismus. Er widerstand der Typisierung ebenso wie der Einengung des Sujets. Khalil Bey war der Inbegriff dessen, was Courbet ablehnte, und dennoch zögerte er keinen Moment, eine Reihe von Bildern, darunter einige bedeutende Akte, an ihn zu verkaufen. Das hing nicht nur mit der exorbitanten Entlohnung zusammen. Bereits in Courbets 1856 entstandenem „Mädchen an der Seine" sind homoerotische Bezüge fühlbar. „Venus verfolgt Psyche mit ihrer Eifersucht" (ein Titel, dessen mythologischer Bezug ironisch auf Ehrbarkeit abzielt) und noch mehr die „Schlafenden" behandeln dann ohne Scheu lesbische Liebesbeziehungen.

Das Thema war seit Baudelaire en vogue, wenngleich verzerrt durch die (männlichen) Bedürfnisse und die Furcht derer, die es behandelten. Auch Khalil Bey gehörte zu den Liebhabern des Genres, er erwarb die beiden letztgenannten Werke. „L'Origine du Monde" selbst geht auf einen hinreißenden Akt Courbets von 1861, die „Frau mit den weißen Strümpfen" zurück, der perspektivisch auf die Vulva zentriert ist, „L'Origine" radikalisiert diese Perspektive. Den (westlichen) Männern des 19. Jahrhunderts galt die Vulva meist als hässlich, häufig waren Phantasien, die mit ihr zusammenhingen, angstbesetzt. Nicht so bei Courbet, der sie schön und begehrenswert malte, wodurch er wieder mit Khalil Bey zusammentraf, dessen sexuelle „Sozialisation" innerhalb des türkisch-arabischen Kulturkreises in die gleiche Richtung wies.

Proudhon, der früh gestorbene, hatte mit dieser „anderen Seite" von Courbets malerischer Produktion keine Probleme. Sie war für ihn Entlarvungskunst, Attacke auf die „Lüsternheit", der die herrschende Klasse frönte. Courbet dachte darüber etwas anders. In seinen „Maximen" aus den 60er Jahren schrieb er: „Es ist nützlich, mit allen Klassen der Gesellschaft zu leben, statt für eine von ihnen Partei zu ergreifen. Das ist der Weg, die Wahrheit herauszufinden, das eigene Urteil zu stärken und seine Vorurteile loszuwerden."

taz vom 24. Juni 1995

Die Ebstorfer Weltkarte: MONSTER !

Sie riefen Ängste hervor, aber das Gute Ende war stets gewiss: Die Untaten von Gog und Magog

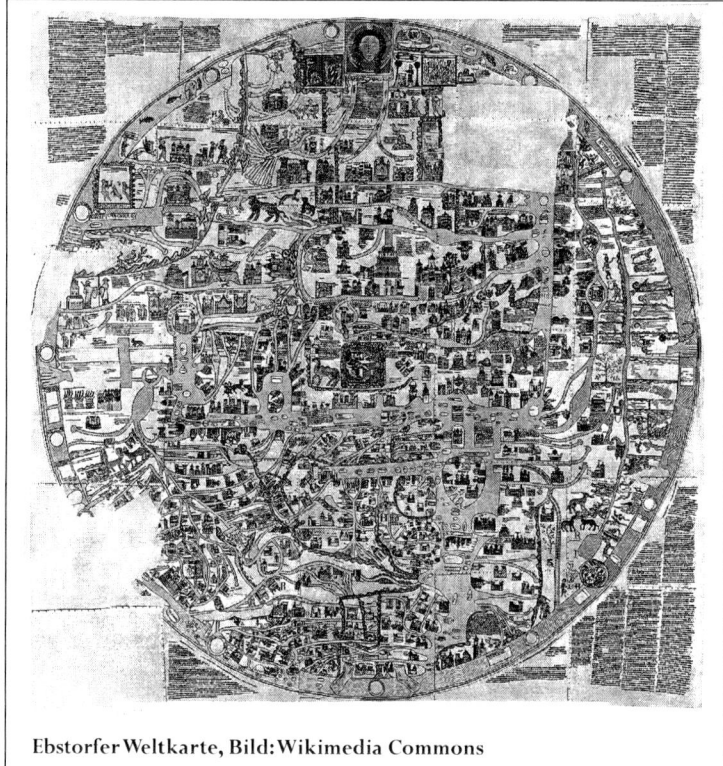

Ebstorfer Weltkarte, Bild: Wikimedia Commons

Generationenlang lag sie unbeachtet in einer Abstellkammer des ehemaligen Benediktinerinnenklosters Ebstorf, zusammen mit Altardecken und sonstigem Gerät aus katholischer Zeit, für das die lutherischen Niedersachsen keine Verwendung mehr hatten. Feuchtigkeit und Kälte setzten ihr zu. Dann, 1830, im Zeichen der romantischen Mittelaltereuphorie, wurde sie entdeckt: die Ebstorfer Weltkarte, entstanden um 1300, eine der wenigen erhaltenen großformatigen, pergamentenen Mappae Mundi – wunderbare Zeugnisse der christlichen Weltsicht.

Das Original wurde im Zweiten Weltkrieg zerstört, aber glücklicherweise existierte eine präzise Ablichtung, von der in den 50er Jahren vier

Kopien auf Ziegenlederpergament erstellt wurden. Eine lang anhaltende Forscherarbeit zur Ikonografie der Mappa mündete schließlich in Hartmut Kuglers zweibändige Publikation von 2007. Jetzt steht die Karte im Internet und kann interaktiv erschlossen werden.

Ein erster Blick auf das Riesenformat von 356 mal 358 Zentimetern lässt den Betrachter ratlos bis verwirrt zurück. Bis er schließlich, von entsprechender Literatur unterstützt, die Grundstruktur erkennt: ein O, in das ein T eingeschrieben ist. Man spricht deswegen auch von OT-Karten. Die obere Hälfte des Kreises nimmt Asien ein, eine theologisch geprägte Standortbestimmung, die die biblische Bedeutung des Orients unterstreicht.

Dass alle Karten damals „geostet" wurden, wissen heute die wenigsten, eine Spur davon hat sich bis heute in der Sprache erhalten. Man „orientiert sich", indem man auf der Karte vom Orient, also vom Osten, ausgeht.

Europa findet sich auf der linken Seite unterhalb des T-Querstrichs, Afrika auf der rechten. Über die Existenz eines weiteren Kontinents, der Terra Australis, eines Südkontinents also, wird im Mittelalter viel spekuliert, die Kirche aber lehnt diese Vorstellung ab. Ein vierter Kontinent ist nicht mit der biblischen Völkertafel vereinbar. Noah hatte drei Söhne, also konnte es nur drei Kontinente geben. Und so findet sich die Terra Australis auch nicht auf der Ebstorfer Mappa.

Wer die flächige Darstellung auf der Karte betrachtet, könnte vermuten, ihre Schöpfer wären noch von der Scheibenform der Erde ausgegangen. Aber das stimmt nicht. Sie glaubten durchaus, dass die Welt eine Kugel sei. Aber ihrer Vorstellung nach bestand der Rest dieser Kugel, also der Raum hinter den drei Kontinenten, aus Wasser. Und die Schöpfer dieser Karte wollten lediglich den Teil der Welt verorten, den sie für bewohnbar hielten.

Mit ihren im Original existierenden Verwandten, der etwas früher entstandenen Hereford Mappa, teilt die Ebstorfer Karte die zentrale senkrechte christologische Ausrichtung. Das Haupt Christi, des Weltenrichters, ist oben in der Mitte sichtbar, daneben das Paradies.

Im Zentrum der Karte liegt die Stadt Jerusalem, sie ist der Nabel von Christus und zugleich der Welt – Umbilicus Mundi. Die Mappae Mundi waren natürlich für die Orientierung bei Reisen ungeeignet. Sie waren Geschichtsgemälde und verbanden Ereignisse der realen wie der Heilsgeschichte mit Wissen über die Tier- und Pflanzenwelt und nicht zuletzt aus dem Reich der Sagen und Ungeheuer. Überlieferungen, nicht aktuelle Beobachtungen und Reisebeschreibungen waren die Grundlage. Liebhaber von Ungeheuern, von denen schon antike Autoren erzählten, werden sich besonders an der Darstellung der Endzeitmonster Gog und Magog erfreuen. Bei Hesekiel wird Gog aus dem Lande Magog als ein Nachfahre von Noah beschrieben – aber sie tauchen in ganz unterschiedlichen Formen auf: mal als Paar, mal als Person und Land, am häufigsten aber als Völkerschaften.

Der Prophet Hesekiel war es, der ihre schreckliche Bestimmung geweissagt hat: Am Ende aller Tage werden sie ausgesandt werden, um die Menschheit zu zermalmen, und nur Gottes Eingriff wird sie vor dem Verderben bewahren. Dieses Motiv der Gottesstrafe und Errettung wird in der Offenbarung des Johannes ins Apokalyptische gesteigert. Denn hier sind Gog und Magog eine riesige Heerschar gut gerüsteter barbarischer Krieger, die wieder nur von Gott aufgehalten werden können (und werden).

Auf der Ebstorfer Weltkarte sehen wir die beiden Ungeheuer nackt bei der Mahlzeit. Sie machen sich über einen Menschen her, dessen Überreste noch auf dem Boden liegen. Wir haben es also mit Menschenfressern zu tun. Die Ungeheuer bewegen sich innerhalb eines quadratischen Gevierts, offensichtlich einer Mauer. Gog und Magog sind Gefangene. Ihr Gefängnis liegt im nordwestlichen Teil der Mappa, also nach einer „Nordung" im Nordosten Asiens. Wir sehen das Kaspische Meer und das Nordmeer, an das das Gefängnis grenzt. Diese Lokalisierung entspricht grob der Prophezeiung Hesekiels, der auch von der nördlichen Behausung der Ungeheuer gesprochen hat.

Den Bau dieser Mauer hat niemand anders bewerkstelligt als Alexander der Große. Bei seinem siegreichen Feldzug durch Asien, der ihn bis nach Indien führte, nahm er der Erzählung nach Gog und Magog gefangen. Er sperrte sie in ein Verlies aus herabgestürzten Bergen und schloss die offen gebliebene Stelle mit Eisen und Kupfer: dem Alexandertor. Diese Geschichte stammt in ersten Umrissen aus der Antike und wurde im Mittelalter zum Alexanderroman verdichtet. Alexander erscheint hier als christusgeleiteter Held, der Roman seiner Taten wurde während des Hoch- und Spätmittelalters zu einem Bestseller.

Auch in der islamischen Welt treten Alexander, Gog und Magog auf. In Anlehnung an den frühen Alexanderepos wird in arabischen Texten von dem „Zweigehörnten", also Alexander, gesprochen, der Gog und Magog einschließt, die hier Yajuj und Majuj heißen. Der große arabische mittelalterliche Kartograf al-Idrisi verortet das Gefängnis der Ungeheuer noch weiter nordöstlich, „bei dem Gebirgszug Kufaia, wo die Jadjudj und Madjudj eingeschlossen sind".

Die Verlagerung von Gog und Magog auf den Mappae Mundi nach Norden passt zum Wandel des Bedrohungsszenarios. In der Antike sah man das Reitervolk der Skythen, das unmittelbar nördlich des Kaukasus angesiedelt war, als Hauptgefahr, weshalb Gog und Magog dort verortet wurden. Dann wanderten die Ungeheuer weiter in Richtung Nordmeer. Die veränderte Lokalisierung wurde auch dadurch erleichtert, dass man das Kaspische Meer als mit dem Nordmeer verbunden, also als derselben Region zugehörig ansah.

Die Monster auf den Karten riefen große Ängste hervor, aber die Hilfe des Retters war stets gewiss. Es geht also um die Frage, welcher Feind jeweils abzuwehren ist. Nach der Bedrohung durch Skythen, Goten, Hunnen und Alaren werden im 13. Jahrhundert schließlich die Mongolen zum Hauptfeind sowohl der christlichen wie der arabischen Welt. Indem jetzt die Mongolen mit Gog und Magog identifiziert werden, erhalten sie ihren Platz in der christlichen Heilsgeschichte. Sie haben jetzt Vorfahren, ihr Platz in der Völkertafel steht fest, auch kann jetzt die Frage beantwortet werden, warum sie sich so lange verborgen gehalten hatten. Sie waren gefangen und sind aus ihrem Verlies ausgebrochen.

Selbst nach dem Siegeszug maßstabsgerechter Karten und ihrer praktischen Nutzung zu Beginn der Neuzeit hielten sich Gog und Magog wegen ihrer biblischen Autorität noch eine ganze Weile am Rand der Karten. Aber ihr Ende war besiegelt. Unter den Ersten, die die Geschichte der von Alexander eingeschlossenen Völker anzweifelte, war der große venezianische Kartograf Fra Maoro. Auf seiner Weltkarte aus dem 15. Jahrhundert vermerkt der Mönch, dass es einen Volksglauben gebe, der Gog und Magog mit eingeschlossenen Völkern jenseits des Kaukasus identifiziere. „Aber ich glaube das nicht."

Gog und Magog auf den Mappae riefen Ängste hervor – aber das gute Ende war stets gewiss. Durch die Benennung des unbekannten Schreckens mit den Namen der vertrauten Schreckensmänner war die Gefahr eingemeindet, in den christlichen Heilsplan aufgenommen. Von diesem Manöver zehrt die Ideologie der Feinderklärung bis in unsere Tage.

taz vom 18. Juli 2009

Von Tätern und Opfern

Krieg um eine Ausstellung

Die Ausstellung über den „Vernichtungskrieg. Verbrechen der Wehrmacht 1941 bis 1945" wurde nach Kritik an ihrer Methodik zurückgezogen. Das Hamburger Institut für Sozialforschung und sein Direktor Jan Philipp Reemtsma haben die Kritik zum Anlass genommen, die Schau im Grundsatz zu überarbeiten. Steht mit ihrer Neukonzeption für das nächste Jahr ein Paradigmenwechsel bevor? Anmerkungen zu einer politischen Kontroverse

Im Milieu der konservativen Kritiker der ursprünglichen Ausstellung war es nie zweifelhaft, dass es sich bei dem Unternehmen von Hannes Heer um einen Ausläufer des Rachefeldzugs handele, den die Achtundsechzigergeneration gegen ihre Väter unternommen habe. Einige der Kritiker gingen dabei so weit, die angebliche und auch wirkliche Nazivergangenheit von Vätern der Ausstellungsmacher als wichtigstes Abrechnungsmotiv der Söhne auszumachen.

Die bevorzugte Metapher dieser Sichtweise war und ist die des Schauprozesses. Ankläger und Richter wären danach identisch, das Urteil stünde von vornherein fest. Nicht um kritische Differenzierung, sondern um summarische Verurteilung sei es stets gegangen. Bis in die jüngste Zeit findet sich, beispielsweise in den Aufsätzen von Thomas Medicus in der *Frankfurter Rundschau* oder von Bernd Hüppauf in der *Frankfurter Allgemeinen Zeitung*, das Bild vom Tribunal der Achtundsechziger, dessen Zeit jetzt abgelaufen sei.

Eine verführerische Sichtweise, nimmt sie doch Motive der Selbstkritik auf, die gerade Angehörige der Achtundsechzigergeneration hinsichtlich ihrer früheren Selbstgerechtigkeit übten. Absichtsvoll wird bei diesem Gegenangriff vergessen, dass es die systematische Gesprächsver-

weigerung vieler Väter war, die ihre Kinder damals in die Konfrontation
trieb.

Das „Beschweigen" der Vergangenheit war jedoch keineswegs Vorbedingung dafür gewesen, dass die Deutschen sich schließlich aus Überzeugung für die Demokratie entschieden. Eher könnte man umgekehrt
sagen, dass erst die Revolte der Achtundsechziger trotz ihrer oft unde-
mokratischen Züge den demokratischen Werten in der Bundesrepublik
zum Durchbruch verhalf. „Lasst uns darüber reden": Schon damals ging
es in erster Linie nicht um Verurteilung, sondern ums Verstehenwollen.
Aber rannte die Ausstellung im Jahr 1995 nicht offene Türen ein, war
nicht schon alles beredet, war die Ausstellung etwa nicht Ausdruck einer allzu billigen Selbstvergewisserung? Es lohnt sich, den Band „Eine
Ausstellung und ihre Folgen", den das Institut für Sozialforschung 1999
publizierte, nochmals zur Hand zu nehmen, um sich ein Bild von ihrer
Rezeption zu verschaffen.

Wieder erfahren wir von der Schwierigkeit, einen Dialog zwischen
den überlebenden Kriegsteilnehmern und der jetzigen Enkelgeneration
zu eröffnen, wieder geht es um Schweigen, um Sprachlosigkeit. Und verfehlte das Argument vieler Historiker, die Ausstellung habe wissenschaft-
lich nichts Neues erbracht, nicht die Intention der Ausstellungsmacher,
ein nach wie vor gesellschaftsmächtiges Selbstbild – das vom Landser,
der mit sauberen Händen aus dem Inferno kam – zu erschüttern?

Ruft man sich ins Gedächtnis, wie umstandslos vom Gros der Acht-
undsechzigerbewegung die NS-Machtergreifung als Befreiungsschlag der
Großbourgeoisie interpretiert wurde („Kapitalismus führt zum Faschismus"), so kann man sogar sagen, dass die Wehrmachtsausstellung sich
viel stärker als der Sicht der Revoltierenden Ende der Sechzigerjahre einer neuen Betrachtungsweise anschloss, die den „gewöhnlichen Faschismus", seine Alltäglichkeit, ins Zentrum stellte.

Davon zeugt auch die Eingangsthese der Ausstellungsmacher, die
Wehrmacht sei die größte Schnittstelle zwischen der männlichen deutschen Bevölkerung und dem nazistischen Gewaltapparat und seiner
Ideologie gewesen. Vom konkreten Verhalten einzelner Soldaten handeln
auch die entsprechenden Untersuchungen der „Oral History", die sich
seit den Siebzigerjahren steigender Beliebtheit erfreut. In der Ausstellung
selbst sah man Besucher, die sich mit der Lupe oder mit Familienfotos in
der Hand auf Spurensuche begaben.

Dieses Hantieren mit dem Vergrößerungsglas hätte für die Ausstellungsmacher ein wichtiger Hinweis sein müssen. Sie hatten sich, ver-

glichen mit der Praxis anderer Fotoausstellungen, einer beträchtlichen Mühe unterzogen, Ort und Zeitpunkt der Fotoaufnahmen zu verifizieren. Aber sie waren ebenso der Auffassung zugeneigt, die Fotos hätten in Teilen eine textillustrierende Funktion, wo sie nicht gar, in dem „Eisernes Kreuz" betitelten Ausstellungsteil, durch die Anhäufung des Grauens Erschütterung und Abscheu hervorrufen sollten.

Demgegenüber wurden Stimmen laut (in der *taz* in einem Beitrag von Brigitte Werneburg), die darauf bestanden, dass Fotos grundsätzlich unter der Tatortperspektive analysiert werden müssten. Demnach wäre das historische Foto Beweismittel im historisch-kriminalistischen Prozess der Aufdeckung. Generell gesprochen: Geschichte ist kein Gerichtsverfahren, aber die Arbeit des Historikers hat viel gemein mit der des Kriminalisten: Spurensicherung am Tatort, Vernehmung von Tatzeugen, Suche nach dem Motiv des möglichen Täters, Dingfestmachen.

In dieser Hinsicht ist der oben zitierte Aufsatz von Bernd Hüppauf instruktiv, weil er die Disziplin der Kunstgeschichte, insbesondere die Bilderklärungen der Schule von Aby Warburg, zur Hilfe ruft. Gerade Warburgs Ruhm gründete sich auf detektivische Pionierleistungen, so auf seine Entdeckung, dass der italienische Kaufmann Portinari im 15. Jahrhundert nachträglich sein Konterfei auf dem Körper eines armen Sünders hatte abbilden lassen, nachdem er das Gemälde, eine Darstellung des „Jüngsten Gerichts", dem ursprünglichen Auftraggeber unter dubiosen Umständen abgeluchst hatte.

Hier wie im historischen Foto auch geht es also ums genaue Hinsehen, um die Herstellung des ursprünglichen Zusammenhangs, um die Hinzuziehung von Aktenmaterial. Also auch um die Rekonstruktion der ursprünglichen Fotosequenzen, die Person des Fotografen, die Differenz zwischen ursprünglicher und späterer Beschriftung. Nachträglich sind wir natürlich alle klüger. Es gehört, was in diesem Zusammenhang unbedingt gesagt werden muss, zu den Verdiensten der Ausstellung, gerade durch ihre Fehler der Diskussion über das Foto als historische Quelle neuen Auftrieb gegeben zu haben.

Gerade weil die Wehrmachtsausstellung kein Durchmarsch durch sperrangelweit geöffnete Türen war, begingen die Ausstellungsmacher den Fehler, sich zu verschanzen, auch gegenüber berechtigter Kritik. Die Tendenz zur Festungsmentalität zeigte sich besonders dort, wo es darum ging, zu klären, in welchem Verhältnis Verbrechen, an denen die Wehrmacht beteiligt war, zu den vorherigen Untaten des sowjetischen Sicherheitsdienstes beziehungsweise zu Pogromen der einheimischen Bevölke-

rung an ihren jüdischen „Mitbürgern" standen. Die Ausstellungsmacher
lehnten eine solche Untersuchungsweise ab, weil sie dahinter das ewig
entschuldigende Muster der Aufrechnung, der Relativierung deutscher
Verbrechen zu erkennen glaubten, mithin die Einstellung ihrer innenpolitischen Gegner. Aber vielen, die darauf bestanden, die Vorbedingungen
des deutschen Vernichtungsfeldzugs zu erörtern, ging es überhaupt nicht
darum, die Verbrechen der deutschen Seite nach dem Vorbild des Historikers Ernst Nolte als Folgeerscheinungen der sowjetischen Verbrechen
darzustellen.

Sie sahen die Darstellung der Vorgeschichte als notwendig an, weil
es zu Beginn des Kriegs gegen die Sowjetunion tatsächlich „Zonen der
Vernichtung" gegeben hatte, wo Aktionen und Gegenaktionen sich in einer mörderischen Spirale hochdrehten, wo es auch Spielraum gab für
unterschiedliche Haltungen der Wehrmachtskommandeure, sei es in ver-
schärfender, sei es – seltene Ausnahme – in zurückhaltender Ausführung
der Befehle. Dies nicht erkannt zu haben war einer der Gründe für Fehl-
zuschreibungen von Fotos im Zusammenhang mit den Morden in der
Westukraine im Sommer 1941.

Jan Philipp Reemtsma, Kopf des Hamburger Instituts für Sozialforschung, hat die Überprüfung der Ausstellung von vornherein auch als
Chance begriffen, noch einmal über die Konzeption schlechthin nachzudenken. Sein jetziger Vorschlag, der von der beispielhaften Demonstra-
tion von Verbrechen abrückt und sich an Problemkomplexen orientiert,
stellt sicher eine vernünftige Diskussionsgrundlage dar, hat aber auch
seine Tücken.

Wenn dem Verbrechensbegriff selbst künftig eine zentrale Bedeutung
zukommen soll, so wird man eine vollständige Dokumentation der Probleme bieten müssen, die die universelle Geltung völkerrechtlicher Normen aufwirft, also auch die Frage, bis zu welchem Grad sich die westlichen Alliierten selbst an die von ihnen postulierten rechtlichen und moralischen Normen gehalten haben. Diese Problemstellung ist brennend
aktuell, stößt sich doch die Forderung nach internationaler Geltung der
Menschenrechte jenseits des staatlichen Souveränitätsprinzips an der
selektiven Beurteilung der Fälle, wo menschenrechtliche Intervention
geboten zu sein scheint.

Beträchtliche Irritationen hat anlässlich der Vorstellung der Neukonzeption nicht diese selbst ausgelöst, sondern die Erklärung Reemtsmas,
von „Geschichtspolitik" abrücken und sich der historischen Anthropologie als Leitidee zuwenden zu wollen. Eigentlich muss es sich zurückwen-

den heißen. Denn die Ausstellung des Instituts von 1995, Titel: „100 Tage und ein Jahrhundert", anlässlich des vierzigsten Jahrestags des Kriegsendes, hatte sich der Vorstellung verpflichtet gefühlt, den Auswirkungen von Gewalt und Destruktivität während einer langen historischen Periode, eben des 20. Jahrhunderts, nachzugehen und auch deren Voraussetzungen in der gesamten Geschichte des europäischen „Prozesses der Zivilisation" aufzudecken. Diese Perspektive möchte Reemtsma jetzt wieder aufnehmen und durch sie die Arbeit des Instituts strukturieren.

Schon an die damalige Ausstellung war die kritische Frage gerichtet worden, ob sie nicht ganz unterschiedliche Komplexe von Terror und Massenvernichtung in einer Art gesichtslosen Vision des „Jahrhunderts der Barbarei" zusammenschießen lässt. Ob, mit anderen Worten, die Geschichte nicht als Nacht erscheint, in der alle Katzen grau sind. Heute begegnet Reemtsma Einwänden dieser Art mit dem Hinweis, er wolle sowohl Erscheinungen langer Dauer, die strukturell Gewaltverhältnisse begründen, als auch die Bedingungen des jähen Umschlagens historischer Konstellationen untersuchen. Gerade die Kombination der Blickwinkel eröffne den größten Erkenntnisgewinn.

Bei dieser Auffassung gilt es allerdings zu bedenken, dass die großen Erfolge einer „historischen Anthropologie" auch in Deutschland gerade dort zu verzeichnen waren, wo es um die Untersuchung lang wirkender Faktoren auf sehr kleinem Raum, zum Beispiel dem einer Dorfgemeinde, ging, wo bisher unbeachtete Dokumente des Alltagslebens erschlossen wurden, wo Tagebücher ganz gewöhnlicher Menschen ebenso Berücksichtigung fanden wie Berichte über Hochzeiten, Akten über Erbschaftsangelegenheiten, Rechtsstreitigkeiten, Friedhöfe.

Die historische Anthropologie enthüllt, wo sie erfolgreich arbeitet, die Geschichte vom Entstehen, der langen Wirkung, natürlich auch der Zersetzung von Mentalitäten. Aber gerade von der Untersuchung von Mentalitäten, wie sie beispielhaft für die deutschen Soldaten im Zweiten Weltkrieg in Omer Bartovs Arbeit zu „Hitlers Wehrmacht" entwickelt worden ist, möchte Reemtsma abrücken. Er will Gesetzmäßigkeiten aufdecken wie das seinen Recherchen nach stets wiederkehrende Prinzip, erst Verbrechen an einer Bevölkerungsgruppe zu verüben, um diese anschließend, aus Furcht vor Vergeltung, durch die Zuschreibung unwandelbarer negativer Charaktereigenschaften zu stigmatisieren.

Sicher gibt es solche verallgemeinerungsfähigen Sachverhalte. Aber führt diese Suche nach Konstanten menschlichen Verhaltens, selbst wenn sie sich des jeweiligen historischen Kontextes rückversichern, nicht gefährlich nahe an das Terrain, auf dem Gemeinsprüche wie der von der dünnen Zivilisationsdecke oder vom Umschlagen einer instrumentellen Vernunft in Barbarei blühen?

Und würden damit fruchtbare Forschungshypothesen über die Gewalt im neuzeitlichen Zivilisationsprozess nicht zu einer Geschichtsphilosophie versteinert, in der Fakten nur noch die Rolle von Belegen für ein vorgefasstes Interpretationsschema zugebilligt wird?

Das allerdings wäre tatsächlich ein entscheidender Paradigmenwechsel.

taz vom 16. Dezember 2000

Gegen die Logik des Alles oder nichts

Auch die Opfer der Distomo-Massakers müssen entschädigt werden

Journalistische Provokationen sind nützlich, vor allem, wenn sie stereotype Haltungen und eingeschliffene Reaktionen bloßstellen. Der Historiker und Publizist Götz Aly wollte offenbar derart provozieren, als er am Montag in der *Berliner Zeitung* ein Urteil des Bundesgerichtshofs (BGH) verteidigte. Der BGH hatte die Schadenersatzansprüche zweier griechischer Kläger abgelehnt, deren Eltern Opfer des Distomo-Massakers wurden. Aly wollte insbesondere einem von ihm gemutmaßten Sturmlauf der Linken gegen das Urteil entgegentreten. Aber seine Provokation läuft ins Leere. Er verkennt den *politischen* Einsatz, um den es bei der Behandlung des Distomo-Massakers geht. Und er lässt praktische Lösungsmöglichkeiten zugunsten der Opfer und ihrer Nachkommen außer Betracht.

Götz Aly ruft die deutsche Staatsräson auf, um zu zeigen, dass die Anerkennung von Schadenersatzforderungen der Distomo-Kläger zu einer endlosen Kette weiterer ziviler Forderungen führen würde. Die Bundesrepublik als Rechtsnachfolgerin des Deutschen Reichs sähe sich dann mit einer Prozessflut konfrontiert, die, falls erfolgreich, eine unerträgliche, über Generationen sich auswirkende Schuldenlast zur Folge hätte. Aber auch andere Regierungen, darunter auch die griechische selbst, müssten, wenn man Zivilklagen gegen fremde Staaten für völkerrechtlich erlaubt hält, für frühere Kriegsverbrechen finanziell einstehen. Damit wäre das Gegenteil von Gerechtigkeit und Rechtsfrieden erreicht.

Alys Argumentation folgt dem bekannten Schema von „Alles oder nichts". Überträgt man seine Logik auf die Verhandlungen zur Entschädigung der Zwangsarbeiter, so hätte es niemals die Einigung auf die 10-Milliarden-Bundesstiftung geben dürfen. Realistisch gerechnet hätten sie mit 180 Milliarden Mark für entgangene Löhne entschädigt werden müssen, was seinerzeit der Wirtschaftshistoriker Thomas Kuczynski ausgerechnet hat.

Nur: In den Entschädigungsverfahren stellte sich bis auf wenige Ausnahmen heraus, dass trotz gravierender Ungerechtigkeiten die Kläger bereit waren, ihre Klage zurückzuziehen und damit die Stiftung auf den Weg zu bringen. Nicht umsonst ist das Modell der Bundesstiftung auch in Griechenland in aller Munde.

Der praktische Lösungsweg für den Fall Distomo müsste so ausse-
hen: die Zwangsanleihe, die das Deutsche Reich 1941 Griechenland ab-
gepresst hat und nie zurückgezahlt wurde, jetzt zu begleichen und in
einen Fonds zu überführen. Dieser Fonds sollte dann den Opfern der
deutschen Verbrechen in Griechenland sowie deren Nachkommen zu-
gute kommen.

Der Errichtung dieses Fonds stünde nicht die Zahlung von 115 Millionen Mark seitens der Bundesrepublik in den 60er Jahren im Wege, denn
dieser Fonds beinhaltete, anders als von Aly suggeriert, keine Wiedergut-
machung des Unrechts, das den Griechen von der deutschen Besatzung
zugefügt wurde. Auch dem Bedenken, ein solcher Fonds würde eine
Kettenreaktion weiterer Fonds nach sich ziehen, ist durch diese Lösung
Rechnung getragen. Lediglich Griechenland wurde zu einer solchen
Zwangsanleihe genötigt.

Es war der Bundesgerichtshof selbst, der in seinem Urteil ausführte,
der Fall Distomo „müsse mit den beschränkten Mitteln des Rechts gelöst werden". Andere Wege „seien dem Richter versperrt". Diesen Wink
mit dem Zaunpfahl hat Götz Aly geflissentlich übersehen. Es wäre seine
Aufgabe gewesen, die Möglichkeiten zu prüfen, die *jenseits* des jetzt ab-
geschlossenen Rechtsstreits liegen. Zur Staatsräson gehört es eben nicht
nur, die Bundesrepublik vor finanziellem Schaden zu bewahren, sondern
auch, sich darüber hinaus um das politische Ansehen Deutschlands zu
sorgen, selbst wenn diese Sorge „nur" einem Staat wie Griechenland gelten muss, dessen politische und ökonomische Machtmittel begrenzt sind.

Götz Aly wendet sich gegen einen geschichtsfernen Antifaschismus,
der „namentlich in der einstigen DDR" das Urteil des BGH als Skandal
anprangere. Mag sein, dass es solche Stimmen gibt. Aufseiten der griechi-
schen wie der deutschen Linken, die sich um eine Lösung des Jahrzehnte
währenden Distomo-Skandals mühen, wird ein anderer, ein konstrukti-
ver Ton angeschlagen. Ihn hat Aly bei seiner Urteils-Laudatio ignoriert.

taz vom 3. Juli 2003

Erschöpfte Leidenschaft

Bis heute ist das Verhältnis der deutschen Linken zu Israel gespalten. Auf kritiklose Bewunderung folgte dogmatische Ablehnung, die in misstrauische Gleichgültigkeit umgeschlagen ist

Inge Deutschkron, israelisch-deutsche Schriftstellerin und Journalistin, steckt uns mit ihren 75 Jahren, was Vitalität und Geistesgegenwart anlangt, lässig in die Tasche. „Uns", das sind die Achtundneunziger, Gymnasiasten der Tegeler Humboldt-Schule, und zwei Achtundsechziger, nämlich der geschätzte Altersgenosse Peter Brandt und ich.

Frühjahr 1998. Wir sind zusammen mit Inge Deutschkron eingeladen worden, um das Generationsknäuel zu entwirren. Gerade werden die üblichen Missverständnisse über die Frage ausgetauscht, wie revolutionär die Achtundsechziger waren und wie reaktionär die Achtundneunziger eigentlich sind, als Inge Deutschkron ihren Überraschungsangriff startet. Ganz nüchtern, ohne jeden Anflug von Selbstmitleid, stellt sie fest, „wir" hätten damals den letzten Anstoß dafür gegeben, dass sie Deutschland Richtung Israel verließ.

Vor einer erschrockenen Zuhörerschaft berichtet Inge Deutschkron von einem Teach-in in Frankfurt 1967, kurz nach dem für Israel erfolgreich verlaufenen Sechstagekrieg. Zwei Stunden lang sei der israelische Botschafter Ben Nathan von einem 1.500-köpfigen aufgewühlten Auditorium daran gehindert worden, Israels Standpunkt darzulegen. Der Sprechchor „Zionisten raus aus Israel" gab ihr, die die linke Studentenbewegung in Deutschland von Anfang an unterstützt hatte, den Rest. Sie packte die Koffer.

Wie sollen wir, die beiden Achtundsechziger, auf diese Erinnerung reagieren? Fest steht, dass der Sechstagekrieg im Laufe weniger Monate das politische Terrain Westdeutschlands umgepflügt hatte. Die radikale Linke schwenkte von vormals dezidiert proisraelischen Positionen zu ebenso entschieden propalästinensischen. Die Konservativen aber, die großen Verdränger und Verharmloser deutscher Schuld an dem Judenmord, entdeckten ihr Herz für die siegreichen israelischen Krieger.

Diese Verkehrung der Fronten hat niemand mit größerer Schärfe gebrandmarkt als die Journalistin Ulrike Meinhof. Im für die Studentenbewegung wichtigen Blatt *Konkret* formulierte sie: „*Bild* gewann in Sinai endlich, nach 25 Jahren, doch noch die Schlacht von Stalingrad … Hätte man die Juden, statt sie zu vergasen, mit an den Ural genommen, der Zweite Weltkrieg wäre anders ausgegangen."

Für die linken Studenten verschmolz ihr eigener Kampf gegen die Notstandsgesetze und gegen den Springer-Konzern, ihre Solidarität mit der vietnamesischen Befreiungsfront, ihre Unterstützung der antikolonialen Kriege in Afrika zu einem einzigen, weltweiten Szenario mit festgefügter Rollenverteilung. Die arabischen Völker und ihre Befreiungsorganisationen (nicht ihre Regierungen) wurden in dieses Koordinatensystem auf der revolutionären Kurve eingetragen. Der Zusammenhang zwischen der Gründung des Staates Israel und der Shoa, seine Rechtfertigung aus eben dieser Katastrophe, war der Linken viele Jahre lang präsent gewesen. Jetzt, 1967, erklärte der Sozialistische Deutsche Studentenbund: „Die Anerkennung des Existenzrechts der in Israel lebenden Juden durch die sozialrevolutionären Bewegungen in den arabischen Ländern darf nicht identisch sein mit der Anerkennung Israels als Brückenkopf des Imperialismus und als zionistisches Staatsgebilde."

Im Denken der Linken wurden die realen Probleme der Juden in Israel weggespült von der imaginierten Welle weltweiter sozialrevolutionärer Erhebungen. Das Problem Israel als konkreter Widerspruch miteinander rivalisierender Rechte auf Selbstbestimmung wurde in den weltrevolutionären Kontext katapultiert, quasi exterritorialisiert. Damit war das Leitmotiv vorgegeben.

Heute hat Inge Deutschkron zwei Wohnsitze, einen in Berlin, den anderen in Tel Aviv. Auch andere, die in späteren Jahren verletzt und verzweifelt der Bundesrepublik gen Israel den Rücken kehrten, sind wieder hier, munter und streitlustig.

Die bedingungslose Identifikation mit palästinensischen Befreiungsbewegungen ist verschwunden. Bist du für oder gegen das Oslo-Abkommen, für oder gegen den Verständigungskurs „Land gegen Frieden", für oder gegen die Perspektive zweier Staaten, Israel und Palästina – diese Fragen sind heute umstritten, aber nur in Israel, nicht bei uns.

Ob Israel weiterhin ein exklusiv jüdisch beherrschtes Unternehmen sein soll – eine Existenzfrage des politischen Zionismus –, wird heute nicht mehr von deutschen Linksradikalen, sondern von jüdischen „Postzionisten" diskutiert. Noch zu Anfang der achtziger Jahre war der deutsch-israelische Philosoph Dan Diner ziemlich isoliert gewesen, als er die Instrumentalisierung des Holocaust in Israel verantwortlich machte dafür, dass die Machtelite jedem konkreten Lösungsversuch des israelisch-palästinensischen Komplexes auswich.

Heute hat der israelische Historiker Moshe Zuckermann keine Bedenken, eben diese Indienstnahme während des Golfkriegs anzugreifen. Und Inge Deutschkron trägt ihren Abscheu vor der Unerbittlichkeit des religiösen Zionismus auch beim Gespräch in Berlin-Tegel vor. Also: Haben die verbliebenen Linken aus ihren Irrtümern gelernt? Ist das Problem dort gelandet, wo es hingehört? Ist also alles normalisiert?

Nicht ganz.

Denn eine wichtige Frage bleibt ungeklärt. War der linke Antizionismus vom Antisemitismus angekränkelt? Und, falls ja, haben sich die Linken über diese Gefahr so verständigt, dass ein erneuter Rückfall unwahrscheinlich erscheint? Natürlich waren selbst die militantesten Aktivisten der Palästina-Solidarität nicht antisemitisch in dem Sinne, dass sie die immerwährenden Vorurteile aufgenommen und transportiert hätten.

Sie glaubten weder an eine jüdische Weltverschwörung noch an den „zersetzenden" Geist jüdischer Intellektueller, noch an ihre überwältigende Geschäftstüchtigkeit oder an welches der Stereotype auch immer. Es geht vielmehr um eine Gedankenwelt, die den Mord an den europäischen Juden auslöscht durch die Inflationierung und Trivialisierung der Begriffe, die ihn benennen und erklären.

Schon auf dem Höhepunkt der Studentenbewegung hatte ein gänzlich entleerter, weil inflationär benutzter Faschismusbegriff die spezifische, mörderische Bedeutung des deutschen Nationalsozialismus verdunkelt.

Ähnlich erging es, zuletzt während des israelischen Angriffs auf den Libanon 1982, diesem Völkermord selbst.

Schon zu Beginn der Invasion trug beispielsweise der Fachredakteur der *taz* keine Bedenken, von einem „Vernichtungskrieg der Israelis gegen die Palästinenser" im Libanon zu sprechen, ganz als habe er die Kriegsmaschine des Deutschen Reiches nach dem Überfall auf die Sowjetunion vor Augen. Vom „Ausrottungsfeldzug" war einen Tag später die Rede und davon, dass sich die Absicht der Israelis zum Völkermord kaum noch verbergen lasse.

Ihre Apotheose fand diese Art von Einschätzungen im Kommentar des gleichen Autors mit dem signifikanten Titel „Umgekehrter Holocaust", in dem dargelegt wurde, dass Millionen von Israelis den mit „rassistischer Perfektion" verübten „Völkermord" an den Palästinensern billigten.

An dem hier nachgezeichneten Syndrom ist dreierlei bemerkenswert: Die angreifenden Israelis werden als Nazis kostümiert, durch welche Verschiebung der Mord an den Juden zu einem bloßen Ereignis in der

Nachtgeschichte des Imperialismus herabgedrückt wird. Das Resultat ist das ersehnte Entlastungserlebnis.

Damit aber dieses Manöver funktionieren kann, muss jeder politische Differenzierungsprozess in Israel angesichts des Überfalls auf den Libanon geleugnet werden, damit die Gleichung „Jude=Israeli=Nazi" funktioniert. Zur Ehre dieser Zeitung muss klargestellt werden, dass in den folgenden Wochen um diese Positionen ein breiter Meinungskampf ausgefochten wurde, dessen aufklärerische Wirkung über den Leserkreis der *taz* hinausreichte. Worüber aber keine Klarheit erzielt werden konnte, ist jene entlastende Psychodynamik, mit deren Hilfe man die Opfer zu Tätern machte und sich selbst von Verantwortung freisprach.

Der Golfkrieg im Januar 1991 stellte die Traditionslinke und die junge Friedensbewegung erneut auf den Prüfstand. Wieder wurde gegen einen hochstilisierten, imaginären Feind gestritten: die „Neue Weltordnung" unter Führung der USA. Diesmal erscheint Israel nicht als aggressiver Juniorpartner, das ist vorbei. Aber seine Rolle als potentielles Opfer der Raketen Saddams wird großzügig übersehen – wie auch die (illegale) Ausrüstung irakischer Fabriken zur Herstellung von Giftgas nur pflichtschuldigen Protest auslöst. An die Stelle früherer Leidenschaftlichkeit treten kaltes Vernünfteln und Vorsicht bei der Wortwahl.

Engagement am falschen Ort hat sich in Überdruss gewandelt – und in Desinteresse. Insofern unterscheiden sich die Linken, Alternativen und Grünen heute nicht mehr von der Bevölkerungsmehrheit in Deutschland.

taz vom 25. April 1998

Lektürehinweise:

Martin W. Kloke: Israel und die deutsche Linke. Zur Geschichte eines schwierigen Verhältnisses. Verlag Haag & Herchen, Frankfurt a. M. 1994

Dietrich Wetzel (Hrsg.): Die Verlängerung von Geschichte. Deutsche Juden und der Palästinakonflikt, Verlag Neue Kritik, Frankfurt a. M. 1983

Moshe Zuckermann: Zweierlei Holocaust. Der Holocaust in den politischen Kulturen Israels und Deutschlands, Wallstein-Verlag, Göttingen 1998

Ästhetik und Kommunikation: Deutsche, Linke, Juden, Heft 51, Berlin 1983

die tageszeitung - Ausgaben vom Juni bis August 1982 (nachlesbar im taz-Archiv)

Kalte Herzen, kalte Heimat

Jahrzehntelang standen sich Linke und Vertriebene in erbitterter Feindschaft gegenüber. In Ostmitteleuropa haben sich demokratische Gesellschaften gegründet, die Massenvertreibungen im ehemaligen Jugoslawien führten auch bei der Linken zu einer Sensibilisierung Flüchtenden und Vertriebenen gegenüber.

Mochten alte Gewissheiten zusammenstürzen, mochten sich eherne Fronten verkehren, *eine* politische Konstante schien bis vor kurzem völlig unverrückbar: die eisige wechselseitige Ablehnung der organisierten Vertriebenen und der mehr oder weniger organisierten Linken. Die Geschichte dieser Feindschaft ist so alt wie die Bundesrepublik.

Ein intellektuelles und emotionales Knäuel, das unauflösbar erscheint, weil der Kern der jeweiligen Identität auf dem Spiel steht. Die Linken warfen den Vertriebenen vor, sich stur auf die eigene Leidensgeschichte zu fixieren, alle Fragen abzuwehren, was denn der Vertreibung aus der alten Heimat vorausging, also die Ursache von Flucht und Vertreibung, die Vernichtungspolitik der Nazis, auszublenden. Dadurch würde jede Aussöhnung mit den Völkern Osteuropas blockiert, eine friedliche Überwindung der Blockteilung Europas unmöglich.

Die Vertriebenen warfen den Linken vor, Menschenrechte mit zweierlei Maß zu messen. Was sie anderen Völkerschaften zubilligten, würden die Linken den Angehörigen des eigenen Volkes verweigern. So sehr sie Unrecht in aller Welt anklagten, bei den vertriebenen Ostdeutschen zeigten sie ein Herz aus Stein. Jede Politik der Verständigung mit dem Osten, die das an ihnen begangene Unrecht nicht heilte, sei im Kern verwerflich, denn sie verrate die menschenrechtlichen Grundsätze, unter denen die Bundesrepublik angetreten sei. Und sie sei gefährlich, weil sie Vertreibung als Mittel der Politik legitimiere.

Eine Zeitlang schien es so, als ob zwar nicht diese Feindschaft, aber ihr Gegenstand verschwinden würde. Im Gefolge der deutschen Einheit wurden Verträge abgeschlossen, die die Nachkriegsgrenzen endgültig anerkannten. Das „Recht auf Heimat" schrumpfte bei den Vertriebenenverbänden auf Entschädigungsforderungen an die Adressen der neuen, demokratischen Regierungen Tschechiens und Polens zusammen.

Das entsprechende Erpressungsszenario: Mitgliedschaft in der Europäischen Union nur bei Anerkennung der Restitutionsansprüche, entnervte und verärgerte nicht nur das linke Spektrum des deutschen Publikums. Trotz Unterstützung der bayerischen Schutzmacht traten die Vertriebenen den Weg in die politische Marginalisierung an. Dann aber kehrten im ehemaligen Jugoslawien Mord und Vertreibung nach Europa zurück. So wurde das Nachkriegsschicksal der Vertriebenen erneut zum Gegenstand öffentlichen Nachdenkens – diesmal auch für die Linken.

Es begann die Zeit kritischer Selbstbefragung. Eine der ersten, die dieser veränderten Stimmungslage Ausdruck verlieh, war Antje Vollmer, vormals, in den siebziger Jahren, der radikalen, maoistischen Linken zugehörig. Sie hatte es sich, als Nichtvertriebenenkind, zur Aufgabe gemacht, für die Verbesserung des tschechisch-deutschen Verhältnisses zu arbeiten und den Alleinvertretungsanspruch der Sudetendeutschen aufzubrechen. Im Herbst 1995 hielt sie an der Prager Karlsuniversität eine ehrliche Rede, in der sie der westdeutschen Nachkriegsgesellschaft vorhielt: „Für ihr persönlich schweres Schicksal, das sie erfahren hatten, trafen die Vertriebenen in unserer Gesellschaft auf ein mitleidloses Desinteresse. So blieb ein Teil von ihnen den Tschechen gegenüber unversöhnt, weil sie in Deutschland, bei uns, nicht ganz ankamen und nicht ganz aufgenommen wurden. Es gab bei uns lange ein unausgesprochenes nationales Strafbedürfnis, besonders in den Reihen der politischen Linken und der Studentenbewegung, zu denen ich gehörte. Irgend jemand, so dachten wir, müsste doch büßen für die unfassbaren deutschen Verbrechen. Das sei so schon in Ordnung."

Ähnlich sieht es Bascha Mika, Chefredakteurin der *taz* und Kind Oppelner Schlesier. Sie pointiert die Einstellung der Linken, die auch ihre eigene war, so: „Die Linken waren immer stark im Umgang mit politischen Projekten, aber schwach im Umgang mit Menschen." Damals bekämpfte sie die revanchistischen Parolen, das schwache Gedächtnis gegenüber der eigenen Rolle während der Nazizeit und die fortwirkenden starken rassistischen Vorurteile gegenüber den slawischen Nachbarn. Diese Haltung erscheint ihr nach wie vor berechtigt. Aber heute beklagt sie die Unfähigkeit der damaligen Linken, bei den Vertriebenen etwas vom Schmerz des individuellen Verlusts zu verstehen.

Was hat sie, Bascha Mika, damals beiseite geschoben? Den Zusammenbruch einer besonderen, eben der oberschlesischen Lebensweise, die etwas unbeschwerter, etwas großzügiger war als in anderen Teilen Deutschlands; die Feiern mit Freunden; drei Generationen unterm Dach des Hauses, das der Großvater selbst gebaut hatte. Der Garten, die Landschaft, die Küche. Ein nicht allzu bigotter Katholizismus. Und nicht zuletzt das Kuddelmuddel, das Kreuz und Quer der Verbindungen zu den oberschlesischen Polen. Das war die verlorene Heimat, und das meinten die Alten, wenn sie von Schlesien sprachen.

Immer gab es diese Inkongruenz zwischen der Trauer um eine verlorenen Lebenswelt und den politischen Forderungen der Vertriebenenverbände. Aber den Linken blieb allzu lange verborgen, dass in der Parole „Recht auf Heimat" auch legitime Gefühle mitschwangen, die von den Funktionären für eine knallharte Politik der Konfrontation instrumentalisiert wurden. Dabei kannten sie Ernst Bloch und seine Warnung, den Nazis das Terrain der Heimat zu überlassen, kannten Kurt Tucholskys emphatische Liebeserklärung an die deutschen Landschaften am Ende seiner Satire „Deutschland, Deutschland über alles".

Aber der Druck der politischen Leidenschaften war zu groß. Zu groß die Versuchung, Flucht und Vertreibung von zwölf Millionen Menschen, aber auch die Teilung Deutschlands bis hin zum Bau der Mauer als historische Quittung für die Naziverbrechen nicht nur zu verstehen, sondern auch zu rechtfertigen. Dass die Vertriebenen von den Linken so wenig verstanden wurden, dass ihnen so wenig Mitgefühl entgegenschlug, lag nicht nur in der Traditionslinie der linken Bewegungen begründet. Diese Verweigerung hatte ihre Wurzeln auch in der bundesdeutschen Nachkriegszeit.

Wir wissen, dass die Vertriebenen bei ihrer Ankunft in den Besatzungszonen von der Bevölkerung mit Missgunst, oft auch mit Verachtung empfangen wurden. In den Dörfern und Kleinstädten, in die es sie verschlug, waren sie bis Ende der fünfziger Jahre Menschen zweiter Klasse, mussten sich mit den elendesten Jobs und den miesesten Wohnverhältnissen begnügen. Oft nannte man sie mit der Nationalitätsbezeichnung derer, die sie vertrieben hatten, Polacken beispielsweise.

Zwar gelang es der westdeutschen Regierung, die ökonomische Integration anzukurbeln – und dem rechten Radikalismus unter den Vertriebenen den Boden zu entziehen. Aber auch später, als der wirtschaftliche Aufschwung schrittweise die Lage der Flüchtlinge und Vertriebenen verbesserte, hinkte die soziale Integration hinterher. Paradoxerweise entzog die erfolgreiche ökonomische Lobbytätigkeit der Vertriebenenverbände ihrem politischen Programm stetig die Grundlage. Die Rhetorik blieb revanchistisch, die Praxis der Mitglieder aufs Fortkommen in der Bundesrepublik gerichtet, die doch nur als Wartesaal hatte dienen sollen.

Dieser Ambivalenz entzog sich ein Teil der Vertriebenen durch Bruch mit der eigenen Vergangenheit, durch Distanz zu den Vertriebenenverbänden, durch Anpassung an die neue Heimat, durch Schweigen. Während ein anderer Teil sich an den offiziellen Parolen festbiss, fühlend, dass die Forderung nach dem Deutschland „in den Grenzen von 1937" zunehmend an Realitätstüchtigkeit einbüßte.

Den Linken blieb damals nicht verborgen, dass nur ein geringer Prozentsatz selbst der Vertriebenenfunktionäre tatsächlich in die alte Heimat zurückgegangen wäre, wenn sich ihnen die Chance geboten hätte. Viele der Linken spürten die Hohlheit des Anspruchs, den Widerspruch zwischen sturem Festhalten an den Rechtspositionen und der tatsächlichen Lebenspraxis. Ihnen war das Auftreten der Vertriebenen nicht nur politisch zuwider, sondern auch kulturell fremd. Vergessen wir nicht: Sie, die linken Studenten, waren Fleisch vom Fleisch der Nachkriegsgesellschaft. Und sie waren, trotz ihres oftmals forciert linkstraditionalistischen Gepränges, Motoren des demokratischen Verwestlichungsprozesses. Sie hatten keine Ahnung und folglich keine Beziehung zum Osten Europas, und zwar weder zum slawischen noch zum vormals deutschen.

Und die Kinder der Vertriebenen, die gegen ihre Eltern revoltierten und sich der Linken anschlossen, zahlten freudig ihr Eintrittsgeld. Weil die Linken bis tief in die Sozialdemokratie hinein die Vertriebenenfrage strikt als Problem des Kampfs gegen die entspannungsfeindliche Rechte ansahen, waren sie auch wehrlos gegenüber der Propaganda, die seitens der realsozialistischen Regime gegen den „Revanchismus" lanciert wurde. Sie übernahmen selbst hirnlose Konstruktionen wie die vom immerwährenden Drang der Deutschen nach Osten.

Ihre historischen Strafphantasien machten sie zu Verbündeten von Regimen, die die Angst vor dem deutschen Revanchismus kalt für systemstabilisierende, nationalistische Demagogie nutzten – eine Politik, die die Linken im *eigenen* Land entschlossen bekämpften. Diese freiwillige Gefangenschaft im Denken zeitigte während der Zeit der polnischen Erneuerungsbewegung 1980/81 fatale Folgen. Das Gros der Linken sah sich außerstande, den Freiheitskampf der Gewerkschaft Solidarność zu unterstützen, teils weil deren Anhänger Ronald Reagan anhimmelten, teils aber auch, weil sie gegen die Revanchismuslitanei der Realsozialisten Front machten, ja sogar die deutsche Einheit ernsthaft in Betracht zogen.

Es war dies die Zeit, in der eine kleine Minderheit der Linken in der Bundesrepublik Europas Osten neu entdeckte, Freundschaft schloss mit den osteuropäischen Demokraten, nach Lösungen suchte, um die Blockteilung Europas zu überwinden. Eigentlich hätte es auch die Zeit sein müssen für eine ehrliche Auseinandersetzung mit den Vertriebenen, für

die Debatte über eine mögliche neue konstruktive Rolle, wenn der Osten „nach Europa heimkehren" würde. Damals witzelte der tschechische
Oppositionspolitiker Jaroslav Šabata, „die Sudetendeutschen werden die
große Lobby der Tschechen in Deutschland sein. Sie wissen es nur noch
nicht." In jenen achtziger Jahren, der „zweiten Eiszeit" bis zu den Reformen Michail Gorbatschows, entstanden die Netzwerke der ost-westli-
chen Zusammenarbeit, oft unter Mitwirkung religiös oder sozialdemo-
kratisch inspirierter Vertriebener. In Deutschland aber herrschte zwischen den Vertriebenenverbänden und der Linken weiterhin Eiszeit.

Das ändert sich jetzt, aber die Ursachen liegen außerhalb Deutschlands. Die Massenvertreibungen zuerst in Bosnien, dann im Kosova, haben die Emotionen aufgerührt, für das Schicksal der Flüchtlinge neue
Sensibilität in Deutschland wie in Osteuropa geweckt. In dem Maße, in
dem sich in Ostmitteleuropa die Demokratie konsolidierte, wurde dort
das Schweigen über das Schicksal der deutschen Vertriebenen durchbrochen. Heftiger Streit entzündete sich am „Warum", vor allem aber am
„Wie" der Vertreibung. Selbst die Existenz der Lager, in denen nach 1945
Deutsche in Polen oft unmenschlich behandelt wurden, geriet ins Blickfeld. Nicht nur das Weltbild der Vertriebenen, auch das der Linken wurde
durch die „Selbstbefragung" in Polen wie in Tschechien herausgefordert.

Helga Hirsch, eine Osteuropaexpertin mit studentenbewegter Biografie, suchte ehemalige Lagerinsassinnen auf und veröffentlichte einen
engagierten Bericht. Der polnisch-deutsche Journalistenclub „Unter
Stereotypen", ebenfalls von einer Linken initiiert, organisierte Semina-
re zur Vertreibung und publizierte deren Ergebnisse in der Zeitschrift
Trans-Odra.

Dort kann man auch den bewegenden Artikel nachlesen, den der Journalist Wojciech Pieciak über den Lehrer Gerhard Gruschka veröffentlicht
hat, der 1945 (als Kind) Insasse des berüchtigten Lagers Zgoda gewesen
war, einem ursprünglich von den Deutschen erbauten, zum Auschwitz-
komplex gehörenden KZ. Gruschka sorgte dafür, dass in das erhalten gebliebene Eingangstor des Lagers eine Erinnerungstafel eingelassen wurde,
dann sammelte er Geld für die Kuppel der nahe gelegenen Kirche, organisierte eine Städtepartnerschaft, lehrte nach seiner Pensionierung Deutsch
in der näheren Umgebung. Nun will er seinen Lebensabend in Schlesien
verbringen. Er hat sein „Recht auf Heimat" auf eine Weise wahrgenom-
men, mit der sich Linke – endlich – identifizieren können.

Es ist nun an den organisierten Vertriebenen, ihre Wahl zu treffen.

taz vom 19. Juni 1999

Stalins Schatten

Das Elend linker Immunisierungsversuche

Das „Schwarzbuch des Kommunismus" rief bei seinem
Erscheinen in Frankreich zahlreiche Kritiker auf den
Plan, die die niederschmetternde Bilanz sozialistischer
Regime zu relativieren suchten. Auch hierzulande haben
linksradikale Kritiker viel Mühe darauf verwandt,
die Verbrechen im Namen des Kommunismus zu
bagatellisieren

Auf welche politische Konstellation trifft die Veröffentlichung des ins
Deutsche übersetzten „Schwarzbuchs des Kommunismus" (im Original:
„Livre noir du Communisme") Ende dieses Monats? Ohne Zweifel wird
sie ein Geschenk an jene schäumenden Wahlkämpfer sein, die in der PDS
nichts weiter sehen als eine nahtlose Fortsetzung der SED, die wiederum
als Satrapenpartei der Sowjetunion mit deren Geschichte – und damit
auch der Geschichte ihrer Verbrechen – verbunden ist. Was einfacher,
als dieses voluminöse Werk, das in Form einer riesigen Materialsamm-
lung die Verbrechen „des Kommunismus" in unserem Jahrhundert auf-
einanderhäuft, in der innenpolitischen Auseinandersetzung als Waffe zu
verwenden.

Aber auch eine um Aufklärung, um das altmodische Verstehen bemühte Sicht sieht sich in diese Auseinandersetzung gestrudelt. Denn sie
muss sich mit ebenso eingeschliffenen Abwehrreaktionen aus dem Milieu
der Linken herumschlagen.

Zur intellektuellen Erbschaft linker Bewegungen gehört es, bei unangenehmen Sachverhalten nicht zu fragen: „Stimmt das – und welche
Konsequenzen sind zu ziehen, falls es stimmt?", sondern: „Wessen Interessen nutzt die Veröffentlichung der in Frage stehenden Fakten?" Diesem
Pseudomaterialismus des „Wem nutzt's?" wird es nicht schwerfallen, das
„Schwarzbuch" als Zulieferbetrieb einer Kampagne der Rechten zu de-
maskieren.

Nach einem ähnliche Schnittmuster waren schon viele Publizisten zu
Werke gegangen, als das Original im vorigen Jahr in Frankreich erschien.

Es galt als Instrument des Kampfs gegen die Linksregierung. Und nicht wenige seiner Kritiker labten sich daran, das Lob der rechtsextremistischen Front National für das „Livre noir" ins Feld zu führen.

Dabei hätte eine um Fairness bemühte Kritik von einem unvorhergesehenen Zwischenfall profitieren können. Kurz vor Veröffentlichung des Sammelwerks war es im Autorenkollektiv zum Streit gekommen. Zwei der wichtigsten Autoren, Nicolas Werth und Jean-Louis Margolin, distanzierten sich von dem Verfasser der Einleitung, Stéphane Courtois. In öffentlicher Polemik legten Werth und Margolin die kritischen Punkte einer vergleichenden Terrorforschung dar und versorgten so den Leser mit einem nützlichen Einstieg in die Methodik des Buchs und seiner Aufbauprobleme.

Die Einwände der beiden Autoren waren gewichtig. Sie warfen Courtois vor, in der Pose des Staatsanwalts „den Kommunismus des 20. Jahrhunderts" vor ein imaginäres Nürnberger Tribunal zu zitieren. Das generelle Verdikt „Verbrechen gegen die Menschlichkeit", das umstandslose Aufaddieren (oft nur schätzbarer) Opferzahlen habe Courtois dazu gebracht, die historischen Rahmenbedingungen zu vernachlässigen, in denen sich der Terror in den verschiedenen realsozialistischen Ländern vollzog.

In der Tat muss man sich nur die Frage stellen, in welcher kausalen Beziehung der Völkermord der Roten Khmer in Kambodscha zwischen 1975 und 1978 zum Jahr des Großen Terrors 1937 in der Sowjetunion steht, um die Berechtigung dieses Einwands zu begreifen. Auch hat nach Werth und Margolin ihr Kollege Courtois keine Anstrengung darauf verwendet, die einzelnen Phasen der Repression in jedem Land gesondert zu untersuchen und ihre jeweiligen Gründe einsichtig zu machen. In Courtois' Perspektive falle vollkommen unter den Tisch, dass beispielsweise die Sowjetunion nach 1954 noch 35 Jahre ohne Massenrepressalien im Stil der zwanziger und dreißiger Jahre existiert habe. Mit einem Satz: Courtois wollte nicht vergleichend verstehen, sondern summarisch verurteilen.

Die Substanz dieser Kritik ist (auch in dieser Zeitung bzw. in der deutschen Ausgabe von *Le Monde diplomatique*) nachlesbar. Jetzt liegt das „Schwarzbuch" auf Deutsch vor, die Karten sind auf dem Tisch, jeder kann sich nun ein Urteil bilden. Aber ist nicht schon alles in bewundernswerter Eile vorsortiert, klassifiziert worden? Wie steht es um die Wirksamkeit der *Rezeption vor der Rezeption?*

Naheliegenderweise interessiert in dieser Zeitung vor allem, was von linker bzw. linksliberaler Seite in jüngster Zeit hierzu vorgetragen wur-

de. Und das ist irritierend genug. Es geht um den Versuch einer Immunisierungsstrategie. Wie zu befürchten war, wird das im „Schwarzbuch"
ausgebreitete Material von vornherein durch die Behauptung neutralisiert, es diene als bloße Munition im Kampf gegen *jede* gesellschaftliche
Alternative jenseits des Kapitalismus.

Im Besonderen geht es bei diesem Abschottungsversuch darum, die
Thesen von Courtois mit denen des deutschen Historikers Ernst Nolte zu identifizieren, zu behaupten, auch beim „Schwarzbuch" würde der
Bolschewismus als *ursächlich* für die Mordtaten des Nazismus dargestellt.
Damit wäre die Entsorgung der deutschen Vergangenheit ein gutes Stück
vorangekommen, die Ergebnisse des „Historikerstreits" der achtziger
Jahre wären revidiert, das Tor zu einem deutschen Nationalismus „auf
der Höhe der Zeit" wäre aufgestoßen.

Überraschenderweise hat hier die PDS vorsichtig taktiert. Sie hat die
politischen Auseinandersetzungen in Frankreich um das „Schwarzbuch"
mehr referiert als für ihre Zwecke ausgebeutet. Mehr noch: Mit einer
Konferenz über „Realsozialistische Kommunistenverfolgung", deren Ergebnisse Ende 1997 veröffentlicht wurden, ist die Führung – wenngleich
thematisch eingegrenzt – gegenüber den Einsicht wie Reue verweigernden Mitgliedern in die Offensive gegangen.

Die Presse mit radikal linkem Anspruch hingegen wirft sich von *konkret* bis *Jungle world* entschieden in die Bresche, vor allem, wo es um die
Verortung des „Schwarzbuchs" innerhalb einer Politik der „Renationalisierung" geht. Aber auch einige liberale Autoren folgen diesem Strickmuster. So konstatiert Rudolf Walther in seiner „Nolte lässt grüßen" betitelten Rezension vom 21. November 1997 in der *Zeit*, Courtois lehne
sich fast wörtlich an die These Noltes an. Der schrieb: „Die Methoden,
die Lenin angewandt und die Stalin und seine Nacheiferer systematisiert
haben, erinnern nicht nur an die Methoden der Nazis, sondern gehen
diesen oft voran. Der ‚Klassen-Völkermord' ähnelt dem Rassen-Völkermord."

Bernhard Schmidt, Rezensent für die Zeitschriften *ak* („Analyse und
Kritik") und *Jungle world,* schreibt in der Nummer 47 letzterer Zeitschrift: „Courtois schreckt auch vor Ernst Noltes Vergleich zwischen
Kommunismus und Nazismus nicht zurück." Als Beleg zitiert er folgende
Passage aus dem Vorwort von Courtois: „Hier kommt der Klassengenozid
dem Rassengenozid gleich. Der Hungertod eines ukrainischen Kulakenkindes, das vom stalinistischen Regime bewusst dem Hunger überlassen
wurde, wiegt genauso viel wie der Tod eines jüdischen Kindes im War-

schauer Ghetto, das vom Naziregime dem Hunger überlassen wurde." Der Politikwissenschaftler Wolfgang Wippermann schließlich bezeichnet Courtois in *Jungle world* 49/97 als „Nolte-Fan". Er bringt Courtois' Thesen in einen engen Zusammenhang mit dem Werk „Das Ende der Illusion" des kürzlich verstorbenen französischen Historikers François Furet. Diesem unterstellt er, er habe Noltes These übernommen, wonach der Nazismus nur eine Angstreaktion auf den Kommunismus gewesen sein soll. Besonders verübelt er Furet, dass der es Nolte als Verdienst anrechne, das Verbot eines Vergleichs von Kommunismus und Nazismus durchbrochen zu haben.

Dieser Versuch, das „Schwarzbuch", zumindest aber den einleitenden Essay, mit dem „Historikerstreit" im Deutschland der achtziger Jahre in einen Sack zu stecken, eine Linie von Nolte zu Courtois zu ziehen, findet in dem Werk selbst überhaupt keine Stütze. Das „Schwarzbuch" beschäftigt sich weder implizit noch explizit mit dem Streit, in welcher Beziehung das NS-Regime zu den realsozialistischen Regimes stand. Erst recht enthält es keine Ausführungen über den Nutzen bzw. die Schädlichkeit von Totalitarismustheorien.

Courtois' Bemerkung über die zeitliche Abfolge kommunistischen und nazistischen Terrors begründet eben *keinen* Kausalnexus der Nolteschen Art. Mit Recht legt Wippermann auf den intellektuellen Einfluss Wert, den François Furet auf die Autoren des „Schwarzbuchs" ausgeübt hat. Aber gerade hieraus müsste sich die Distanz zu Nolte erschließen. Aus dem Briefwechsel zwischen Nolte und Furet, der jetzt unter dem Titel „Feindliche Nähe" auch in Deutschland veröffentlicht wurde, gehen die gegensätzlichen Positionen beider Historiker klar hervor.

Furet weist die angeblich „rationalen Beweggründe" für Hitlers Antisemitismus, die nach Nolte in einer berechtigten Angst vor den Bolschewiki liegen, zurück. Er betont die spezifisch deutschen Ursprünge des Nazismus, die älter waren als die Feindschaft gegen die Bolschewiki. „Bevor man die Juden zu Sündenböcken für den Bolschewismus gemacht hat, waren sie bereits diejenigen für die Demokratie gewesen." Furet konstatiert: „Die Behauptung, dass der Gulag vor Auschwitz existiert hat, ist nicht falsch, sie ist auch nicht irrelevant, aber sie hat nicht die Bedeutung einer Beziehung von Ursache und Wirkung."

Höflich, aber deutlich macht Furet Nolte auch die politischen Implikationen seiner Thesen klar: „Allerdings füge ich hinzu, dass Sie sich, wenn Sie dem Bolschewismus gegenüber dem Faschismus nicht nur eine chronologische, sondern auch eine kausale Priorität zuschreiben, dem

Vorwurf aussetzen, den Nazismus in gewisser Weise entschuldigen zu wollen."

Courtois betont die „Singularität von Auschwitz", allerdings charakterisiert er sie in völlig unzulänglicher Weise, indem er sie reduziert „auf die Mobilisierung der modernsten technischen Ressourcen und die Ingangsetzung eines industriellen Prozesses, der Konstruktion einer Vernichtungsfabrik". Mit solchen Definitionen ist weder der Dimension noch der Dynamik des nazistischen Völkermords beizukommen. Aber mit der Zurückweisung dieser verharmlosenden Auffassung ist noch nicht widerlegt, dass der Massenmord aus Gründen der Rassenzugehörigkeit nicht mit dem aus Gründen der Klassenzugehörigkeit verglichen werden kann. Mehr noch: dass zwischen beiden mörderischen Aktionen die von Courtois behaupteten „Ähnlichkeiten" existieren.

Einer solche Behauptung ist in der linken Tradition stets mit dem Argument begegnet worden, dass die Rassenzugehörigkeit von Geburt an gegeben sei und niemals abgestreift werden könne – weshalb das Opfer des nationalsozialistischen Massenmords grundsätzlich keine Chance habe, seinem Henker zu entgehen. Hingegen wäre ein Mensch seiner Eigenschaft etwa als Bourgeois oder landbesitzender Bauer ledig, wenn er seiner Produktionsmittel verlustig ginge. Prinzipiell, das heißt nach dem erfolgreichen Ende der revolutionären Umwälzung und der Konsolidierung proletarischer Macht, sei seine zukünftige Existenz als Werktätiger gesichert. Um in dem angeführten Beispiel zu bleiben: Das Kind im Warschauer Ghetto hatte gegenüber den Nazis keine Überlebenschance. Das ukrainische Bauernkind aber hätte, falls es den Hungertod überlebte, eine Entwicklungsmöglichkeit – als Kolchosmitglied, oder, falls seine Interessen und Begabungen darüber hinausgingen, innerhalb jeder Funktion der sozialistischen Gesellschaft.

Das Problem dieser Beweisführung besteht nur darin, dass sie mit den historischen Fakten nicht übereinstimmt. Um dies zu erhärten, wird im folgenden vor allem auf den Beitrag von Nicolas Werth im „Schwarzbuch" – eigentlich eine eigene, abgeschlossene 250-Seiten-Studie – Bezug genommen. Sie fasst über die bekannten Arbeiten der Sowjetologen hinaus auch die neuen russischen Forschungen bis Mitte der neunziger Jahre zusammen, ist strikt empirisch orientiert, vergleicht die Repressionszyklen miteinander, hält sich aber zurück bei großflächigen Verallgemeinerungen.

Werths Arbeit erhellt, dass schon in den frühen zwanziger Jahren darangegangen wurde, regimekritische oder aufständische Gruppierungen

nicht nur gewaltsam zu „pazifizieren", sondern sie *in toto* auszulöschen.
Zum Beispiel die Kosaken vom Don und vom Kuban. Weil sich viele dem
Zaren ergebene Kosaken den „Weißen" im Russischen Bürgerkrieg angeschlossen hatten, wurde aus einer Reihe von Ortschaften die gesamte Bevölkerung deportiert und zur Zwangsarbeit verschickt, die Städte
wurden dem Erdboden gleichgemacht. Dies geschah, *nachdem* die Niederlage der „Weißen" besiegelt war. Konnte man die „Entkosakisierung"
noch der Gewaltspirale des Bürgerkriegs zurechnen und den gewaltsa-
men Tod vieler Unschuldiger mit dem allgemeinen Chaos erklären, so
versagen solche Interpretationen bei der „Entkulakisierung" vom Ende
der zwanziger Jahre.

Jetzt ist die Staatsmacht gefestigt, die Bauern sind unter Kontrolle des
Regimes. Erstmals wird eine riesige Bevölkerungsgruppe, die „Kulaken",
zu Konterrevolutionären erklärt, nach ihrer „Sozialgefährlichkeit" in drei
Kategorien eingeteilt und nach festgelegten Kontingenten deportiert
bzw. erschossen. Die Stalin'sche Führung rechtfertigte diese Massenrepressalien damit, sie habe in einem Akt der Notwehr gehandelt, denn
ein großer Teil der Bauern habe die im Rahmen der Naturalsteuer auferlegten Getreidelieferungen zurückgehalten. Tatsächlich war die Verwei-
gerungshaltung vieler Bauern das Resultat der Daumenschrauben, die
ihnen die Bolschewiki zuvor angelegt hatten. Aber subjektiv erschien vielen der Kommunisten, die sich an den Zwangsmaßnahmen beteiligten,
die „Entkulakisierung" als ein Kampf auf Leben und Tod zwischen der
städtischen Revolution und der dörflichen Konterrevolution.

Diese Täuschung und Selbsttäuschung wurden endgültig zunichte
gemacht im Jahr des Großen Terrors 1937. Der von der Parteiführung
abgesegnete operative Befehl Nr. 00477 ordnete die Tötung oder die
Verbannung eines Kontingents ehemaliger Kulaken, ehemaliger Angehö-
riger oppositioneller Parteien und von Kriminellen an, die ihre Strafe
verbüßten oder verbüßt hatten.

Dieser Terrorwelle, der in einem Jahr 700.000 Menschen zum Op-
fer fielen, schlossen sich Verfolgungen der in der Sowjetunion lebenden
Ausländer an, denen vor allem die Polen und Deutschen *als Gruppe* zum
Opfer fielen. Obwohl der Befehl die Verfolgung von „antisowjetischen
Aktivitäten" abhängig macht, wird in der Praxis die bloße Existenz zum
Beweis dieser Aktivitäten. Die soziale Charakterisierung als „Ehemali-
ger" ist jetzt das Brandzeichen. „Ehemaliger" zu sein wird eine quasi bio-
logische Eigenschaft, sie vererbt sich auf die Kinder und Kindeskinder.
Jede individuelle Verantwortlichkeit verschwindet. Diese Fixierung des

Gruppenfeindes – gepaart mit äußerster Entschlossenheit, ihn auszurot-
ten – bezeichnet den Punkt der größten Nähe zwischen der nazifaschis-
tischen und der stalinistischen Ausrottungspolitik.

Die Abwehr- und Immunisierungsstrategen sind weit davon entfernt,
sich mit dem Tatsachenkern auseinanderzusetzen, der Courtois' Vergleich
von Rassenmord und Klassenmord zugrunde liegt. Statt dessen wird den
Autoren des „Schwarzbuchs" unterstellt, sie borgten sich „ihre" Toten bei
Hungerkatastrophen aus, um in einem Zahlenvergleich die Kommunisten als die *noch* größeren Massenmörder darstellen zu können.

So schreibt etwa Hermann L. Gremliza in der letzten Januar-Ausgabe
von *konkret:* „Über die Zahl der Opfer zu rechten erscheint immmer zy-
nisch, ist hier aber unumgänglich. 11 der 15 Millionen ‚umgebrachter'
Sowjetbürger und 22 bis 48 (den Spielraum lässt das ‚Schwarzbuch') der
44,5 bis 72 Millionen ‚umgebrachter' Chinesen sind, sagen die Autoren,
verhungert (und das sind möglicherweise weit weniger als in vergleich-
baren Zeiträumen der vorkommunistischen Zeit dieser Länder und im
Rest der Welt unterm Kapitalismus."

Ebenso Bernhard Schmidt in *ak* vom 15. Januar 1998: „Ohne jede
Unterscheidung stellt er [Courtois; C.S.] die Opfer von Hungersnöten
als ‚Opfer des kommunistischen Systems' auf dieselbe Stufe wie die Op-
fer von Zwangsarbeit oder von gezielter staatlicher Repression." Und
auch Schmidt resümiert: „Würde man Courtois' Methode auf die übrige
Welt, auf den Kapitalismus und ihm vorausgegangene gesellschaftliche
Systeme anwenden, so käme man unweigerlich auf eine zigfach höhere
Opferbilanz."

Dieser Argumentationsstil verdunkelt die historische Beweisführung
innerhalb des „Schwarzbuchs". Wiederum sei das Gegenargument auf die
Sowjetunion beschränkt, weil in ihrem Fall – im Gegensatz zu China –
die Faktenbasis unbestritten ist. Die Hungersnöte in der Sowjetunion
waren keine „Naturkatastrophen", deren Folgen rechtzeitiger staatlicher
Eingriff zwar hätte mildern, nicht aber abwenden können. Das trifft
schon auf die Hungersnot von 1921 zu.

Trotz der schlechten Ernte von 1920 hielt die Staatsmacht an den
vorher hochmanipulierten Ertragsschätzungen fest. Sie minderte nicht
die im Rahmen des „Kriegskommunismus" festgelegten Beschlagnah-
mungskontingente und nahm deshalb den Bauern das Saatgut und die für
deren eigenes Überleben notwendige Getreidemenge weg. Erst recht ist
die große Hungersnot von 1932/33 Ergebnis einer vorgängigen Politik
– der der Zwangskollektivierung und „Entkulakisierung". Werth hat sie

als „regelrechten Krieg des Sowjetstaates gegen eine ganze Nation von kleinen Betrieben" qualifiziert.

1930 zog der Staat in der Ukraine 30 Prozent der Getreideernte ein (in der NEP-Phase hatten die Bauern nur 15 bis 20 Prozent in den Handel gebracht). Trotz schlechterer Ernte kletterte der Anteil auf 41,5 Prozent. Unter Drohungen, zum Teil unter Folter wurden die Bauern gezwungen, ihre gesamten Vorräte abzuliefern. Sie verfügten weder über irgendwelche Geldmittel, noch konnten sie in die Städte ausweichen – das verhinderte der Inlandspass, kombiniert mit einer vollständigen Sperre für Bahnfahrkarten vom Land in die Städte. Während auf dem Land 1933 Millionen von Bauern verhungerten, exportierte der Sowjetstaat 18 Millionen Doppelzentner Weizen, um Investitionsmittel für die Erfüllung der Planvorhaben zu erlangen.

Angesichts dieser – keineswegs erst seit Erscheinen des „Schwarzbuchs" bekannten – Fakten ist es schlecht möglich, die sowjetische Führung von der direkten Verantwortung für die Hungersnöte zu entlasten. Deshalb führt ein allgemeiner Vergleich mit den Hungertoten, die Kapitalismus und Imperialismus zu verantworten hatten und haben, in die Irre. Dieser Vergleich wäre nur dann legitim, wenn er nicht Systemfolgen, sondern die Folgen einer je konkreten Politik in den Mittelpunkt rücken würde.

Von der Hungersnot im englisch besetzten Irland, vom Aushungern der Indianer Nordamerikas bis zur Verhängung von Hungerblockaden überhaupt gab es genügend Beispiele solcher von imperialistischen Regierungen gezielt herbeigeführten Hungersnöte. Die Kritiker des „Schwarzbuchs" aber meinen etwas anderes: Sie buchen sämtliche tödlichen Folgen des kapitalistischen Siegeszugs auf das Konto eines Schuldigen: des „Systems". Die Entlastungsabsicht solcher Gegenangriffe sticht ins Auge. Einerseits wird den realsozialistischen Machthabern eingeräumt, dass sie ihr Aufbauwerk nur auf den Ruinen des vorangegangenen kapitalistischen Systems errichten konnten. Diese drückende, ererbte Last hätte ihren Aktionsraum eingeschränkt, sie verwundbar gemacht, ihnen oftmals keine andere Wahl gelassen als gewaltsame Krisenlösungen.

Diese Art von objektiver Notwendigkeit wird dem Realsozialismus gutgeschrieben und mit den weltweiten Verbrechen des Imperialismus kontrastiert. In Wirklichkeit hat es nie eine „objektive Notwendigkeit" gegeben, die den sowjetischen Machthabern nur die Waffe des Terrorismus gegenüber ihrer eigenen Bevölkerung gelassen hätte. Weder war der Terror von 1936 bis 1938 Voraussetzung für den Sieg über Nazideutsch-

land im Zweiten Weltkrieg, noch hing die Existenz der Sowjetunion zu
Beginn der dreißiger Jahre von der Liquidierung des Kulakentums als
Klasse ab, noch war die sowjetische Politik gegenüber dem ländlichen
Russland je ohne Alternative gewesen.

Die ganze Struktur solcher Argumentationen ähnelt dem Witz, nach
dem ein sowjetischer Funktionär der Stalinzeit auf die Anschuldigung eines amerikanischen Besuchers, in der Sowjetunion herrschten Willkür
und Misswirtschaft, geantwortet hat: „Und ihr unterdrückt die Schwar-
zen!" Alle Vergleiche helfen nichts: Die Hungersnöte in der Sowjetunion
waren *intendiert*, sie waren Ergebnis einer politischen Linie, die die Bauern in die Knie zwingen wollte. Der Hunger wurde zu einer Waffe im
Klassenkampf.

Opferbilanzen aufrechnen heißt: Augen zu, Festhalten an den einmal
für richtig erkannten Schemata. In dem schon zitierten *konkret*-Artikel
heißt es: „Je fragwürdiger, je katastrophischer sich der Kapitalismus entwickelt, um so dringender wird die Auslöschung aller richtigen Antworten, des ganzen analytischen Bestandes, dessen Überlegenheit nun nicht
mehr zu übersehen ist."

Tatsächlich haben uns die Widersprüche des Kapitalismus nicht den
Gefallen getan, sich zusammen mit den untergegangenen sozialistischen
Regimen zu verabschieden. Aber eine gesellschaftliche Alternative muss
neu begründet werden. 70 Jahre Realsozialismus haben theoretisch und
praktisch die „Beweislast" zwar nicht umgekehrt, aber neu verteilt – hinsichtlich der ökonomischen „Machbarkeit", mehr aber noch im Hinblick
auf die Sicherung von Demokratie und Menschenrechten.

Das „Schwarzbuch" kann methodisch kritisiert, seine Sichtweisen mögen im Einzelnen zurückgewiesen werden, an seinen Fakten führt kein
Weg vorbei.

taz vom 30. Mai 1998

Vergessener Terror

Vor siebzig Jahren wütete in der Sowjetunion ein
mörderisches Regime – das des Leninerben Stalin.
Wie war das möglich?

„I told you so you fucking fools" – ich hab's euch gesagt, ihr beschissenen
Idioten: Dies war das Motto, das Robert Conquest, Verfasser einer
wichtigen Studie über die Terrorjahre 1936 bis 1938 in der Sowjetunion, einer Neuauflage seines Werks im Jahre 1990 voranstellen wollte.
Conquest beließ es bei der Absicht, aber die Publikumsbeschimpfung
wäre zu Recht erfolgt. Denn bei der Erstauflage des Buches Ende der
Sechzigerjahre geriet seine Darstellung, die sich wesentlich auf veröffentlichte sowjetische Dokumente und Literatur von Emigranten stützte,
ins Kreuzfeuer des Ost-West-Konflikts.

Viele derer auf Seiten der westlichen Linken, die bei aller Kritik in
der Sowjetunion eine Stütze im Kampf gegen Imperialismus und Kolonialismus sahen, beurteilten Veröffentlichungen über den Massenterror der
Stalinzeit ausschließlich nach dem Motto „Wem nutzen sie?". Die Antwort: nur den herrschenden Machteliten des kapitalistischen Westens.

Fast zwanzig Jahre später ist von dieser Konfrontation kaum noch ein
Hauch zu spüren – bei uns nicht und erst recht nicht in Russland. Es
scheint so, als ob die gewaltige Erweiterung unserer Kenntnisse über
das Stalin'sche Terrorsystem synchron mit einer steten Abnahme des Pu-
blikumsinteresses liefe. Daran änderte auch der kurz aufflackernde öffentliche Streit über das „Schwarzbuch des Kommunismus" nichts, ein
Sammelwerk hauptsächlich französischer Autoren, das 1998 in deutscher
Übersetzung erschien.

Die Kritik an diesem Kompendium machte sich an dem untauglichen,
weil unhistorischen, Versuch fest, quer über die Kontinente die Opfer
„des Kommunismus" zu einer Jahrhundertbilanz zu addieren. Prompt erfolgte die Gegenrechnung, die die Opfer des Kapitalismus seit der Zeit
der ursprünglichen Akkumulation, also dem 16. Jahrhundert, zusam-
menzählte. Mit dem harten Faktenmaterial hat sich nur die Fachöffent-
lichkeit beschäftigt. Im Milieu der Linken obsiegte ein hoffentlich letztes
Mal die Selbstimmunisierung durch Verweigerung der Kenntnisnahme.

Seit der Gorbatschow'schen Reformperiode und dem Ende der Sowjetunion hat die Forschung unser Bild vom Sowjetstaat in den Drei-
ßigerjahren teils erweitert, teils korrigiert. Dazu trugen vor allem die

folgenden Faktoren bei: die Öffnung der sowjetischen Archive mit Ausnahme der Geheimdienstbestände auch für Forscher aus dem Westen, selbst wenn diese Offenheit wieder in Teilen zurückgenommen wurde. Darüber hinaus trugen zu dieser Präzisierung des Bildes von der echten Sowjetunion die Arbeiten einer neuen Generation russischer Historiker bei – denen ging es in erster Linie um die Ausweitung der Faktenbasis.

Eine ganze Reihe dieser Arbeiten ist im Westen – auch in der Bundesrepublik – erschienen, die russischen Autoren haben sich obendrein in die Diskussionen ihrer westlichen Kollegen eingefädelt und für einen genaueren Blick auf die Wirklichkeit der Stalinzeit gesorgt. Und schließlich das Wirken der Nichtregierungsorganisation Memorial, die, tapfer gegen die Mauer des Desinteresses in Russland ankämpfend, eine riesige Menge von Material zusammengetragen hat, nicht zuletzt durch die „Bücher der Märtyrer", die, auf einzelne Orte bezogen, der Erinnerung an die Opfer gewidmet sind.

Was sind die wichtigsten Elemente, aus denen sich unser heutiger Wissensstand über den „großen Terror" zusammensetzt? Wir haben von drei ineinandergreifenden historischen Ereignisketten zu sprechen. Erstens den drei großen Moskauer Schauprozessen zwischen 1936 und 1938, die gegen ehemals führende bolschewistische Funktionäre, darunter auch enge Kampfgefährten Wladimir Iljitsch Lenins, gerichtet waren und mit deren Erschießung endeten. Zweitens von einer Unterdrückungswelle gegen Parteikader aller Ebenen, darunter vor allem gegen Nomenklaturkader, also solche, deren Ernennung von der Parteiführung der entsprechenden Ebene zu bestätigen war. Diese Verfolgungen dauerten von Sommer 1937 bis ins Jahr 1939. Drittens den Massenrepressionen gegen ganze Bevölkerungsgruppen, die ebenfalls 1937 einsetzten und sich bis in den Zweiten Weltkrieg erstreckten.

Die Gesamtzahl der in den beiden Jahren 1937 und 1938 verhafteten Menschen wurde in den Sechzigerjahren seitens des Geheimdienstes KGB in einem Geheimbericht an das Zentralkomitee der KPdSU mit 1,5 Millionen angegeben. 1,3 Millionen dieser Menschen wurden von Sondergerichten verurteilt, und mehr als die Hälfte wurde erschossen. Diese Zahl wäre um jene Opfer zu ergänzen, die ohne jedes Verfahren umgebracht wurden, als bloße „Kriminelle" von gewöhnlichen Gerichten abgeurteilt, oder die während des Transports zum oder im Gulag, den Zwangsarbeitslagern, starben. Nimmt man für den genannten Zeitraum eine Million Todesopfer und über drei Millionen zu Gulaghaft Verurteilte an, so ist diese Zahl wesentlich niedriger als die seinerzeit von russischen

Dissidenten oder von Forschern wie Robert Conquest errechnete, aber immer noch erschreckend genug.

Die drei großen Moskauer Schauprozesse haben seit je die Fantasie der Menschen beschäftigt, vor allem die Geständnisse der Angeklagten, die oft als letzter Dienst an der Sache des Kommunismus interpretiert wurden. Wir wissen heute, wie sehr diese Geständnisse auch das Resultat von Folter waren.

Die wichtigste neuere Erkenntnis besteht aber in dem Nachweis, dass die Schauprozesse einer einheitlichen Regie und einem einheitlichen Drehbuch der Stalin'schen Zentrale folgten. Nach der Ermordung des Leningrader Parteisekretärs Kirow Ende 1934, heutiger Kenntnis nach die Tat eines Einzelnen, forderte Stalin von der Geheimpolizei die Aufdeckung der Verschwörung zum Mord an Kirow (und ein gegen ihn selbst gerichtetes Mordkomplott), die von dem längst entmachteten linken Oppositionellen Grigori Sinowjew im Bunde mit dem exilierten Leo Trotzki ausgeheckt worden sei.

Die Leitung der Geheimpolizei konnte zunächst keine Anzeichen einer solchen Verschwörung entdecken, beugte sich dann aber der Forderung Stalins. Im Einzelnen wurde das Drehbuch zur Zerschlagung dieser und der nachfolgend aufgedeckten vermeintlichen Verschwörungen von seinem engen Mitarbeiter, dem späteren Volkskommissar des Innern (NKWD), Nikolai Jeschow, erstellt und von Stalin ständig redigiert.

Im Zentralkomitee gab es zunächst Widerstand gegen die Verschwörungsthese, der aber im Lauf des Jahres 1937, vor allem nach der „Aufdeckung" einer Verschwörung hoher Militärs und dem Plenum des Zentralkomitees im Februar/März 1937, verstummte. Die seit den späten Achtzigerjahren veröffentlichten Dokumente geben eher jenen Autoren recht, die die bestimmende Rolle der Zentrale hervorheben und bestreiten, dass der Massenterror ein sich spontan entwickelnder Prozess gewesen sei, der sich zum Schluss jeder Kontrolle entzogen hätte. Was freilich nicht bedeutet, dass unter dem Mantel zentraler Anweisungen nicht alte Rechnungen beglichen und – nach Denunziationen – Vermögenswerte der Verurteilten enteignet wurden: ein massenhafter Vorgang.

Wieso waren Stalin und seine Mitarbeiter der Auffassung, die längst um jeden Einfluss gebrachte, zu Kreuze gekrochene und isolierte Gruppe ehemaliger Oppositioneller sei in der Lage gewesen, Mordkomplotte und Sabotageaktionen großen Stils durchzuführen? Sicher ist der Hinweis auf zunehmend paranoide Züge in Stalins Psyche von Bedeutung, aber sein Drehbuch folgte einem rationalen Kalkül.

Gerade die behauptete Verbindung des „äußeren Feindes" Trotzki zu
angeblich nicht mehr zur Gemeinschaft der Sowjetmenschen zählenden
„fremden" Elementen erlaubte es der Stalinführung, vom Terror der Angeklagten als deren *letztem Mittel* zu sprechen. Wer Mordkomplotte plante und durchführte, hatte logischerweise auch keine Verbindung mehr
zur sozialen Welt der Sowjetunion und deren Schwierigkeiten. Indem
die linken Oppositionellen und später auch die ehemaligen Rechten, der
„Block der Rechten und Trotzkisten", zu Mördern und Saboteuren stilisiert wurden, lenkte die Stalin'sche Führung die Unzufriedenheit großer
Teile der Arbeiter und Bauern mit ihrer sozialen Lage von den wirklichen
Verursachern ab und präsentierte ein Feindbild, das noch dazu beliebig
dehn- und auslegbar war.

Tatsächlich war das Jahr 1937 zwar eine Zeit des steilen ökonomischen
Wachstums, aber gerade hierdurch verschärften sich die sozialen Probleme: Wohnungsnot aufgrund des Zustroms der bäuerlichen Massen in
die Großstädte, Engpässe in der Versorgung, hohe Unfallziffern und Ma-
terialverschleiß als Folge erhöhter Arbeitsnormen. Die Stachanow-Be-
wegung für „freiwillige" Höchstleistungen mit ihren ständig steigenden
Anforderungen an die Arbeitsleistung des Einzelnen wirkte als zusätzli-
cher Stachel.

So galt es, mehr als nur ein paar Führungsfiguren dem Zorn der Basis zu opfern. Dies fiel der Stalinführung umso leichter, als sie nichts
weniger im Auge hatte als eine „Kaderrevolution". Schon länger glaubte
Stalin, die Leitungsebene der mittleren und unteren Ebenen bestehe aus
Leuten, die lethargisch geworden seien, sich auf ihren Verdiensten aus-
ruhten und weder über die fachliche Kompetenz noch über den nötigen
„bolschewistischen Schwung" verfügten, ihre Arbeit zu bewältigen.

Wenn aber die alten Kader ausgetauscht oder degradiert wurden,
war nach Einschätzung der Zentrale ein Riesenpotenzial Unzufriedener
geschaffen. Daher der einfachste Weg: Massenterror gegen Funktionäre,
eine Methode, die auf die Unterstützung der „einfachen" Parteimitglieder
in ihrem Hass gegen die Bürokraten rechnen konnte. Für die Stalin'sche
Führung war der Massenterror gegen die Funktionäre der eigenen Partei wohl das einzige Mittel, um die feudale, auf persönlichen Abhängig-
keitsverhältnissen beruhende Machtstruktur in den Regionen außerhalb
Moskaus zu zerstören, ein Motiv, auf das zuletzt der Historiker Jörg Ba-
berowski in seinem Werk „Der rote Terror" aufmerksam gemacht hat.

Ursprünglich rekrutierten sich die Verhafteten aus einstigen Mitgliedern der linken oder rechten Opposition, aus Kadern, die sich irgend-

wann einmal Abweichungen von der Stalin'schen „Generallinie" erlaubt hatten, und schließlich aus Genossen, die Beschuldigte der beiden ersten Kategorien kannten – Schuldige kraft Kontakt. Dabei wurden Netze konstruiert und Anschuldigungen erhoben, die mit dem jeweiligen Profil des Betriebs verbunden waren, zum Beispiel Spionage für ausländische Dienste in der Waffenproduktion.

Der russische Historiker Oleg Chewnjuk hat in seiner jüngsten Arbeit die einzelnen „Säuberungs"-Schritte anhand des Schicksals der Nomenklaturkader verfolgt, die im schwerindustriellen Bereich arbeiteten. Sein Befund: Die Hälfte von ihnen verloren ihr Leben. Und die Folge: Desorganisation und heftige ökonomische Verluste.

August 1937, Taschkent, Hauptstadt der Sowjetrepublik Usbekistan. Einheiten der Polizei des Innenministeriums sperren die Zugänge zu einem Markt ab, verhaften wahllos Käufer wie Verkäufer und verfrachten sie zum Verhör. Für ihre Aburteilung steht eine „Troika" aus Funktionären der Staatsanwaltschaft, der Sicherheitsbehörde und der Partei bereit, ausgestattet mit außerordentlichen Vollmachten: Sie kann Todesurteile fällen und sofort vollstrecken lassen. Eine gerichtliche Nachprüfung der Urteile ist nicht vorgesehen. Was nötigt die usbekische Staatssicherheit zu diesem Wahnsinnsakt?

Zu Beginn des Juli 1937 hatte das Politbüro der KPdSU eine Direktive verabschiedet, die unter dem Namen „Befehl 00447" in die Geschichte der Massenrepressionen eingegangen ist. Verfasst wurde diese Direktive vom Volkskommissar Nikolai Jeschow. Nach diesem Befehl konnte jeder ehemals als Kulak – reicher Landwirt – verhaftet und abgeurteilt werden. Weitere Opfergruppen kamen hinzu: jeder ehemalige Angehörige einer bürgerlichen, sozialistischen oder sozialrevolutionären Partei, jeder ehemalige Beamte des Zarenregimes, jeder Angehörige religiöser Sekten, jeder als kriminell Gekennzeichnete und schließlich verdächtige nationale Minderheiten wie die Polen und die Deutschen. Voraussetzung zur Aburteilung war nach den Direktiven des NKWD eine sogenannte fortgeführte konterrevolutionäre Tätigkeit. In der Praxis aber waren, wie der russische Historiker Alexander Watlin schreibt, „von entscheidender Bedeutung die Nationalität, Geburtsort, soziale Herkunft, Vorstrafen, Disziplinarverfahren und im Ausland lebende Verwandte". Oft wurden die Verhörprotokolle samt Geständnis im Vorhinein verfertigt.

Eine Neuerung im Terrorsystem stellten die Kontingente dar. Aufgeschlüsselt nach den einzelnen Unions- und autonomen Republiken und Gebieten wurden Planzahlen der zu Verurteilenden festgelegt, die zu einem je bestimmten Termin zu erfüllen wären. Es wurde zwischen zwei Kategorien unterschieden: den zu Erschießenden und den zu langjähriger Haft zu Verurteilenden. Sippenhaft war zulässig, wenn von den Verwandten eine Gefahr für den Sowjetstaat ausgehen konnte.

Für Usbekistan hatte die Zentrale immerhin 4.750 Opfer festgelegt, darunter 750 zu Erschießende. Da die Zeit bis zum Abschluss der Aktion knapp bemessen und die Zahl der Repressionskandidaten niedrig war, stand die usbekische Führung vor einer schwierigen Alternative. Entweder beantragte sie in Moskau die Herabsetzung des Kontingents, was nach der Direktive möglich war. Diesen Weg ging beispielsweise die Parteiführung der jakutischen Autonomie, die das Verfahren mangels Verdächtiger nicht durchführen wollte, oder Karelien, wo man sich auf wenige Opfer beschränken wollte. Wenn dann aber dennoch Geständnisse erbracht wurden, setzte sich die örtliche oder regionale Führung dem tödlichen Verdikt mangelnder Wachsamkeit aus. Angesichts dieser Gefahr beschlossen die Verfolgungsbehörden Usbekistans, sicherzugehen und wahllos zu verhaften, um den Plan zu erfüllen. Tatsächlich schafften die meisten Republiken und Autonomien binnen kürzester Frist ihre Kontingente. Sie suchten dann in Moskau sogar um deren Erhöhung nach. Solche Gesuche wurden erwartet und prompt genehmigt.

Der Befehl 00471 wurde 1992 erstmals in der Moskauer Zeitung *Trud* veröffentlicht. Er ist das Grundlagendokument eines Massenterrors, der seit Sommer 1937 jeden Winkel des Sowjetreichs erfasste. Warum diese obsessive Jagd, bei der die ethnische oder soziale Herkunft, die vorrevolutionäre politische Orientierung oder einfach nur Verwandtschaft oder Bekanntschaft mit „Feinden" zum einzigen Kriterium der Verfolgung gemacht wurde? Folgt man den damals veröffentlichten wie den jetzt bekannt gewordenen politischen Analysen der Führung, so stand für sie der künftige Angriff auf die Sowjetunion fest. Dieser Logik zufolge galt es, alle nur denkbaren Feinde, Überläufer und unsicheren Kräfte vorbeugend zu vernichten. Die Scheinrationalität dieses Vorgehens liegt auf der Hand, denn die Kollaborateure, aktuelle wie spätere, waren in der Regel gerade *nicht* an ihrer Klassenherkunft oder ihrer früheren politischen Orientierung zu erkennen. Der Feind wurde klassifiziert wie eine Spezies. Und diese Klassifizierung galt als so unwandelbar wie ein biologisches Merkmal.

Der allgegenwärtige Schrecken, den die Realisierung der Direktive hervorrief, kontrastiert mit dem erklärten Ziel der Stalin'schen Führung, einem durch Zwangskollektivierung und forcierte Industrialisierung erschöpften Land eine Atempause zu geben. Tatsächlich überkreuzen sich in den Jahren 1936 bis 1938 eine Propaganda, die zur ständigen Wachsamkeit gegenüber den antisowjetischen Feinden im Innern aufruft, und die gleichzeitige Feier der Sowjetunion als harmonischer Großfamilie, wohl versehen mit Rechten aus der neuen Verfassung von 1936, der „demokratischsten der Welt" und mit dem väterlichen, notorisch kinderlieben Stalin an der Spitze. War das alles nur Fassade?

Zur Beantwortung dieser Frage beschritt im letzten Jahrzehnt eine Reihe von Historikern einen neuen Weg. Ihnen geht es darum, die Identitätsbildung, die „Techniken des Selbst" der Sowjetmenschen, unter den Bedingungen des Terrors nachzuzeichnen. Anhand der Publikation von Tagebüchern, Briefen und privaten Aufzeichnungen aus den Jahren 1936 bis 1939 können wir heute besser verstehen, dass die bolschewistische Denkweise nicht nur ein Resultat bewusster, nur äußerlicher Anpassung war, sondern Bestandteil einer Populärkultur – wie der Stalinkult auch. Im Tagebuch des „Kulakensohns" Stepan Podlubnyj, auf Deutsch erschienen und mit einer glänzenden Einleitung des Historikers Jochen Hellbeck versehen („Tagebuch aus Moskau 1931–1939"), findet sich der verzweifelte Versuch des illegal in Moskau lebenden jungen Mannes, sich in einen „neuen", einen Sowjetmenschen, umzuerziehen. Der Versuch scheitert.

Und in dem jüngst erschienenen Sammelband „Stalinistische Subjekte" zitiert der israelische Historiker Igal Halfin aus dem Tagebuch eines regimekritischen Studenten der Leningrader „Roten Professur": „Kann es sein, dass ich das Wesentliche verfehlte, weil ich eine kleinbürgerliche, kurzsichtige Kreatur bin, unfähig, den leuchtenden Kern hinter den bloßen Erscheinungen zu sehen? Vielleicht sitzt ein kleiner, gelber Teufel in mir, der Klassenfeind, wenn ich diese Seiten schreibe?"

taz vom 24. November 2007

Universalismus

Intervenieren!

Nur Sanktionen gemäß der
UNO-Charta könnten den Krieg in Bosnien beenden

Er sei noch nie einem *Menschen* begegnet, schrieb einst der französische
Staatsphilosoph Joseph de Maître. Stets seien es *Franzosen, Engländer, Spa-
nier* gewesen. Deswegen sei es unsinnig, von Menschenrechten zu reden.
Dass der Nationalstaat einziger Garant des Schutz- und Freiheitsbedürf-
nisses der Bürger sei, gilt seitdem als konservativer Gemeinplatz. Die
in der Tradition der Aufklärung stehenden Demokraten und Sozialisten
hingegen proklamierten die Universalität der Menschenrechte. Sie sehn-
ten eine Föderation freier Staaten herbei. Der Völkerbund und später die
UNO galten ihnen als Vorboten dauerhaften Weltfriedens. Mit dem Ende
der bipolaren Welt schien erstmals der Weg offen, unter Einsatz internationaler Zwangsmittel zu intervenieren, wo Menschen schutzlos der
Willkür eigener oder fremder Machthaber preisgegeben waren.

Doch merkwürdig: Gerade die der Aufklärung verpflichteten politischen Kräfte scheuen davor zurück, jetzt zügig für den Aufbau und Einsatz der Institutionen einzutreten, wie sie Kapitel VII der UNO vorsieht,
oder wie sie in den Beschlüssen der KSZE avisiert worden sind. Die üble
Erfahrung des Golfkriegs, als die UNO von den USA und ihren Alliierten
instrumentalisiert wurde, dient ihnen nicht als Ansporn zur Korrektur,
sondern als Material der Denunziation. Speziell im Fall Jugoslawiens
lässt sich eine besondere „Anatomie der Zurückhaltung" erkennen. Der
Schlüssel zu ihr besteht in der These, es gebe in der Region nur entfes-
selte Nationalismen und auf Regierungsebene der Republiken nur Täter,
keine Opfer.

Es gibt keine „interne Lösung" für den neuen Balkankrieg, auch die
Aufteilung Bosnien-Herzegowinas nach „ethnischen" Kriterien wäre keine. Die Legalisierung von Massenvertreibungen brächte bestenfalls eine
kurze Atempause. Unterhalb einer internationalen Intervention ist nichts

mehr zu erreichen. Da außer Frage steht, dass die Belgrader Regierung die serbischen Freischärler in Sarajevo und anderwärts unterstützt, ist eine vollständige Wirtschaftsblockade einschließlich eines Öl-Embargos legitim. Ökonomische Sanktionen dieser Art sind jetzt im Weltsicherheitsrat auch durchsetzbar. Sie müssten aber ergänzt werden durch Maßnahmen, die Massenbombardement der Zivilbevölkerung zumindest von Flugzeugen und von Kriegsschiffen aus unterbindet. Notwendig – und möglich – wäre auch die Einrichtung von Schutzzonen für die Flüchtlinge.

Uns alle stellt der Krieg in Jugoslawien vor folgende Alternative: Entweder wir unterstützen eine Politik der UNO-Sanktionen einschließlich militärischer Aktionen als letztes Mittel. Oder wir verhalten uns nach Pfahlbürger-Art: Mögen sich die Barbaren da unten doch den Schädel einschlagen. Dann allerdings wäre es mit aufklärerischen und universalistischen Ansprüchen vorbei.

taz vom 29. Mai 1992

Subtiler Angriff auf die Potentaten

Der Internationale Strafgerichtshof ist umstritten und
ohne eigene Polizei. Doch aus Machtlosigkeit ist Macht
erwachsen: Der Schutz der Menschenrechte kommt voran

Auf der Jalta-Konferenz im Februar 1945 soll Josef Stalin seine Verbündeten Roosevelt und Churchill gefragt haben: „Wie viele Divisionen hat
der Papst?" Die beiden hatten angeregt, der Pontifex Maximus könne
doch bei der Neuordnung Europas mitwirken. Mit gleicher Ironie könnte man heute fragen: Über wie viele Polizeikräfte verfügt der Internationale Strafgerichtshof in Den Haag (IStGH), um Haftbefehle gegen mut-
maßliche Staatsverbrecher zu vollstrecken?

Mit dem sudanesischen Staatspräsidenten al-Bashir hat das IStGH jetzt
erstmals einen amtierenden Politiker im Visier. Diesem Beschuldigten
steht jedoch die bewaffnete Macht seines Landes zur Verfügung, während
eine internationale Polizeitruppe unter UN-Kommando nicht existiert.
Zudem ist der UNO-Sicherheitsrat hinsichtlich des Sudan und des fortdauernden Massenmordes in Darfur gespalten, so dass auch eine Verhaf-
tung al-Bashirs im Rahmen einer UN-Militäraktion ausscheidet. Bliebe
als letzte Möglichkeit, den Haftbefehl als Folge einer einseitigen militärischen Intervention westlicher Mächte zu vollstrecken – doch wäre dann
der Strafgerichtshof nicht selbst von ebendiesen Mächten abhängig? H. P.
Kaul, Richter am IStGH und einer der wichtigsten Vorkämpfer für die
internationale Strafgerichtsbarkeit, hat diesen Mangel an Verfolgungsor-
ganen als „Achillesferse" des Gerichts benannt.

Dennoch ist der Haftbefehl gegen al-Bashir weit mehr als eine leere
symbolische Geste. Er trifft auf eine öffentliche Meinung, die zumindest in den entwickelten, demokratisch verfassten Ländern auf massive
Verletzungen der Individualrechte weit sensibler reagiert als noch zur
Zeit des Kalten Krieges. Motoren dieser Entwicklung sind die zivilgesell-
schaftlichen Initiativen wie amnesty international. Obwohl die meisten
dieser Organisationen ihre politische Neutralität betonen, ist ihre Akti-
vität dennoch in dem Sinne politisch, dass sie die Grenzen des National-
staates nicht respektieren – und auch nicht respektieren können. Denn
die These von der Universalität der Menschenrechte bildet die Grundlage ihrer Arbeit.

Seit Jürgen Habermas' Klage über die „Unterinstitutionalisierung"
des humanitären Völkerrechts hat es zweifellos Fortschritte gegeben:

Dazu gehören auch die von der UNO eingerichteten internationalen Gerichtshöfe für schwerste Menschenrechtsverbrechen im ehemaligen Jugoslawien, in Ruanda und in Sierra Leone, die dann wiederum 2002 die Gründung des IStGH ermöglicht haben. Doch noch immer verträgt sich die Konstruktion des IStGH schlecht mit der Ratio der UN-Institutionen. Schließlich beruht die UNO auf dem Prinzip der Nichteinmischung in die inneren Angelegenheiten eines Staates – was gerade für kleinere Länder nach wie vor eine legitime Schutzfunktion gegen die ungewünschte Einflussnahme von Großmächten bedeutet. Allerdings ist nicht zu übersehen, dass dieses Prinzip von tyrannischen Regimen gern zur Rechtfertigung ihrer Verbrechen in Dienst genommen wird. Gerade aus diesem Grund wurde im IStGH-Statut festgelegt, dass ein Regierungsamt nicht vor Strafverfolgung durch den Gerichtshof schützt. Eine Erfahrung, die nun auch al-Bashir machen musste.

Damit widerspricht der Staatsgerichtshof diametral der Auffassung, wonach die Strafverfolgung ausschließlich Sache des Staates bleiben sollte, auf deren Territorium die Menschenrechtsverletzungen stattfinden. Allerdings haben die Staaten, die die Gründung des IStGH vorantrieben, versucht, den Anhängern der absoluten Staatssouveränität entgegenzukommen. Sie haben die Kompetenz des Gerichts auf schwerste Verbrechen (Völkermord, Verbrechen gegen die Menschlichkeit, Kriegsverbrechen) begrenzt, die schon jetzt völkerrechtlich normiert sind. Das Gericht ist ferner nur zuständig, wenn der involvierte Staat nicht in der Lage oder willens ist, die Strafverfolgung durchzuführen. Schließlich kann der IStGH nur tätig werden, wenn die betroffenen Staaten dem IStGH-Abkommen beigetreten sind – oder wenn der UN-Sicherheitsrat einen Fall an das Gericht überweist wie etwa beim Sudan wegen des Mordens in Darfur. Trotz dieser ursprünglich einvernehmlichen Überweisung an das IStGH haben China und Russland später im Sicherheitsrat gegen den Erlass des Haftbefehls protestiert – was die Überweisung des Falls an den IStGH nachträglich entwertet.

Obwohl die Unterstützer des IStGH-Projekts ihren Kritikern so weitreichend nachgegeben haben, haben bis heute eine Reihe wichtiger Staaten das IStGH-Abkommen nicht ratifiziert – darunter die Großmächte USA, China und Russland. Zwar ist das IStGH-Statut mittlerweile dennoch in Kraft getreten und das Gericht hat seine Arbeit aufgenommen, aber der Anspruch des Gerichts auf internationale Anerkennung – und damit seine Legitimität – hängt von einer möglichst umfassenden, weltweiten Ratifizierung ab.

Der wichtigste Einwand gegen den IStGH hängt eng mit diesem Manko zusammen: Dem Gerichtshof wird die Selektivität seiner Ermittlungsverfahren und Urteile vorgeworfen. Selbst schwerste Menschenrechtsverletzungen bleiben ungesühnt, weil die involvierten Staaten den IStGH nicht anerkennen und/oder seine Ermittlungstätigkeit faktisch verhindern. Dies gilt etwa für den Fall Chinas (Tibet), Russlands (Tschetschenien) und der USA (vom Irak bis Guantánamo). Die Ermittlungsbehörden des IStGH sind zwar, sobald sie zuständig sind, unabhängig – auch vom UN-Sicherheitsrat, der ein Verfahren nur aufschieben, aber nicht unterbinden kann. Dennoch kennt der IStGH kein Legalitätsprinzip, also die Verpflichtung zur Strafverfolgung *aller* Verbrechen, die unter seine Jurisdiktion fallen.

Aus diesem strukturellen Grund sieht sich das Gericht dem Vorwurf konfrontiert, nur schwache Staaten, sprich Dritte-Welt-Staaten mit seiner Strafjustiz zu überziehen. Dieses Argument verbindet sich häufig mit der Behauptung, nicht nur die Rechtsprechung zu den Menschenrechten, sondern die Idee der Menschenrechte selbst entstamme dem individualistischen westlichen Kulturkreis und sei nicht anwendbar für Gesellschaften, die dem Kollektiv und Kollektivrechten den Vorrang vor individuellen Rechten einräumten. Solche unter dem gemeinsamen Nenner „Kontextualismus" laufenden Auffassungen hört man allerdings meist von den Machthabern in autoritären Staaten, nicht aber von deren Opfern.

Es sind die wehrlosen Opfer staatlicher oder quasi-staatlicher Gewalt, die heute die Dringlichkeit des Kampfs für die Menschenrechte, damit aber auch des IStGH begründen. Täglich werden wir darüber belehrt, dass die menschliche Würde nicht unantastbar, sondern äußerst leicht verletzbar und zerstörbar ist. Jedes Urteil des Internationalen Gerichtshofs, so wenig er auch gegenwärtig den Ansprüchen auf Universalität genügen mag, hilft den Opfern und schreckt potenzielle Täter ab. Darin liegt seine Rechtfertigung.

taz vom 12. August 2008

Über Christian Semler

Wir waren Freunde,
bevor wir Genossen wurden

Von Peter Neitzke

Wir waren Freunde, bevor wir Genossen wurden. Einmal, nach einer
der bis in die Nachtstunden gehenden Sitzungen unseres Großen Vereins
– so hatte Bertolt Brecht seinerzeit die Partei der DDR genannt – wurden Christian und ich mit der süffisanten Bemerkung verabschiedet, jetzt
ziehe sich die „Melancholie-Fraktion" zu einer Beratung zurück. Melancholie-Fraktion: Dahinter steckte der Verdacht, wir würden wieder mal
einiges miteinander zu besprechen haben, privat. Privates galt als Vor-
behalt gegen Politisches. Melancholie signalisierte: Gefahr. Die Gefahr,
dass Freunde eine Vertrautheit einte, die den Blick von außen riskierte.
Als ich Christian einmal fragte, was mehr zähle, Freund oder Genosse,
zögerte er nicht. Er hob, wie so oft, wenn es um Grundsätzliches ging,
er hob die Brauen: Genosse natürlich. Die Freunde waren da in erster
Linie: Genossen.

Als wir uns erstmals begegneten, 1955, waren wir irgendwo zwischen
16 und 17, für einige Monate in derselben Schulklasse, bevor Christian hier in Berlin auf eine andere Schule ging. Damals wohnte er allein.
Mit 16. Er las Schwierigstes, Texte, auf die man uns im Unterricht nicht
aufmerksam machte. Die sogenannte Aufarbeitung der Nazi-Verbrechen
war ja zum Ende unserer Schulzeit, 1957, in Deutschland noch kein Thema. Auch die Mehrzahl der Lehrer äußerte sich nicht zu ihrer eigenen
Vergangenheit. Und die war nicht selten eine Nazi-Vergangenheit gewesen. Wer etwas über die Vorgeschichte des Nazismus und die sogenannten
dunklen zwölf Jahre 1933–1945 erfahren wollte, über die Deportation
und die Ermordung der Juden, über die Verfolgung von Kommunisten
und Sozialdemokraten, über die Emigration der kritischen Intelligenz,
musste sich schon in öffentlichen Bibliotheken umsehen. Zeitzeugen

fragen und gegebenenfalls: Überlebende, Remigranten. Das Heer der
Leugner, der Abgetauchten, all derer, die nie etwas gewusst, gesehen, gehört hatten, es war unermesslich groß. Und dieses Heer schwieg, wand
sich, beschönigte.

Christians erste politische Prägung war antifaschistisch. Wie meine.
Christians Mutter, die Schauspielerin und Kabarettistin Ursula Herking,
hatte 1946 „tumultuarische Zustimmung" geerntet, als sie im Münchner
Kabarett „Die Schaubude" Erich Kästners „Marschlied 1945" vortrug,
ein Lied, das später nicht nur von Radio München, sondern von vielen
Radiostationen der seinerzeitigen Westzonen gesendet wurde. Verse, die
man damals sogar auf den Straßen gesungen hat:

[…]
„Ich trage Schuhe ohne Sohlen.
Durch die Hose pfeift der Wind.
Doch mich soll der Teufel holen,
wenn ich nicht nach Hause find.
In den Fenstern, die im Finstern
lagen, zwinkert wieder Licht.
Freilich nicht in allen Häusern.
Nein, in allen wirklich nicht … "

Nach dem Ende der Schulzeit war Christian weg aus Berlin. Einfach weg.
Dass er Jura studieren würde, wusste ich, mehr nicht. Auch dass er in
München war, eine Zeit wenigstens.

Irgendwann dann, 1965, hörte ich sein unverwechselbares, hoch ver-
gnügtes Lachen. Er amüsierte sich prächtig über eine Stelle in einem
Film. Mehrere Sitzreihen voneinander getrennt, saßen wir im selben
Kino. Und begrüßten uns nach dem Ende der Vorstellung. Vor einem
Kino, das heute zwar noch *Filmbühne am Steinplatz* heißt, aber kein Kino
mehr ist. „Wie geht's uns?" Als wenn er nie weg gewesen wäre. In der
Filmbühne am Steinplatz waren wir sozusagen Stammgäste. Was wir vom
Kino wussten, von seinen großen Regisseuren, wussten wir, weil wir oft
an ein und demselben Tag in mehr als einem Film saßen. Christian schaute und analysierte Filme mit derselben unbestechlichen Aufmerksamkeit,
mit derselben kritischen Disziplin und derselben ästhetischen Sensibilität, mit welcher er Bilder betrachtete, historische oder politische Texte
durcharbeitete. Und immer mit einer Skepsis, die ihn vor vorschnellen
Urteilen und Klassifizierungen bewahrte. Der wachsame und kenntnis-

reiche Beobachter entdeckte in Filmen Verborgenes, nicht als Zitat Aus-
gewiesenes (aber Unübersehbares). Filmkritik war für ihn keine Gen-
re-Kritik und, anders als heute, bloße Nacherzählung des Inhalts, sondern ästhetische und gesellschaftliche Analyse in einem. Verrückterweise
haben wir damals das Projekt einer gemeinsamen Dissertation über die
politischen Lehren von Italo-Western diskutiert ...

Jahre später waren Christian und ich vom Sozialistischen Deutschen
Studentenbund SDS beauftragt, für eine für den Dezember 1968 geplan-
te Kundgebung vor dem Schöneberger Rathaus anlässlich des skandalö-
sen Freispruchs des ehemaligen Nazi-Volksgerichtshof-Richters Hans-
Joachim Rehse durch das Landgericht Berlin eine Rede zu schreiben. Zu
der Kundgebung hatten nahezu alle in Berlin aktiven linken Organisationen aufgerufen. Unsere Rede mündete in die unglaubliche Forderung
nach der ideologischen und organisatorischen Zerschlagung der Sozialdemokratie – wir hatten uns auf den Weg einer Radikalisierung unseres
politischen Denkens begeben, dessen fehlende Realitätsnähe uns nicht
aufging. Ein Jahr später, im Herbst 1969, hielten wir die Gründung einer
Aufbauorganisation der Kommunistischen Partei *ohne* eine Analyse der
sozialen, ökonomischen und politischen Bedingungen des Landes für das
zwingende Gebot der Stunde. Später wussten wir: Nicht jede einfache
oder einfach erscheinende Antwort auf schwierige Fragen ist die richtige Antwort. Wir wissen, dass sich Christian in einer ganzen Reihe von
taz-Beiträgen selbstkritisch zu seiner Geschichte geäußert hat. Auch darum wurde er geschätzt. Geschätzt als jemand, der drängenden Fragen
nicht ausweicht.

Aufmerksamen Lesern der *taz* wird Christians, heute vor rund
zehn Jahren, im Februar 2003, veröffentlichter Bericht über eine Malewitsch-Ausstellung in der Deutschen Guggenheim Berlin nicht entgangen sein. Hier war statt eines Kommentators politischer Dinge ein
Ausstellungsbesucher zu entdecken, der Bilder genau und geduldig studierte. „Malewitsch", schrieb er, „war kein Ingenieurs-Künstler." [...].
Malewitsch sei es nicht um Geometrie gegangen, „sondern um Gefühle,
um ‚reine' Gefühle".

Christians Neugier auf alles, das sich mit Welt auseinander-
setzt, gleich ob als Film, als Bild, als Fotografie, sie kannte keine
Grenze. Hingerissen war er etwa von den Orchestersuiten des ita-
lienisch-französischen Barock-Komponisten Jean-Baptiste Lully.
Und so erstaunt nicht, dass wir immer wieder auch über Architektur
und Stadt redeten. Ich hatte als Architekt gearbeitet und war seit län-

gerem bei einem Verlag. Christian war an der Architektur der Moderne ebenso interessiert wie an historischer Architektur. Immer wollte er etwas herausbekommen über den Zusammenhang von sozialer
Idee, handwerklich-technischer Leistung und ästhetischem Programm.
Mitte der achtziger Jahre fragte ich ihn, wir lebten damals in Köln,
ob er nicht Lust hätte, eine amerikanische Publikation über den italienischen Renaissance-Architekten Andrea Palladio zu übersetzen. Er
sagte zu, ohne zu zögern. Einige von Palladios Bauten kannte er ja aus
eigener Anschauung. Und so lag 1988 Caroline Constants *Palladio-Füh-
rer* in den Buchhandlungen, ins Deutsche gebracht von einem, dessen
Namen man in der Architekturfachwelt bis dahin nicht gekannt hatte.
Lange vorher hatten wir in Berlin ein paar Monate in derselben Wohnung gelebt. Gegessen, getrunken, gelacht, heftig diskutiert. Familien-
anschluss. Eine fruchtbare Zeit. Wir sind gemeinsam verreist. Christian
liebte das südliche Meer. Er war ein ausgezeichneter Schwimmer. Einmal
sah ich ihm nach, wie er durch die Brandung hinausschwamm. Irgendwann konnte ich ihn zwischen den Wellenkämmen nicht mehr sehen.
Nach einer Stunde tauchte er wieder auf. Meeresungeheuern war er
nicht begegnet. Er war nicht erschöpft, es ging ihm gut. Und er blinzelte
in die Sonne über dem südlichen Meer.

Aus dem eben in deutscher Übersetzung erschienenen Buch des israelischen Schriftstellers David Grossman mit dem Titel „Aus der Zeit fallen" habe ich mir für unsere gemeinsame Trauer um einen großen Freund
diesen Satz notiert:

„Ich möchte trennen die Erinnerung vom Schmerz; zumindest den
Teil, den man trennen kann, denn sonst ist die Vergangenheit für immer
schmerzgetränkt."

Rede zur Beerdigung von Christian Semler am 5. März 2013

Achtundsechziger entlang des Eisernen Vorhangs

Ein Stossseufzer für Christian Semler von GYÖRGY DALOS

Im Oktober 1967 führte Hans Magnus Enzensberger für die Zeitschrift *Kursbuch* ein Gespräch mit den bekanntesten Gestalten der deutschen Studentenbewegung. In der Diskussion handelte es sich um nichts wenigeres als um die Chancen der Ablösung des spätkapitalistischen Systems und Begründung eines als rätedemokratisch konzipierten Sozialismus in Westberlin. Die Teilnehmer machten sich unter anderem darum Sorgen, was im Falle einer siegreichen Revolution mit den Bürokraten geschehen sollte. Einige plädierten für deren Umerziehung, die anderen wollten ihnen lieber die Auswanderung nach Westdeutschland ermöglichen. Klar war nur, dass diese Kategorie der Menschen für den Zukunftsstaat völlig überflüssig sei, was Christian Semler in verblüffender Klarheit auf den Punkt brachte: „Wenn es die Computer nicht gäbe, müssten sie förmlich erfunden werden für die Räteverfassung. Nur sie ermöglichen es, Informationen zu sammeln, die die Sachentscheidungen der bisherigen Bürokratie ersetzen, und zwar dergestalt, dass es überhaupt keine bürokratische Position mehr gibt, die nicht innerhalb von vierzehn Tagen umbesetzbar wäre."

Zur gleichen Zeit lebte ich in tausend Kilometer Entfernung von der erträumten Berliner Räterepublik, war Mitglied eines konspirativen Budapester maoistischen Studentenzirkels, beziehungsweise wurde meine Mitgliedschaft dort aufgrund einer mangelhaften Selbstkritik soeben suspendiert. Ich kehrte von der Sitzung in tief depressiver Stimmung zurück, saß am Abend allein in meinem Zimmer und hörte Radio. Irgendein westlicher Sender, vielleicht die BBC, teilte mit, die im bolivianischen Camiri von Gewehrsalven durchsiebte Leiche sei als der ehemalige kubanische Minister für Industrie namens Ernesto Che Guevara, kurz „Che" identifiziert worden. Dem geht's jetzt gut, dachte ich.

Hätte mir damals jemand von dem Inhalt des Gesprächs der deutschen Kommilitonen berichtet, so wäre ich vor allem wegen des Begriffs „Computer" in Schwierigkeiten geraten, der zu der Zeit in unserem sozialistischen Wörterbuch fehlte. Was sei das für ein Teufelswerk, hätte ich gefragt, das jeden Bürokraten oder gar jedes Zentralkomitee entbehrlich machen würde? Wir jedenfalls dachten nicht einmal an die Zeiten danach, sondern konzentrierten unsere geistigen Kräfte auf den Punkt

34 des an einem Kneipentisch ausgearbeiteten Programms der Gruppe:
„Wir machen kein Hehl daraus, dass unser Ziel der gewaltsame Sturz der
sich mit dem Deckmantel des Revisionismus tarnenden bourgeois-büro-
kratischen Diktatur ist." Diesen im Sowjetbarock formulierten Satz ho-
norierte der Staat sehr bald mit Freiheitsentzug, Berufsverbot, teilweise
Exil. Das wundervolle Schaltjahr 1968 erwies sich für unsere Generation
als persönlich schicksalhaft. Mit unserem „chinesischen" Sonderweg galten wir in János Kádárs Paradies als Paradiesvögel, und zwar nicht allein
wegen der ideologischen Umrahmung unseres Aufruhrs, sondern auch
und vielleicht noch mehr wegen des Anspruchs der Konfrontation mit
einer nuklear abgesicherten Weltordnung. In Ungarn, dessen Geschicke
seit Jahrhunderten von fremden Mächten bestimmt worden waren, bein-
halteten selbst die bescheidenen Absichten im Rahmen des Systems men-
schenfreundliche oder nur rationale Besserungen durchzusetzen, etwas
Utopisches, und die idealtypische Privatstrategie sowohl des Normalbür-
gers als auch des feinen Intellektuellen hieß Durchwursteln.

Erst heute wissen wir, dass unsere Wirtschaftsreformer diese wenig
heldenhafte Haltung mit den Herrschenden gemeinsam hatten. Im Sommer 1968 beteiligte sich Kádár höchst unwillig an der Invasion in Prag.
Laut Geheimprotokollen hat Leonid Breschnew den ungarischen Partei-
chef mit folgenden Worten um die Teilnahme an der Aktion ersucht: „Ich
bitte dich, János, schickt nur eine winzige Einheit, und ihr bekommt alles,
was ihr braucht!" Was die Budapester Parteiführung tatsächlich bekam,
war das Gegenteil dessen, was Kádár erhofft hatte. Moskau zwang die Ungarn, die begonnene Wirtschaftsreform wieder abzuwürgen, nachdem zu
deren Realisierung bereits Milliardenkredite aus dem Westen aufgenommen worden waren. So kam es in Ungarn nicht zu einer Entfaltung der
Produktion, sondern nur zu erhöhtem Konsum. Dadurch wurde bereits
in den frühen siebziger Jahren eine Zeitbombe gelegt, die später zum Zusammenbruch des Regimes führen sollte. Niemand war bereit, die Rechnungen für den falschen Wohlstand zu begleichen.

Vielleicht hat uns anno 1967/68 der Kopf bei der Analyse getäuscht,
nicht aber unsere Nase, die die Fäulnis des Bestehenden spüren ließ. Meine unbekannten Freunde lernte ich erst viel später persönlich kennen.
Als meine Reisefreiheit inzwischen so weit gediehen war, dass ich von
Ostberlin aus über die Vorwahl 0849 in den Westteil der Stadt anrufen
konnte, kam Rudi Dutschke Mitte der siebziger Jahre über die Mauer,
wirkte auf mich wie ein marxistisch geschulter Pfarrer aus den Zeiten
des Deutschen Bauernkriegs, als er mit seinem unverwechselbaren preu-

ßischen Akzent die Frage stellte: „Genosse, bist du ein Genosse?" Und er schenkte mir sein Buch, in dem er den gewagten Versuch unternahm, Lenin vom Kopf auf den Fuss zu stellen, mit der Widmung: „Zum Kritisieren geschrieben". Später gelangte ich aufgrund der im Schlussakt von Helsinki kodifizierten menschlichen Erleichterungen auch nach Westberlin, wo ich in den achtziger Jahren nach und nach die Protagonisten der deutschen Studentenbewegung kennenlernte. Allerdings musste ich meine Phantasie anstrengen, um in ihnen die Scharfmacher der Demonstrationen gegen den Vietnamkrieg oder den persischen Schah wiederzuerkennen. Das waren besonnene, kritische Geister und, Gott sei es dank, trotzdem keine seelenlosen Pragmatiker. Was ich als die größte geistige und moralische Leistung von Leuten wie Christian Semler betrachte, war die Umschaltung ihrer revolutionären Energien auf die Solidarität mit den osteuropäischen Bürgerbewegungen.

Wie schwer so etwas sein kann, wissen nur die Menschen, welche die Transformation ihres Denkens aus eigener Kraft und im inneren Zwist mit dem eigenen Verratsverdacht durchgemacht haben. Der lange Marsch von Mao Tsetung und Ho Chi Minh zu Lech Wałęsa oder Václav Havel muss mit enormen persönlichen Kosten verbunden gewesen sein. Und dass sie dabei zu keinen Politikern im konventionellen Sinne geworden waren, bezeugten zahlreiche Menschenrechtler der Solidarność, der Initiative für Frieden und Menschenrechte, der Charta 77 oder der demokratischen Opposition in Ungarn. Denn uns besuchten damals nicht Minister, Bundestagsabgeordnete oder Führer der etablierten Parteien, die sich noch am Vorabend des Kollapses der Ostdiktaturen hauptsächlich um die Entspannungspolitik Sorgen machten, sondern eben diese ehemaligen Achtundsechziger, die Spinner und Phantasten von Berlin und Frankfurt, die sich durchaus eine Welt ohne Mauer und Eisernen Vorhang vorstellen konnten. Sie kamen, setzten sich in die armselige Dissidentenküchen, als wären sie zu Hause, plauderten mit uns als ernstzunehmende Partner, schmuggelten über die streng bewachten Blockgrenzen unsere Manuskripte und bestätigten damit die Rechtmäßigkeit der osteuropäischen Hoffnungen.

Was mir an Christian Semler am meisten fehlen wird, ist seine Bereitschaft über die Demokratie des Ostens mitzudenken. Ich muss nämlich zugeben, dass wir, die wir damals in den siebziger/achtziger Jahren mutiger dachten, als wir redeten, heute mehr als zwanzig Jahre nach der Wende mit lockerer Zunge sprechen, während es uns an Mut zu denken mangelt.

Curriculum Vitae

1938 – geboren am 13. Dezember in Berlin, als Sohn der Schauspielerin und Kabarettistin Ursula Herking und des Wirtschaftsanwalts und späteren CSU-Mitgründers Johannes Semler

1957: Abitur am Goethe Gymnasium in Berlin

1957–1961 Studium der Rechtswissenschaften in Freiburg und ab 1959 in München Eintritt in die SPD (Austritt 1959) und den Sozialistischen Deutschen Studentenbund (SDS)

1961: Erstes Juristisches Staatsexamen in München, anschließend Referendariat

1963: Zweitstudium, Soziologie, Politikwissenschaft und Geschichte an der Freien Universität Berlin

1966: Wissenschaftlicher Assistent am „Otto Suhr Institut" der Freien Universität Berlin, Mitglied im Beirat des SDS

1970: Mitgründer der maoistischen KPD/Aufbauorganisation, deren Vorsitz er später übernimmt

1980: Auflösung der KPD, Arbeit als freier Journalist in Köln

1981: Mitgründer des Komitees Solidarität mit Solidarność in Köln

Mitherausgeber der Broschüre „Gesellschaftliche Selbstverteidigung. 1977–1982. Aufsätze angeklagter KOR-Mitglieder"

ab 1981: „Reisen in politischer Absicht" nach Polen, Ungarn und in die Tschechoslowakei

1983: Mitherausgeber des Buchs „Die polnische Gewerkschaft ‚Solidarität' in Dokumenten, Diskussionen und Beiträgen 1980–1982, Bund Verlag Köln

1984: Mitgründer des Europäischen Netzwerks für den Ost-West-Dialog

1987 Mitverfasser des Helsinki Memorandums unabhängiger Gruppen und Personen in Ost- und Westeuropa

1989: Redakteur der taz in Berlin, für die er bis 2013 als Autor tätig sein wird. Im Suhrkamp-Verlag gibt er (mit Frank Herterich) „Dazwischen. Ostmitteleuropäische Reflexionen" heraus.

2009: Otto Brenner Preis für politische Analyse

2010: Der polnische Staatspräsident und ehemalige Solidarność-Aktivist Komorowski überreicht Christian Semler und anderen die Dankbarkeitsmedaille des Europäischen Zentrums der Solidarność in Danzig

2013 – nach längerer Krebserkrankung stirbt Christian Semler am 13. Februar in Berlin